SWB

Dreißig Verzählungen

Manfred Korth

SWB Verlag

Umwelthinweis:
Dieses Buch wurde auf chlor- und
säurefreiem Papier gedruckt

2. Auflage 2010

© 2006 SWB-Verlag, Stuttgart

Titelfoto: Mathias Kapke, Berlin
www.fotoka.de
Titelgestaltung: Heinz Kasper, Frontera

Satz: Heinz Kasper, www.printundweb.com

Druck und Verarbeitung: Schaltungsdienst Lange, Berlin
Printed in Germany
ISBN: 978-3-938719-94-7

www.swb-verlag.de

Zum Autor

Dr. phil. Manfred Korth lebt in Nürnberg.
Er veröffentlichte bisher vier Romane
und drei Lyrikbände.
2002 gewann er den
Poeticus-Short-Story-Wettbewerb in Österreich.
Im Jahr 2003 erhielt er einen Lyrikpreis bei Poetry on the
cover und wurde Preisträger bei netzine für
Kurzgeschichten.
2004 wurde er beim Schweriner Satirewettbewerb
ausgezeichnet.
2005 gewann er bei city-nightlife den
Kurzgeschichtenwettbewerb.

www.manfredkorth.de

Liebe Leserinnen und Leser,

nach nunmehr vier Romanen und drei Gedichtbänden finden Sie in meinem neuen Buch erstmals Kurzgeschichten und kleinere Erzählungen. Im Jahr 2002 gewann ich meinen ersten Literaturpreis mit einer „schwarzen" Kurzgeschichte. In der eingereichten Geschichte „Die letzte Ölung" blinkten zweifelsohne skurrile Momente auf. Unverhofft kam dann die Mitteilung, dass gerade dieser Kurzkrimi mit offenem Schluss zum Sieger des Wettbewerbes erklärt worden war. Falls Sie ebenfalls diesem schwarzen Humor frönen, werden Sie bei dieser Geschichte auf Ihre Kosten kommen – falls nicht: o weh!

Die vorliegenden Kurzgeschichten entstanden alle in den Jahren zwischen 1999 und 2005. Einige habe ich bei Lesungen vorgetragen, manche erschienen bereits in Literaturzeitschriften und andere sind völlig neu. Für diese bunte Mischung wählte ich die Bezeichnung „Verzählungen". Dies soll natürlich auch auf die makaberen Stellen hinweisen, bei denen das Lachen im Halse stekken bleibt. Wer ruhigen, berechenbaren Erzählfluss erhofft, der hat sich verzählt, der geht auf den Brettern des Absurden zu Boden und wird zu guter Letzt ausgezählt werden.

In einigen Geschichten dient die Sexualität als Taschenlampe für die zu beschreibenden Niederungen des menschlichen Seins. Sie wird als Klischee oder Schublade mit unterschiedlichen Motivlagen zur Verdeutlichung überzeichnet eingesetzt. Dabei geht es nicht um Erotik, ebensowenig um Neigungen oder Abneigungen des Autors. Vielmehr meine ich, dass Intimität, die sich öffentlich brüskiert und andere Menschen instrumentalisiert, mitunter in Perversion oder Dekadenz mündet.

Warum wählte ich diesen Weg, diesen Abweg?

Meiner Ansicht nach gibt es nur wenige Wissenschaften, die dem Menschen Chancen auf ethische Orientierung einräumen. Hierzu gehören zweifelsohne Religion und Philosophie, vielleicht auch die Literatur als Erzählungsschatz. Mich interessiert jedoch nicht die „fertige" Wertorientierung, sondern lediglich die Fragestellung, die sich letztendlich jeder nur selbst beantworten kann und muss. Hierfür ist die Kunst geeignet – insbesondere die Literatur, wobei es nie um Rezepte oder Lösungen gehen kann. Dichtung geht stets auf Erfahrungswelten, auf Träume oder Alpträume zurück. Ich denke, Literatur rührt uns an, wenn sie die moralischen Saiten zum Schwingen bringt, wenn sie mittels möglicher wie unmöglicher

Beispiele zum Nachdenken anregt, wenn sie erregt und uns aufregt.

Genießen Sie die Schattenseiten des Lebens, die Ihnen freundlicherweise auf hellem Papier serviert werden. Erquicken Sie sich als Nichtornithologe an den schrägen Vögeln, denen Sie in meinen Geschichten begegnen werden. Eine Leistungsgesellschaft sollte sich nach vor allem Nachdenklichkeit leisten. In diesem Sinne werde ich auf manche menschliche Eigenart leuchten, sie vergrößern und folglich verzerren. Lassen Sie sich auf ungereimte, paradoxe Abwege ein, in dem Sie die Milch der frommen Denkungsart verweigern. Steigen Sie schelmisch auf den Rasen, wenn dort „Betreten verboten!" steht.

Sie können auf mich zählen, auch von mir erzählen, später alles aufzählen und sich nun mit mir verlustierend verzählen.

Dr. Manfred Korth

Der Schneck' ist weg	11
Lady Madonna	15
Die letzte Ölung	18
Brünnhilde	30
Der bekleidete Mann	32
Die neue Wohnung	39
Mit List und Mücke	48
Der Kreidekreis	52
Der väterliche Freund	54
Das Geheimnis um Anton	57
Dazwischen nur Leere	68
Mein sollst du sein	71
Zwischenstopp	88
Esther	89
Der Faschingsball	98
Geschäftstüchtig	104
Ute, die Gute	107
XY-5555	121
Das Klassentreffen	124
Der Schinken	136
Einfältige Vielfalt	140
Der Nadelverkäufer	148
Das Streichkonzert	156
Der Vortrag	158
Die Illusion	169
Der Mann ohne Verbindlichkeiten	172
Die Therapie	182
Anno 1768	188
So eine Gaudi	194
In einer Konditorei	202

Der Schneck' ist weg

Bis vor zwei Jahren unterrichtete ich an einem Gymnasium Biologie. Zugegeben, keine aufreibende Tätigkeit. Trotzdem sehnte ich den Ruhestand herbei.

Das Lehren an dieser elitären Schule war nicht vergleichbar mit dem Tohuwabohu auf einer Hauptschule. Mein jüngerer Bruder, ein Hauptschullehrer, kann noch heute ein Lied davon singen, wie sich die Schüler inzwischen aufführen. Nein, am Gymnasium galt stets ein einfaches Selektionsprinzip: Entweder das Kind funktioniert oder es wird mittels schlechter Noten aussortiert. Ähnlich dem Darwinismus setzte sich der Stärkere durch – und das war und ist die Lehrkraft. Unter dieser Prämisse konnte ich die dreißig Jahre meines Schuldienstes einigermaßen stressfrei abspulen. Der Silberstreif am täglichen Horizont hieß: Die nächsten Ferien kommen bestimmt. Hierin sah ich die Belohnung für all die Lasten, die einem die anderen aufbürden.

Meine Pensionierung genoss ich. Täglich marschierte ich mit Nietzsche, meinem Schäferhund, in aller Herrgottsfrühe zum Bahnhofskiosk und kaufte Zeitungen. Der Verkäufer, ein dunkelhäutiger Mann, runzelte jedesmal die Stirn, wenn meine Augen über das reichhaltige Angebot schweiften. Anscheinend wählten alle anderen Kunden ständig die gleiche Zeitung. Bei mir entdeckte der Mann jedoch nur eine Gesetzmäßigkeit: Ich kam zuverlässig.

Ich vermutete, der Verkäufer litt an einer Hundephobie, denn meinen Nietzsche wagte er nicht einmal anzusehen, geschweige denn anzusprechen. Ich konnte dies nachfühlen, denn bis vor zwei Jahren hätte ich mir auch nicht träumen lassen, einen Hund zu besitzen. Aber das Lehrerkollegium hatte mir zum Abschied diesen Welpen mit dem süffisanten Kommentar geschenkt: „Jetzt bist du jenseits von Gut und Böse." Nur aus diesem Grund nannte ich den Hund Nietzsche, wenngleich es sich um eine Hündin handelte, was ich jedoch zu meiner Schande erst zu Hause bemerkte. Trotz leichtem Groll wollte ich auf keinen Fall den Namen ändern. Mir wäre auch kein anderer eingefallen.

Seit zwei Jahren verlief mein Leben strukturiert und in geordneten Bahnen. Keine Stundenpläne, keine Wandertage, kein Korrigieren und keine Vorbereitung mehr. Nein, endlich durfte ich meinen Rhythmus nach eigenem Gusto ordnen und leben. Ich stand frühzeitig auf, ging mit Nietzsche Gassi, nahm auf dem Rückweg die Zeitung mit und trank dann mit der auf dem Küchentisch ausgebreiteten Lektüre genüsslich Kaffee. Gegen Mittag schnappte ich mir wiederum die Leine und lief mit Nietzsche die Altmühl entlang. Wenn es das Wetter zuließ, verweilte ich auf dem Rückweg auf einer Parkbank und ließ meine Gedanken in diesem ruhigen Gewässer treiben. Ich wüsste keinen Ort auf der Welt, an dem ich besser abschalten oder philosophieren könnte. Ruhe und Regelmäßigkeit empfand ich als Grundlage jeglicher Zufriedenheit. Die Altmühl verstärkte und förderte bei mir diesen Zustand. Sie entpuppte sich im Laufe der Jahre als Ort der Sinnlichkeit.

In letzter Zeit störte mich jedoch ein etwa zehnjähriger Junge, der fast täglich mit Karacho über die Brücke brauste und mit seinem Fahrrad – ich glaube die Dinger heißen heute Mountain Bike – den Fußweg benutzte. Nicht die Tatsache, dass er einen Gehweg zweckentfremdete, führte bei mir zu Wallungen des Blutes, sondern seine Brutalität. Diese unbeschreibliche Grausamkeit. Zielgerichtet steuerte dieser Frechdachs die Schnecken an, um letztendlich quiekend zu frohlocken: „Der Schneck' ist weg."

Selbstverständlich verspürte ich große Lust, Nietzsche hinterher zu jagen und den Knaben zu stellen. Aber erstens hatte ich der Hündin von Anfang an unwiderruflich beigebracht, zu keiner anderen Personen hin zu gehen, was viel Geduld und die Technik der Konditionierung erforderte. Und zweitens hatte ich noch nie gerne mit Kindern diskutiert. In der Schule waren die Fronten klar und im Privatem vermied ich diese Giftzwerge. Wie oft musste ich meinem Bruder mit allen Mitteln der Überredungskunst erklären, er möge mich doch ohne seinen Anhang besuchen. Was einige Leute an den lieben Kleinen so nett finden, blieb mir in all den Jahren verborgen. Ich erlebte Kinder nur als Nervensägen, die ohne Rücksicht auf Verluste ihren Kopf durchsetzen wollten und schließlich bockten, falls ihnen das doch nicht gelang. Kleine Kinder waren und sind für mich ein Buch mit sieben Siegeln, welches ich niemals öffnen wollte.

Im letzten Monat begegnete mir dieser Schneckenkiller dreimal. Seine Augen funkelten, wenn er seinen breiten Vorderreifen über ein Tier rollen ließ. Er genoss es, die Schnecken über den Haufen zu fahren. Und das Knacken ihrer Häuser schien Musik in seinen Ohren zu sein. Noch auf dem Nachhauseweg schnaufte ich schwer und in meinem Kopf purzelten folgende Worte: zerstückeln, zerdeppern, zerquetschen, zertreten, zerstören, zerschlagen, zertrampeln. Ja, der Bösewicht regte mich maßlos auf.

Weiß dieser Junge überhaupt, dass es etwa 95'000 Arten gibt, die sowohl auf dem Land als auch im Wasser leben, dass viele Schnecken Zwitter sind und am Kopf 2 oder 4 Fühler haben, worauf ihre Augen sitzen? Oder war ihm das alles egal? Wieso konnte er diese armen Tiere mir nichts, dir nichts töten? Viele solcher Fragen schossen mir durch den Kopf. In Gedanken sah ich, wie ich ihm einen Stock in die Speichen des Rades schob und er folglich kopfüber auf den Gehweg flog.

Um seinem Treiben Einhalt zu gebieten, beschloss ich, ihn bei unserer nächsten Begegnung zur Rede zu stellen. Dies wiederum vermieste mir meinen Spaziergang, da ich mir ständig überlegte, was und wie ich es ihm sagen sollte. Schon morgens beim Gang zum Kiosk hemmte mich die Vorstellung, ich könnte ihn heute treffen. Ich ertappte mich sogar dabei, einen anderen Weg einzuschlagen, um dieser Unannehmlichkeit aus dem Weg zu gehen. Was würde ich tun, wenn er mich blöd angrinst und meint: „Opa, halt mal die Luft an." Sollte ich ihn beim Kragen packen? Sollte ich ihn ohrfeigen? – Kurz und gut: Ich fühlte mich als Pensionär ohne die Institution Schule ziemlich machtlos.

Dann passierte es. Er raste auf der anderen Uferseite auf die Brücke zu. Mein Herz pochte und ich entschied mich spontan, ihn diesmal doch nicht anzusprechen. Sollten sich doch seine Eltern um die Erziehung kümmern. Warum sollte ich mich echauffieren? – Ich fühlte mich dank meiner Entscheidung sogleich besser.

In diesem Augenblick verfing sich das Pedal im Brückengeländer, er verlor das Gleichgewicht und schlug mit dem Kopf auf das Eisen. Er stürzte mitsamt dem Fahrrad, an das er sich klammerte, kopfüber ins Wasser.

Nietzsche spitzte die Ohren und warf mir einen fragenden Blick zu. Dies alles ereignete sich in Windeseile. An der Stelle, wo er ins Wasser geplatscht war, bildeten sich Blasen und Kreise. Ich erhob mich von der Bank und starrte auf die Wellen unter der Brücke. Aber er tauchte nicht auf. Zuerst verharrte ich regungslos, dann klappte ich mein Buch zu, legte Nietzsche die Leine an und ging unverrichteter Dinge von dannen.

Zwei Tage später grinste das Bild eines vermissten Zehnjährigen aus allen Zeitungen. Mich hingegen beschäftigte die Frage, was wohl die Wasserschnecken zu dieser Jahreszeit in der Altmühl fressen würden.

Lady Madonna

In meinem Bekanntenkreis galt ich stets als steif, etwas humorlos und trocken. Wenn ich es positiv formulieren möchte: ernsthaft und seriös. Kurz und gut, ich war mein Leben lang ein zurückhaltender Mensch, der jedwede Außendarstellung vermied. Exakt aus diesem Grund zeigte ich mich in aller Regel schweigsam und zurückhaltend.

Zu meinem vierzigsten Geburtstag organisierten meine Kollegen und Kolleginnen ein Überraschungsfest. Ich war sichtlich gerührt, denn mit dieser Wertschätzung hatte ich nicht gerechnet. So gesellten wir uns am Abend in einem kleinen Nebenraum einer Sportgaststätte und vergnügten uns am kalten Büffet, das die Belegschaft liebevoll zubereitet hatte. Die zweite Überraschung folgte auf dem Fuß, denn zur Belustigung aller wurde auf freiwilliger Basis Karaoke gesungen. Mein Tischnachbar – übrigens in der Arbeit mein Zimmergenosse – beruhigte mich sofort: „Du musst da nicht mitmachen, keine Angst. Uns allen ist klar, dass das nicht dein Ding ist. Also genieße einfach die Exponiertheit deiner Kollegen!"

Ich atmete erleichtert durch.

Zuerst schmetterte ein Kollege aus der EDV ein Lied von Tom Jones. Klar, es klang nicht nach Tom Jones, aber Melodie und Rhythmus waren dennoch gut erkennbar. Respekt. Alle applaudierten. Dann schwang sich eine Auszubildende auf die Bühne und rappte irgendetwas Unverständliches. Wahrscheinlich konnte niemand außer ihr beurteilen, ob dies dem Original entsprach. Als dann Marianne – passend zu ihrem Namen – ein Volkslied zum Besten gab, tobte die Firma. In diesem Moment fühlten wir uns als Gemeinschaft hoch auf dem gelben Wagen.

Ich kann es nicht erklären, aber mich ritt augenblicklich der Teufel und ohne lange nachzudenken, erhob ich mich, wobei sicher viele vermuteten, ich würde lediglich die Toilette aufsuchen. So kam es zur dritten Überraschung an diesem Tag. Es wurde mucksmäuschenstill im Saal. Ich schlenderte locker wie noch nie in meinem Leben auf die Bühne zu. Viele erwarteten eine kurze Dankesrede.

Der Techniker, der die Anlage bediente, kommentierte: „O, der Ehrengast gibt sich die Ehre. Was möchten Sie denn singen?"

Ich räusperte mich und sagte: „Ich dachte an Madonna."
„O, Madonna, vielleicht Like a virgin?"
Einige Kollegen kicherten, die anderen trauten ihren Augen und Ohren nicht.
„Nein, ich meine natürlich Lady Madonna, von den Beatles, möchte aber gleich hinzufügen, dass ich schrecklich falsch singe."
„Aber Sie haben immerhin den Mut es zu tun, und nur das zählt", begeisterte sich der Mann und putschte die Gesellschaft auf.

Als die Musik anfing, schloß ich die Augen, schließlich kannte ich den Text in- und auswendig. Den Einsatz des Gesanges erwischte ich nur knapp, legte jedoch unbekümmert los. Wie in einem Film stand ich plötzlich neben mir und hörte meine Stimme. Ich sang grausam, traf die Töne nicht und schwamm stets neben dem Rhythmus. Währenddessen erinnerte ich mich an meine Schulzeit, wo der Musiklehrer immer betont hatte, ich würde furchtbar falsch singen, aber wenigstens sänge ich laut und deutlich. Diesem Motto blieb ich treu und trällerte ohne Rücksicht auf Verluste. Bei der zweiten Strophe öffnete ich übermütig die Augen und blickte in eine begeisterte Zuhörerschaft. Das animierte mich zu einigen Tanzschritten, was die Stimmung im Publikum noch steigerte. Klar, meine Bewegungen glichen eher dem unkontrollierten Zucken eines epileptischen Anfalls, denn ich hatte zuvor noch nie getanzt. Unter rasendem Beifall verließ ich zu guter Letzt mit Schweiß auf der Stirn und einem Lächeln im Gesicht die Bühne. Es war berauschend.

Bereits am nächsten Vormittag fragte mich mein Zimmerkollege, ob ich diese Beatlesnummer nicht auf der Jahreshauptversammlung des Sportvereines vorführen könnte. Als Vorsitzender des Vereines würde er dies sehr begrüßen. Sogleich versicherte er mir, er hätte noch nie in seinem Leben so herzhaft gelacht. Den anderen Kollegen seien ebenfalls die Tränen über die Wangen gekullert und er fände es mehr als mutig, wie ich diese Show abgezogen hätte. Auch hierüber seien sich im Betrieb durchwegs alle einig.

Ich musste nicht lange überlegen, denn für mich waren diese fünf Minuten einmalig. Ich nahm mich anders wahr und genoss die strahlenden Augen, die mich anhimmelten. Dieses Bad in der Menge, einfach mal im Mittelpunkt zu stehen, entwickelte sich für mich rasch zu einer Droge. Es war ein Machtgefühl, das ich trotz zittriger Knie immer und immer wieder heraufbeschwören wollte. Ich möchte an dieser Stelle abkürzen. Der folgende Auftritt entpuppte sich gleichfalls als erfolgreiche Lachnummer bei Jung und Alt. Allmählich sprach sich mein Talent herum und nachdem mich das Lokalfernsehen entdeckt hatte, ging alles in Windeseile. Die Presse bezeichnete mich als den Nachbarn von nebenan, mit dem sich die Menschen identifizieren, da er noch schlechter tanzt und singt als der Rest der Welt. Ein geniales Erfolgsrezept philosophierte ein Kritiker einer großen Zeitung. Nach einiger Zeit konnte ich Beruf und Talent nicht mehr zeitlich auf die Reihe bringen und entschied mich für den Weg des Künstlers. Mein Abschiedsfest wuchs sich zu einem Spektakel in einer sehr großen Turnhalle aus, denn alle Kollegen und Kolleginnen wollten unbedingt ihre Verwandten und Bekannten mitbringen. Jedermann wollte diesen Auftritt miterleben.

In den nächsten Monaten häuften sich die Angebote und ich beschloss, meine Karriere professionell zu untermauern. Aus diesem Grund nahm ich Tanzunterricht und ließ meine Stimme ausbilden. Ich arbeitete hart und allmählich stellte sich auch eine sichtbare Veränderung auf der Bühne ein. Zu meinem Leidwesen gingen die Angebote gerade in dieser Zeit schlagartig zurück. Anders ausgedrückt: Je besser ich mich vorbereitete, um so weniger Lacher landete ich. Wenngleich mir der Zusammenhang durchaus bewusst war, konnte ich nicht anders handeln. Trotz gegenläufiger Begeisterung nahm ich meine neue Tätigkeit ernst und arbeitete viele Stunden am Gesang und dem Bewegungsablauf. Ich studierte sogar die Grundkenntnisse der Komposition und schrieb eigene Songs mit anspruchsvollem Text.

Inzwischen glaube ich sagen zu dürfen, ich offeriere eine respektable Bühnenleistung, muss aber gleichzeitig eingestehen, dass sich kaum noch Gelegenheiten bieten, dies zu zeigen. Ja, es mag sich verrückt anhören, aber je intensiver sich meine künstlerische Seite verbesserte, desto geringer gestaltete sich das Interesse der Masse.

Ich kann und will diese Paradoxie nicht begreifen. Wahrscheinlich werde ich mich demnächst wieder bei meiner alten Firma bewerben, denn meinen Lebensunterhalt konnte ich zwar als falsch singender, stolpernder Trottel absichern, als Künstler droht mir jedoch derzeit die Verarmung.

Die letzte Ölung

Hauptkommissar Alonzo Freier betrat die Universität kurz vor zehn Uhr. Die Sekretärin hatte ihm am Telefon mitgeteilt, er könne Professor Hutter gleich nach der Vorlesung sprechen. Der Kommissar schlich in den Vorlesungssaal und sah den Professor, der über das Pult gebeugt mit tiefer Stimme dozierte:

„Ich will Ihnen, meine Damen und Herren, zum Schluss meiner Ausführungen das Phänomen Allmacht nochmals verdeutlichen, indem ich mich von einer anderen Seite nähere. Zweifelsohne würden Sie alle, wie sie hier sitzen, eine Ohnmacht als ein Alarmsignal im klinischen Sinne interpretieren. Einige von Ihnen wissen vielleicht, dass im Zeitalter der Romantik die Frauen mit der Ohnmacht verschwenderisch umgingen. Ohnmacht war unter diesem Aspekt eine anerkannte Verhaltensform, um seinen Gefühlen Ausdruck zu verleihen. Wenn wir in der Geschichte jedoch weiter zurückgehen, finden wir genügend Beispiele, in denen auch Männer bei jeder Gelegenheit besinnungslos wurden. Vom Überschwang des Herzens überwältigt fielen sie um wie die Fliegen. Diese männliche Empfindsamkeit können wir bis in das Barockzeitalter zurück verfolgen. Erst nach dem 17. Jahrhundert bemühte sich der Mann, seine Emotionen zu zügeln. Worauf will ich hinaus? Nun, Verhalten, körperliches Empfinden und die psychische Befindlichkeit sind abhängig vom Zeitgeist. Heute leben wir im Wahn der Allmacht. Wir glauben alles steuern zu können. Ich weiß, einige von Ihnen, meine Damen und Herren, werden protestieren, denn in unser technisiertes Weltbild passt diese Ohnmacht nicht. Der moderne Mensch ist motiviert, flexibel, stark, effektiv und immer gut drauf. Kurz gesagt: ein Macher. Eine Schwäche, eine Ohnmacht kann sich in dieser globalen Welt niemand leisten."

Bei diesem Satz nahm er seine Brille ab:

„Ich danke Ihnen für Ihre Aufmerksamkeit."

Während sich die gelangweilten Studentinnen und Studenten zum Ausgang drängten, bahnte sich Hauptkommissar Freier einen Weg zum Pult.

„Entschuldigung, Herr Professor Hutter", wandte er sich an den Dozenten.

„Tut mir leid, junger Mann, ich bin verabredet", erwiderte

Hutter und sortierte unbeeindruckt sein Skript.

„Meine Name ist Freier, Hauptkommissar Freier", entgegnete Alonzo.

„Oh, ich hielt Sie für ein Spätsemester", gestand der Professor, während er seine Unterlagen ordnete.

Alonzo schmunzelte, denn seine langen Haare und der Bart schienen Hutter auf die falsche Fährte gelockt zu haben.

„Ihre Sekretärin versicherte mir", setzte der Kommissar fort.

„Ja, ja, ich bin informiert. Natürlich können wir uns unterhalten, Herr Hauptkommissar", unterbrach ihn Hutter, ohne aufzusehen.

„Einen Moment, wir gehen gleich in mein Büro."

Alonzo Freier erhaschte ein Zitat von Marc Twain: 'Trenne dich nie von deinen Illusionen. Wenn sie verschwunden sind, wirst du weiter existieren, aber aufgehört haben zu leben.'

„Kommen Sie", riss ihn Hutter aus seinen Gedanken.

Kaum saßen sie im Büro, wollte der Professor wissen, um was es eigentlich ginge.

„Ein Kollege von Ihnen, Professor Baum, starb vor etwa einem Jahr", begann Alonzo.

„Und dafür interessiert sich die Mordkommission?" erkundigte sich Hutter höhnisch.

„Ja und nein. Wir fanden vorgestern die Leiche eines Mannes, und am Tatort, quasi neben dem Toten lag ein blutiges Messer. Als wir diesen Gegenstand routinemäßig auf Fingerabdrücke untersuchten, stellten wir zu unserer Überraschung fest: Die Abdrücke auf dem Messer gehören zu Professor Baum. Nun fällt es mir schwer, zu glauben, Baum wäre aus dem Reich der Toten auferstanden, um diesen Bankkaufmann zu erdolchen."

„Hm, sehr interessant", murmelte Hutter. „Darf ich Sie was fragen? – Sie sind sich sicher, dass es sich um Baums Fingerabdrücke handelt? Sie schließen eine Verwechslung aus? Woher haben Sie überhaupt die Fingerabdrücke meines verstorbenen Kollegen? Wieso war er registriert?"

Alonzo Freier fiel auf, wie schnell der Professor analysierte und Ungereimtheiten aufdeckte.

Deshalb erklärte er kurz: „Bei Baum wurden vor Jahren Kunstgegenstände gestohlen. Um die Angelegenheit zu verfolgen, benötigten wir seine Fingerabdrücke. Nur so konnten wir die fremden Spuren im Haus ausfindig machen. Ausschlussdiagnose, wie man so schön sagt."

„Ich verstehe, und selbstverständlich sammelt die Polizei querbeet. Dürfen Sie denn mir nichts, dir nichts Fingerabdrücke von Unschuldigen in die Kartei aufnehmen?" spöttelte Hutter.

„Was hat ein Unschuldiger zu befürchten?" konterte Alonzo mit einer Frage.

„Aber zu meinem Besuch", lenkte er das Gespräch in eine andere Richtung. „Ihr Verhältnis war angespannt."

Hutter zog eine Schnute. „Ja, das stimmt. Aber nicht Baum wurde umgebracht, sondern irgend ein Kaufmann. Vielleicht können Sie mir erklären, was meine berufliche Abneigung gegenüber Baum mit diesem Mord zu tun haben sollte? Oder denken Sie vielleicht, ich hätte Baums Messer gestohlen, um damit einen Wildfremden zu töten?"

„Immerhin war Baums Tod nicht ihr Schaden." Alonzo sah hierbei Hutter direkt in die Augen.

„Machen Sie sich nicht lächerlich, Herr Hauptkommissar. Denken Sie doch mal logisch. Wie kann ich mich von dem Schatten des großen Baums befreien? Entweder ich boxe diesen allseits geschätzten Kollegen in die Ecke der Lächerlichkeit oder ich ignoriere ihn. Sogar die Lächerlichkeit birgt Gefahren, da ich hierdurch Interesse wecken würde. Nein, mir bleibt nur ein Weg, falls Ihre Theorie stimmt und ich aus dem Baumschatten treten will: Das Schweigen. Sehen Sie, Herr Hauptkommissar, in unserer schnelllebigen Zeit kann ich getrost abwarten. In drei, spätestens in fünf Jahren kräht kein Hahn mehr nach Baum. Um Ihre Metapher aufzugreifen: Wenn sich die Sonne verzieht, wirft der Baum keine Schatten. Ich würde demnach durch diese Tat das Gegenteil erreichen. Hierdurch erfährt Baum doch erneut Aufmerksamkeit. Nein, diese Vorgehensweise ist unlogisch, denn eines ist gewiss: Baums Attraktivität wird durch dieses Verbrechen posthum gesteigert."

Alonzo war fasziniert, wie treffend der Professor die Dinge konstatierte. Fast so, als hätte er sich dies alles bereits im Vorfeld zurechtgelegt.

„Gehe ich recht in der Annahme: Sie schätzten Baum nicht sehr?" fragte Alonzo.

Hutter wiederholte. „Sie gehen recht in der Annahme. Baum

war für mich ein rotes Tuch. Ich konnte weder wissenschaftlich noch privat mit ihm etwas anfangen. Aber ihm – einem Toten – einen Mord symbolisch anzudrehen, ist unter meinem Niveau."

„Können Sie Ihre Antipathie erläutern? Schließlich muss ich mir ein Bild von Baum machen, falls er sich doch zur Auferstehung und zum ewigen Leben entschieden hat."

„Ich merke schon, Herr Hauptkommissar, Sie gehen die Sache gründlich an. Aber ich versichere Ihnen, Baum kann nicht hinter der Sache stecken. Er verschwand weder spurlos im Dschungel noch kenterte sein Boot. Wissen Sie, wie er gestorben ist?"

„Ja, zu Hause in seinem Bett. Sein Hausarzt hat mir erzählt, dass Baum in der Woche vor seinem Tod alle Vorbereitungen für die Trauerfeier getroffen hat. Er betonte sogar, dass kein Pfarrer kommen solle, da er eine letzte Ölung ablehne."

Hutter grinste. „Ja, so war es. Unser Freund liebte das Theatralische. Übrigens ist es nichts Außergewöhnliches, wenn Menschen ihren Tod im Vorfeld wahrnehmen. In vergangenen Zeiten war dies gang und gäbe. Die Menschen verabschiedeten sich und starben. Nur in unserer Zeit – wir blenden den Tod aus, verbannen ihn ins stille Kämmerchen und tabuisieren ihn – wirkt dies vielleicht unheimlich. Aber glauben Sie mir, viele von uns haben ein Gespür dafür, wenn es zu Ende geht. Das hat nichts mit Vorsehung zu tun. Wenn wir auf unseren Körper und unser Befinden achten, werden wir, von plötzlichen Ereignissen abgesehen, erkennen, wenn wir zur letzten Reise gerufen werden."

Während Hutter dies ausführte, dachte Alonzo an die Sequenz aus der Vorlesung, in der der Professor über die Ohnmacht philosophiert hatte.

Dann fragte er: „Können Sie mir ein Beispiel geben, warum Baum nicht gerade zu ihren Freunden zählte?"

„Gut, ich werde es versuchen", antwortete Hutter. „Ich fand seinen Humor geschmacklos. Sie sprachen vorhin von seinem Willen, nicht vom Pfarrer die letzte Ölung zu empfangen. Dazu fällt mir eine kuriose Geschichte ein, die Baum immer wieder gern erzählt hat und stets versicherte, sie hätte sich genau so zugetragen, was ich nie und nimmer glaube. Angeblich lag er vor langer Zeit als junger Mann am Strand und genoss die Sonne und das Rauschen des Meeres. Direkt neben ihm lag ein Liebespaar. Das kicherte, schmuste und kokettierte. Baum schmückte diese Szene gerne aus, indem er sowohl die Frau als auch den Mann nachahmte. Nach einiger Zeit bat diese junge Frau ihren Freund, sie mit einer Sonnencreme einzuölen. Auch diesen Teil der Geschichte schilderte Baum in schillernden Farben. Wie der Mann die Oberschenkel der Frau walkte und so weiter. Ich erspare Ihnen die Einzelheiten. Baum ließ hierbei keine erotische Anspielung aus und manchem Zuhörer lief das Wasser im Mund zusammen. Dann wechselte er von seinem säuselnden Ton hinüber ins nüchterne Berichtswesen. Er erzählte knapp und bündig, wie sich die Frau erhob. Der junge Mann blieb auf der Decke sitzen und beobachtete das Mädchen, das ihm nochmals zuwinkte, bevor es ohne zu zögern in die Wellen sprang. Kurze Zeit später kreischten die Menschen am Strand. Panik lag in der Luft. Alle flüchteten aus dem Wasser. Der junge Mann und Baum rannten ans Wasser und sahen, wie die junge Frau von einem Hai gefressen wurde. Das Wasser färbte sich rot. Der Mann stand unberührt neben Baum. Er heulte nicht. Er schrie nicht. Baum tapste mit zittrigen Knien zu seinem Platz zurück. Der Mann folgte ihm. Während Baum verstört seine Klamotten zusammen packte, beobachtete er, wie der Mann die Kleider und Utensilien der Geliebten fein säuberlich in die Tasche verstaute. Dann grinste er schelmisch zu Baum herüber und flüsterte ihm zu: 'Das war die letzte Ölung'." Hutter machte eine kleine Pause, bevor er fortsetzte: „Verstehen Sie mich? Mit dieser Art von Humor konnte ich nichts anfangen. Um es abzukürzen: Mir gefiel weder der Wissenschaftler noch der Mensch."

„Noch eine letzte Bitte, Herr Professor. Können Sie sich an Affären oder sonstige skandalöse Dinge in Zusammenhang mit Baum erinnern?"

„Herr Kommissar, bis vor etwa fünf Jahren war vor Baum kein Rock sicher. Sie können in jedem Jahrgang zwei bis drei Mädchen ausfindig machen, die er begrapschte. Sein bevorzugter Typ: Langes brünettes Haar, lange Beine, fleißig, schüchtern und ihm ergeben. Die Kollegen rätselten bereits zu Beginn eines Semesters, wen unser Charmeur wohl im nächsten halben Jahr zuerst zum Essen und später in sein Apartment einladen würde. Ja, der Jungbrunnen sprudelte bis vor fünf Jahren."

„Und dann?"

„Baum wirkte die letzten Jahre alt und geknickt. Ich vermute, dass sich zu diesem Zeitpunkt eine Erschöpfung einstellte und er sein Ende ahnte. Er gab sich zum Schluss weder witzig noch ausgelassen. Die letzten beiden Jahre vermied er sogar jegliche Gesellschaft außerhalb der Vorlesung. Es wurde gemunkelt, er schreibe an einem monumentalen Werk, was sich gottseidank als Gerücht heraus gestellt hat."

Alonzo bewunderte die Ehrlichkeit des Professors und fragte: „Gibt es in der Universität noch Unterlagen, Notizbücher oder irgendwelche persönliche Dinge von Baum?"

Der Professor öffnete die Tür zu seiner Sekretärin. „Helfen Sie bitte Herrn Hauptkommissar, er benötigt alles Wissens- und Unwissenswerte über den verstorbenen Kollegen Baum."

„Danke", kommentierte Alonzo diese Geste und verabschiedete sich von Hutter.

Wenngleich sich Alonzo mehr erhofft hatte, marschierte er nicht unzufrieden ins Kommissariat. Unterm Arm schleppte er einige unvollständige Fachartikel und die Liste sämtlicher Studenten und Studentinnen der letzten zwanzig Jahre.

Inzwischen lagen auf seinem Schreibtisch die Ergebnisse der Obduktion. Die Vermutung der Ärztin am Tatort, dass der Bankkaufmann Lenk nicht erstochen worden war, wenngleich er von Stichen durchlöchert aufgefunden wurde, bestätigte sich. Wie hatte die Medizinerin beiläufig gesagt? 'Da müsste mehr Blut spritzen'. Als Alonzo sie verblüfft angesehen hatte, erklärte sie ihm unverblümt, dass bei Toten das Blut nur langsam aus dem Körper rinnt.

Sie hatte also Recht behalten. Lenk war zuerst vergiftet worden und im Nachhinein mit dem Messer malträtiert worden. Wieso, fragte sich Alonzo, wird jemand vergiftet und anschließend mit dem Messer eines Toten erstochen? Warum sollte die Spur auf Baum gelenkt werden? Für Hauptkommissar Alonzo Freier stand fest: Nur über die Verbindung der beiden – Baum und Lenk – konnte er zum Täter vordringen. Aus diesem Grund gab er an alle Mitarbeiter seiner Abteilung die Weisung, das Umfeld von Lenk wie auch von Baum gründlich nach Parallelen zu durchforsten. „Ich will jede Gemeinsamkeit", betonte er in der Dienstbesprechung. „Ob die beiden dieselbe Tankstelle aufgesucht haben oder gemeinsam im Kirchenchor frohlockten. Alle Daten müssen abgeglichen werden. Es muss sich ein gemeinsamer Nenner finden lassen und nur hierüber können wir uns dem

Mörder nähern. Achtet demnach auf jede Kleinigkeit! Wir benötigen einen Pool von Informationen über beide Männer und in diesem Pool werden wir fischen."

Die nächsten drei Tage liefen die Untersuchungen auf Hochtouren. Drei Aspekte schienen es wert, genauer verfolgt zu werden.

Sowohl Lenk als auch Baum waren Mitglied im örtlichen Schachclub. Beide hatten vor einigen Jahren bei einer Simultanvorstellung gegen Uwe Liederjan mitgespielt. Laut Auskunft der anderen Schachspieler kannten sich beide jedoch nur dem Namen nach.

Der zweite Anhaltspunkt erschien Alonzo ergiebiger, wenngleich er dies nicht rational begründen konnte. Eine Nichte von Lenk, Jasmin Sommer, hatte vor zehn Jahren bei Baum studiert. Dieser Geschichte wollte er persönlich nachgehen.

Die dritte Gemeinsamkeit fand im Kommissariat die größte Beachtung. Baum war ein leidenschaftlicher Börsianer. Und just bei der Bank, in der Lenk angestellt war, erlitt er vor fünf Jahren ein Verlustgeschäft, vom dem er sich nie erholt hatte. Dies könnte die Verhaltensänderung erklären, von der Hutter gesprochen hatte, überlegte Alonzo. Angeblich hatte ihn die Bank in die Irre geführt, ihm ein absolut sicheres Geschäft empfohlen und ihn mehr oder weniger in den Bankrott getrieben. Würde Baum tatsächlich noch leben, dann wäre dies ein Lösungsansatz, dachte Alonzo. Außerdem könnte über die Verbindung aus dem Schachclub in der Tat eine Geschäftsverbindung entstanden sein. Warum nicht?

Während zwei Kollegen sich intensiv um die Bankgeschäfte Baums kümmerten und jeglicher Verknüpfung zu Lenk nachgingen, stattete der Hauptkommissar Jasmin Sommer einen Besuch ab.

Es öffnete ihm eine 29-jährige korpulente Frau mit fetten, strähnigen Haaren die Tür. Sie stellte sich als Jasmin Sommer vor. Nervös verlagerte sie ihr Gewicht von einem Bein auf das andere, strich sich mit der Hand übers Haar und warf einen unruhigen Blick auf die Straße, etwa so, als dürfte niemand sehen, dass sie Besuch bekam.

„Darf ich herein kommen?", half Alonzo der unsicheren Frau. „Ich habe mich telefonisch angemeldet. Meine Name ist Freier. Ich komme von der Polizei."

„Ach so, ja, hm, wenn es sein muss", bemühte sich die Frau um Normalität in ihrem Verhalten.

Die erste halbe Stunde ihres Gesprächs verlief in üblichen Bahnen. Alonzo ließ sich Zeit. Er betrachtete diese Phase stets als Lockerungsübung. Geduldig beantwortete er Zwischenfragen und überlegte, was Baum an dieser Frau wohl Aufregendes entdeckt hatte.

„Sie haben vor zehn Jahren bei Professor Baum studiert", konstatierte er. „Haben Sie Ihr Studium abgeschlossen?"

Jasmin Sommer schüttelte heftig den Kopf. „Nein, ich habe nach zwei Semestern abgebrochen."

„Darf ich fragen: warum?"

„Ich hatte keine Lust mehr und überhaupt." Hier stockte sie.

„Frau Sommer", sagte Alonzo leise. „Ich will nicht indiskret sein, aber bei Ihrem Onkel handelt es sich um Mord. Das Messer, das neben der Leiche gefunden wurde, weist die Fingerabdrücke von Professor Baum auf. Ich hoffe, Sie verstehen, dass es mir nicht um Ihr Liebesleben geht. Ich verspreche Ihnen, so weit es nicht die Ermittlung behindert, alles für mich zu behalten, was Sie mir anvertrauen. Aber Mord ist kein Pappenstiel – verstehen Sie mich bitte."

Jasmin Sommer stand auf und holte ein Fotoalbum. Mit zittrigen Händen suchte sie ein Bild. „Hier, das bin ich mit Baum."

Alonzo sah auf dem Bild einen grauhaarigen älteren Herren eng umschlungen mit einer attraktiven, brünetten Frau. Die schlanke Frau auf dem Foto trug einen kurzen Rock. Lange Beine lugten unter dem Stoff hervor.

„Ein schönes Bild", kommentierte er.

„Ja, aus einem anderen Leben. Damals war ich glücklich. Es war die beste Zeit in meinem Leben", sprach sie zögernd, bevor sie von ihrer Beziehung zu Baum erzählte. Erst gegen Ende ihrer Schilderung schnappte sie nach Luft und ihre Erregung wurde offensichtlich.

„Frau Sommer, ich möchte Sie nicht quälen, aber ich benötige die ganze Geschichte. Wie kam es zum Bruch?"

Sie stammelte: „Na gut, jetzt, wo er tot ist, kann ich es ja sagen. Ich war 19 Jahre alt und himmelte diesen Professor an. Ich habe alles für ihn getan. Aber er ließ mich wie eine heiße Kartoffel fallen, nachdem er sich seine Wünsche erfüllt hatte. Daraufhin verließ ich die Uni."

„Entschuldigen Sie, ich muss es genauer wissen. Was wollte er von Ihnen?" fragte Alonzo.

Jasmin Sommer stöhnte. „Gut, dann erzähle ich es eben. Er cremte mich bei unserer letzten Begegnung ein und verschnürte mich wie ein Paket. Er redete unentwegt. Eine Geschichte, die er angeblich vor Jahren am Strand erlebt hatte, erregte ihn. Und er wiederholte wie ein Mantra: 'Jasmin, das ist die letzte Ölung.' Hierbei lachte er wie ein Verrückter. – Na ja, er war schon seltsam. Ich lag glitschig und gefesselt auf dem Bett und er befriedigte sich selbst. Auf jeden Fall brach er nach diesem Vorfall unsere Beziehung abrupt ab. Ich flehte ihn an, er möge es sich doch nochmals überlegen, denn ich war zu allem bereit, um diesen Mann zu behalten. Er jedoch kicherte: 'Schatz, ich habe dir doch gesagt, dass es die letzte Ölung war.' Hierüber konnte er sich köstlich amüsieren. Ich war am Ende. Eine Welt stürzte ein. Ich verbarrikadierte mich in meiner Bude, heulte und stopfte mich mit Süßigkeiten voll. Das Ergebnis sehen sie."

Alonzo schwieg einige Zeit, bevor er sich räusperte: „Und was können Sie mir über Ihren Onkel berichten?"

Jasmin lief augenblicklich rot an. Der Hauptkommissar wunderte sich, mit so einer banalen Frage einen Treffer gelandet zu haben. Im Raum knisterte es. Jasmin hakte mit den Fingern durch ihre Haare. Sie biss sich auf die Unterlippe. Ihre Augen wanderten ziellos durch das Zimmer. Dann stand sie auf, drehte Alonzo den Rücken zu und stierte aus dem Fenster.

„Mein Onkel nahm mich – ich war sieben – zum Campen mit. Er machte böse Dinge mit mir. Ich hoffe, Sie erwarten nicht, dass ich in Details einsteige. Man nennt das wohl sexuellen Missbrauch." Langsam – wie in Zeitlupe – wandte sie sich Alonzo zu. Eine Träne kullerte über die Wange. „Ich kann jetzt nicht mehr. Könnten Sie bitte gehen."

Alonzo nickte. „Darf ich morgen wieder kommen? Es ist wirklich wichtig, Frau Sommer."

„Meinetwegen", erwiderte sie lakonisch und teilnahmslos.

Auf dem Weg ins Büro fasste er zusammen: Baum wie auch Lenk hatten mit Jasmin Sommer eine abartige sexuelle Beziehung. Sicher sehnte sie sich nach Baum, um die Qualen der Kindheit vergessen zu können. Wie hatte sie gesagt? Sie hätte alles für diesen Mann getan. Wahrscheinlich liebte sie ihn über den Tod hinaus.

Vielleicht wollte sie sich symbolisch mit dem Messer rächen, um dieses Kapitel endgültig abzuschließen? Aber dann hätte sie ihre Motivlage nicht so ohne Weiteres preisgegeben, kombinierte Alonzo. Oder wollte sie sogar erwischt und bestraft werden?

Im Kommissariat berichteten Freiers Kollegen, dass die Spur in der Bank leider ins Leere führte, denn Lenk hatte mit dem Aktiengeschäft nichts zu tun. Außerdem behauptete ein Bankangestellter, der seinerzeit mit Baum Kontakt hatte, dass sich der Professor von niemandem etwas aufschwatzen ließ. Nein, Baum studierte jahrelang die Entwicklung der Börse und kein Mensch hätte ihn von etwas überzeugen können, das er nicht selbst überprüft und für gut befunden hätte. Baum hatte leichtfertig auf eine Fusion gesetzt, die im letzten Moment platzte, was niemand vorhersehen konnte. Wäre diese Fusion zustande gekommen, hätte er andererseits kräftig abgesahnt.

Am nächsten Tag besuchte Alonzo erneut Jasmin. Sie stand mit gewaschenen Haaren im schlichten Kleid vor ihm. Auf Alonzo machte sie den Eindruck, als hätte sie schon ihre Koffer für das Gefängnis gepackt. Sie wirkte wie eine Büßerin, die gottesfürchtig ihrer Strafe harrte. Jasmin erinnerte ihn an ein Schaf, das bereitwillig zur Schlachtbank schreitet. Er kannte dieses Phänomen, das er schon einigemal bei Mördern beobachtet hatte. Irgendwie schien bei solchen Menschen zu guter Letzt eine innere Ruhe einzukehren. Ihm fiel dazu die Erzählung 'Die Wand' von Sartre ein, wo ein zum Tode Verurteilter, nachdem er in seiner letzten Nacht alle Ängste und Qualen durchlebt hatte, gelassen und ungerührt auf das Kommende wartete.

Jasmin kredenzte Kaffee. Alonzo bemerkte, dass sie drei Stückchen Zucker nahm. Nach einigen belanglosen Sätzen kam er auf das Thema zu sprechen.

„Frau Sommer, wem haben Sie außer mir von diesen Dingen erzählt. Wer wusste von Ihrem Erlebnis mit dem Onkel und der Geschichte mit Baum?"

„Niemand", gab sie sich erstaunt und riss die Augen auf. „Denken Sie, ich gehe hiermit hausieren. Ich habe Ihnen das alles nur erzählt, da es sich um einen Mord handelt. Und ich sehe es als meine Pflicht an, Ihnen bei der Aufklärung behilflich zu sein."

„Zu was für einem Schluss würden Sie kommen, wenn Sie an meiner Stelle wären?" fragte er.

Sie schaute ihn mit großen Augen an. „Ich verstehe Sie nicht."

Alonzo versuchte einen anderen Weg. „Waren Sie in Therapie? Haben Sie einem Therapeuten ihr Geheimnis anvertraut?" Er hatte sich nämlich gestern Abend überlegt, dass theoretisch betrachtet ebenfalls ein Dritter im Spiel sein könnte.

„Ich brauche keinen Therapeuten", prustete sie. „Ich bin katholisch und wenn ich Sorgen habe, rede ich mit meinem Beichtvater."

„Und haben Sie über Lenk und Baum mit Ihrem Beichtvater gesprochen?"

„Natürlich", fügte sie schnell an. „Aber er unterliegt dem Beichtgeheimnis. Ich versichere Ihnen, er würde sich eher die Zunge abschneiden lassen, als über meine privaten Angelegenheiten zu reden."

„Wie heißt Ihr Beichtvater?" erkundigte sich Alonzo routinemäßig.

„Pater Franz. Ich kenne ihn seit meiner Kindheit. Wir besuchten in der Volksschule dieselbe Klasse, bevor ich aufs Gymnasium und er ins Priesterseminar wechselte. Aber wir hatten immer Kontakt. Er scherzt gerne, dass er nur Gott und mich liebt." Sie zog ihr Kleid über die Knie und lächelte verlegen.

„Wo treffe ich Pater Franz?"

„Im hiesigen Kloster. Franz ließ sich vor einem Jahr in dieses Kloster versetzen, damit wir uns öfter treffen können", entgegnete sie stolz.

Alonzo erkannte nun, dass seine Vermutung falsch war. Nein, sie war keine Mörderin. Trotz ihrer Enttäuschungen hätte diese Frau niemals so viel kriminelle Energie entwickelt und ihren Onkel vergiftet. Ebenso hätte sie es nicht fertig gebracht, das Messer von Baum in den Toten zu bohren. Nachdenklich verabschiedete er sich von Frau Sommer, um den Pater aufzusuchen.

Als sich Alonzo vorstellte, schmunzelte der Pater. Er spielte nicht den Überraschten, sondern gab freimütig zu, dass er ihn erwartet hätte.

„Ich kann eins und eins zusammenzählen. Die Polizei ist doch nicht blöde."

„Warum haben Sie sich dann nicht bei mir gemeldet, dies hätte die Ermittlungen erheblich vereinfacht", warf ihm Alonzo ärgerlich vor.

„Hätte ich mein Beichtgeheimnis brechen sollen? Nein, Herr Freier, ich wusste weder wer Lenk umgebracht hat, noch woher der Mörder Baums Messer hatte. Mir war lediglich bekannt, dass zwischen beiden eine unleidliche Verbindung bestand. Dies wiederum erfuhr ich im Rahmen meines Priesteramtes – nicht als Privatmann." Der Pater zeigte bei seiner Argumentation keinerlei Unsicherheiten.

Auf Alonzo wirkte der Kirchenmann selbstgefällig.

„Wo waren Sie am Samstag zwischen 19.00 Uhr und 21.00 Uhr?" fragte er plötzlich und schaute dem Pater in die Augen.

„Oh, Sie verdächtigen mich. Gut kombiniert, Herr Freier", erheiterte sich der Pater. „Ich war in meiner Zelle. Ich habe das Kloster nicht verlassen. Wenn Sie anderer Meinung sind, dann beweisen Sie es. Benennen Sie Zeugen, die mich gesehen haben. Lassen Sie über die Presse ermitteln, ob jemand am Samstag einen Mann in blutüberströmter Kutte durch die Straßen schleichen sah. Nein, Herr Freier, mit Ihnen geht die Phantasie durch."

„Da bin ich mir nicht so sicher", widersprach Alonzo.

Der Pater lächelte. „Herr Freier, es gibt nur Hinweise, keine Beweise und wir wissen doch beide: Gottes Wege sind unergründlich." Dann beugte er sich nahe an Alonzos Ohr und flüsterte: „Aber ich darf Sie beruhigen, Herr Hauptkommissar, falls ein Priester diesen Kinderschänder getötet hat, dann erhielt er sogar die letzte Ölung." Er grinste schief und wandte sich ab.

Die Ermittlungen verliefen im Sand und wurden nach zwei Monaten eingestellt. Der Fall blieb ungelöst, wenngleich Alonzo alle Hebel in Bewegung gesetzt hatte.

Er fühlte sich ohnmächtig.

Nach etwa einem Jahr las Alonzo in der Tageszeitung, dass Jasmin und Franz in den Bund der Ehe treten wollten. Er hatte das Kloster für seine große Liebe verlassen. Alonzo kaufte daraufhin in einer Autowerkstatt einen Gutschein, den er dem Pater als Hochzeitsgeschenk schickte: einmal Ölwechsel.

Brünnhilde

Seit einigen Monaten verlasse ich meine Wohnung nicht mehr. Warum auch? Bankgeschäfte, wie auch Einkäufe, erledige ich bequem über das Internet und meine Pension wird zuverlässig überwiesen. Böse Zungen bezeichnen zwar meine spärlichen Kontakte als parasozial, aber das interessiert mich nicht sonderlich.

Neulich öffnete ich vorsichtig eine Dose und starrte auf den Inhalt. Statt der zu erwartenden Ölsardellen wälzte sich eine blonde Frau darin. Ich griff der Gewohnheit folgend zur Gabel.

„Hilfe, bist du denn völlig übergeschnappt", fauchte mich das kleine, selbstbewusste Wesen an.

Ich rieb mir die Augen. Doch, da lag eine verkleinerte Ausgabe einer Walküre – hell und drall. Ich zog eine Schnute, runzelte die Stirn und stammelte: „Brünnhilde, wo kommst du denn her?"

„Frag nicht so blöde," erwiderte sie mit fester Stimme und nestelte in ihrer blonden Mähne.

„Ich war ehrlich gesagt auf Sardellen eingestellt", entgegnete ich verwirrt.

„Na, das kannst du vergessen", prustete sie und stieg umständlich aus der Dose. Öl triefte auf die Zeitung und verdunkelte das Papier. „Apropos Essen. Das ist eine gute Idee. Ich habe Hunger. Du könntest uns ein paar Nudeln hinstellen."

„Und was machst du in der Zeit?" fragte ich provozierend.

Sie stellte sich breitbeinig neben den Aschenbecher, breitete die Arme aus und begann zu singen. In der Tat: Eine Arie aus der Götterdämmerung. Mir lief ein Schauer über den Rücken und die kleinen Haare am Unterarm stellten sich auf, so schön sang sie.

Dies ereignete sich vor etwa einer Woche. Seitdem lebt Brünnhilde bei mir. Für Kost und Logis bietet sie mir ihren herrlichen Gesang. Klar, sie beeinflusst mein Leben auch anderweitig. Sie ist beispielsweise sehr eifersüchtig, wenn ich mir im Internet diverse Bilder ansehe. Aber im Großen und Ganzen kommen wir gut aus. Ich ließ ihr über einen Versand ein Puppenhaus und schöne Kleider schicken. Abends hören wir gemeinsam Wagneropern. Bei manchen Passagen trällert Brünnhilde frank und frei mit.

Wenn mir vor Jahren jemand erzählt hätte, dass so eine kleine Frau – dazu noch aus der Dose – mein Leben schlagartig verändern und beeinflussen werde, hätte ich ihn ausgelacht. Aber ich bin glücklich, wie noch nie in meinem Leben.

Der bekleidete Mann

Ralf schlenderte gelangweilt die Straße entlang. Er träumte vom Unerreichbaren. Vor drei Jahren hatte der nun 29-Jährige sein Studium erfolgreich abgeschlossen. Nach zwei Jahren erfolgloser Arbeitsuche entschloss er sich schweren Herzens, seinen ehemaligen Ferienjob bei der Post als Festanstellung anzutreten. Nicht, dass er sich für diese Arbeit zu schade gewesen wäre, nein, Ralf war weder hochnäsig noch überheblich; nur schmerzte die Zerstörung der Illusion, als geschätzter und anerkannter Literaturkritiker Applaus zu erhaschen. Die postalische Tätigkeit, nicht als Übergang, sondern als definitive Lösung, umgarnte der schale Beigeschmack eines Abschiedes – das Ende einer Hoffnung. All die Absagen nach Beendigung des Studiums trafen ihn wie Schläge in die Magengrube. Er taumelte, aber erst, als er sich zu der Zusage durchrang, in Zukunft fest als Briefträger zu arbeiten, landete er auf den harten Brettern der Wirklichkeit. Ralf fühlte sich ausgezählt und ausgemustert. Routine und Alltag entpuppten sich gleichsam als Entnüchterungszelle. Der Spielraum für Utopien verengte sich.

Auf der anderen Seite führte dieser Entschluss paradoxerweise zur Erleichterung. Lästigen Fragen wie 'Was machst du?' oder 'Wo kann ich dich beruflich erreichen?' musste er nicht mehr radebrechend ausweichen. So betrachtet war er dankbar. Risiko und Nebenwirkungen hielten sich in Grenzen. Jede Medaille hat bekanntlich zwei Seiten, stöhnte er, wenn er sich in kritischer Selbstanalyse übte. Ralf, der belesene Briefträger, oder Ralf, der Briefe tragende Leser: das war hier die Frage!

Mit einem Hackentrick kickte er lässig eine leere Bierdose an den Bordstein. Das Blech rollte jedoch über die Bordsteinkante und zwang eine Radfahrerin zu einem gefährlichen Ausweichmanöver. Als hätte er mit diesem Missgeschick nichts zu tun, schaute er unwillkürlich in die andere Richtung. Da aber weit und breit keine andere Person zugegen war, wandte sich die Frau mit Zornesröte ihm zu und zischte: „Arschloch!"

Ralf duckte sich. Sein Kinn berührte die Brust. Er bedauerte zwar seinen Lapsus, wusste aber nicht, wie er ihn ohne Gesichtsverlust ausbügeln könnte. Seit Jahren kämpfte er mit dem Phänomen, in entscheidenden Momenten gar nichts oder das

Falsche zu sagen. 'Sie müssen eben aufpassen, wo Sie hinfahren', fiel ihm spontan ein, aber das wollte und konnte er nicht entgegnen. Dann mimte er doch lieber den Tauben. Die Formulierung 'im Erdboden versinken' entsprach genau seinem augenblicklichen Bedürfnis. Er zog eine Grimasse. Er hätte sich am liebsten aus dem Staub gemacht.

Die aufgebrachte Frau stellte hastig ihr Fahrrad ab und Ralf zur Rede. Sie packte ihn am Ärmel und fauchte:

„Sind Sie so blöde oder stellen Sie sich nur so an?"

Immer noch wagte er es nicht, ihr in die Augen zu sehen. Aber er bündelte den Mut von einer Woche und stammelte:

„Ich stelle mich nur so blöde an. Tut mir leid. Ich sah Sie wirklich nicht kommen." Diese Erwiderung kostete ihm die Kraft eines ganzen Arbeitstages. Nun fühlte er sich befreit wie ein Katholik, der von den Sünden erlöst, den Beichtstuhl eilig verlässt, um seine drei Vaterunser herunterzuleiern.

„Das kann ja passieren", wechselte die Frau in eine versöhnliche Tonart. „Aber mir nichts dir nichts abzuhauen, ist nicht die feine englische Art. Das ist doch Fahrerflucht." Sie griff sich in den Nacken und warf die lange, kastanienbraune Mähne über ihre Schulter.

„Ich bin weder Engländer noch gefahren", verteidigte sich Ralf und ärgerte sich sogleich über die doofe Bemerkung. Wieso konnte er nicht ungezwungen und heiter mit der Frau plaudern? In seiner Vorstellung, in der er später das verkorkste Gespräch im stillen Kämmerchen mit sich selbst nochmals durchspielte, sprühte er stets Charme aus. In der Realität jedoch verkaufte er sich permanent unter Wert. Seine Antworten strahlten nicht den Witz aus, den er zum Besten geben wollte. Ralf bezeichnete sich selbst als latenten Humoristen, der im wirklichen Leben eher eine unfreiwillige Lachnummer abgab oder Groll auf sich zog. Eine gezielte Pointe hatte er noch nie plaziert.

„Stimmt", erheiterte sich die Frau trotz alledem, „dann war es wohl keine Fahrerflucht sondern eine Flucht vor der Fahrerin." Sie lachte über ihr Sprachspiel.

Jetzt riskierte Ralf einen ersten kurzen Augenkontakt und überlegte krampfhaft, wie er sich erkenntlich zeigen könnte. Eine Einladung zum Essen schien sogar ihm übertrieben, weshalb er einen kleineren Gang einlegte.

„Darf ich Sie auf einen Kaffee einladen?"

Sie blickte auf die Uhr. „Gut, eine halbe Stunde habe ich Zeit."

Ralfs Herz pochte bis zum Hals hinauf, während der langhaarige Blickfang sein Fahrrad neben ihm herschob. Fremde Menschen müssten glauben, schoss es ihm durch den Kopf, dass sie ein Paar wären. Er schwelgte neben der Attraktiven. Das Rampenlicht erwärmte sein Gesicht. Einige Passanten schenkten ihm heute größere Aufmerksamkeit. In aller Regel eilten die Leute an ihm vorbei, als wäre er Luft. Nun weilten ihre Blicke, die er als neidisch oder bewundernd interpretierte, auf ihm. Sein Selbstwert stieg enorm mit dieser Begleitung. Zwei Dinge imponieren anderen Menschen, kombinierte er: Die Begleitung und die Bekleidung. Sein Gehirn arbeitete auf vollen Touren, denn er wollte unbedingt einen Gag landen.

Endlich atmete er durch: „Ich heiße übrigens nicht Arschloch, sondern Ralf."

„Helga. Ich studiere Jura."

„Na ja, das muss auch jemand studieren", antwortete Ralf und biss sich auf die Lippe. An und für sich wollte er ihr ein Kompliment machen und die zweifelhafte Bedeutung der Rechtswissenschaften retten. Sofort fügte er an: „Ich bin Postbote."

„Dann werde ich dir eine Briefbombe faxen, wenn du mir nochmals Hindernisse in den Weg legst", scherzte Helga und wäre fast über ein Pedal ihres Rades gestolpert.

Ralf dachte kurz nach, ob er erwähnen sollte, dass er Literaturwissenschaften studiert hatte, seine Brötchen aber notgedrungen als Briefträger verdiene, weil der Bedarf an Menschen, die eine Menge Bücher gelesen haben, nicht allzu groß eingeschätzt wurde. Aber er wollte nicht prahlen oder sich rechtfertigen. Seine Erfahrungen im Studium waren nicht positiv – eher peinlich. Ständig bohrten Neugierige nach, warum er nicht in seinem Beruf untergekommen sei. Im Unterton schwang hierbei immer die Vermutung des Versagens mit. Ebenfalls wurde seine Argumentation belächelt, er fände während seiner Tätigkeit an der frischen Luft Zeit zur Muße, und dementsprechend als billige Ausrede abgestempelt.

Strenggenommen konnte er stundenlang in Büchern schmökern. Hierin sah er seit Jahren die einzig interessante Beschäftigung neben seiner Vorliebe für den Club. Samstags besuchte er die Fußballspiele des 1.FC Nürnberg – auch die Auswärtsspiele. Natürlich reiste er nicht mit den grölenden Fans, sondern bevorzugte ein ruhiges Abteil im Zug, wo er ungestört lesen konnte. Im Stadion hingegen brüllte er aus Leibeskräften. Hier tobte er sich aus und schrie seine Wut heraus. Als Lieblingsopfer kristallisierten sich in all den Jahren die Schiedsrichter heraus. Für die Unparteiischen verfügte er über eine Palette an Begriffen, die der Vielfalt der Eskimos bezüglich des Schnees standhielt.

„Möchtest du in ein bestimmtes Café?" erkundigte sich Helga, da sie bereits schon an zwei Lokalen passiert hatten.

„Nein, such du bitte eins aus", meinte Ralf, der es einfach genoss, neben der schönen Frau zu gehen. Insgeheim hoffte er, ein Bekannter möge ihnen begegnen. Er hielt nach allen Richtungen Ausschau, wie ein Verfolgter in einem Fernsehkrimi. Sehnlichst wünschte er sich, dass ihnen sein Arbeitskollege Richard über den Weg laufen würde. Richard würde dumm aus der Wäsche gucken vermutete Ralf und stellte sich vor, wie er am nächsten Tag beiläufig erwähnen würde, dass dies Helga – eine seiner Freundinnen – gewesen sei. Ja, dem Richard würden die Augen übergehen. Er würde Ralf nach dieser Sachlage anders einschätzen müssen.

„Hier!" Helga deutete mit dem Zeigefinger auf eine Tür.

Er ließ Helga den Vortritt, wenngleich er gerne voraus gegangen wäre und so getan hätte, als wäre er der Bodyguard einer berühmten Lady. Er hätte sie abgeschirmt und furchtlos seine Augen über Verdächtige streifen lassen. Dann wäre er schützend vor ihr durchs Lokal stolziert, hätte noch schnell die Toilette kontrolliert und Helga mit professioneller Geste einen schusssicheren Platz zugewiesen.

Seine Augen klebten an ihrem rotbraunem Haar; er hätte es gerne berührt. Sie drehte sich kurz zu ihm um und lächelte. Ralf sog indessen die Blicke einiger allein sitzender Männer genüsslich auf. Sie musterten das Paar, das nach einem ruhigen Eckplatz suchte. Helga ging voraus. Ralf tapste hinterher. Er benahm sich wie ein Debütant, der gerade gefilmt wurde.

Er kannte die Perspektive der Blessierten, denen nur die Vorstellungskraft blieb. Unzählige Male hatte er einsam in einem Lokal gekauert und sich in die Rolle eines Mannes, der mit einer Frau die Szene betritt, hineinversetzt. Männer in Begleitung einer

Frau verhielten sich irgendwie anders. Sie lagen nicht auf Lauer und mussten sich nicht dem Konkurrenzkampf stellen. Ein Mann ohne Frau läuft wie ein Nackter durch die Gegend, philosophierte er. Der Mann ohne Begleitung erscheint wie ein Mann ohne Bekleidung. Ralf, in ungewohnter Rolle, gab sich jovial.

Sie bestellte einen Espresso. Er wählte Kaffee; denn diese Miniportionen beim Espresso hatte er noch nie verstanden. Hier verkümmerte seiner Ansicht nach das Trinken zum Nippen. Inzwischen schweiften seine wachen Augen durchs Lokal. Er entdeckte mindestens vier Typen, die gezielt nach Helga gierten. Ja, in aller Regel teilte auch er die Gemeinschaft dieser Beziehungsnomaden. Aber heute hatte ihm ein missglückter Hackentrick eine unerwartete Chance offeriert. Für die anderen sind wir ein Paar, dachte er erneut und wartete, bis der Kellner, der ihm heute zweifelsohne größere Achtung entgegenbrachte, kehrt machte.

„Und das Jurastudium gefällt dir?" übte er sich in Konversation, wenngleich er sich nicht wirklich auf Helga konzentrieren konnte – zu sehr beanspruchte ihn die Rolle des Mannes in Begleitung. Neidischen Blicke brannten in seinem Nacken. Er spürte die Bewunderung.

„Gefallen ist übertrieben. Aber ich werde es abschließen, wenn du das meinst." Helga suchte vergeblich Augenkontakt zu ihm.

„Ja, manche wählen den Abschuss, andere den Abschluss. Was ist wohl ehrlicher?" mimte Ralf den Philosophen und lehnte dankend die angebotene Zigarette ab. Er war nicht nur Nichtraucher – er war Antiraucher. Am liebsten hätte er jeden von diesem Schwachsinn befreit, denn Geld unsinnig in die Luft zu paffen, war ihm schier unbegreiflich. Dennoch erhob er sich weltmännisch und holte einen Aschenbecher vom Nebentisch. Ich werde ihr dieses Laster schon austreiben, prophezeite er die nahe Zukunft.

Helga hingegen qualmte vergnügt. Ein Schluck Espresso, ein tiefer Zug für die Lunge und ein nettes Gespräch gehörten zu ihren Leidenschaften. Leider entbehrte sie den dritten Punkt. Der Dosenfußballer war de facto zu sehr mit seinen Leidensgenossen beschäftigt.

Ralf fummelte derweil nervös in seinen Taschen. Er hatte doch tatsächlich kein Geld eingesteckt. Sein Kopf lief rot an und seine Hände schwitzten. Zuerst überschlug er, wie lange es wohl dauert, um von hier aus schnell nach Hause zu laufen und Geld zu holen.

Im Dauerlauf könnte er die einfache Strecke in zehn Minuten bewältigen. Aber er müsste ja wieder zurücklaufen. Unmöglich! Selbstverständlich wollte er sich keine Blöße geben und zugeben, bargeldlos zu sein. Allmählich bildeten sich erste Schweißtropfen auf seiner Stirn.

Helga interpretierte dies anders. „Ganz schön warm hier."

Ralf trank die Tasse leer und hoffte auf ein Wunder. In Gedanken kam der Inhaber der Kneipe in Spendierhosen auf sie zu und erwähnte beiläufig, dass die Getränke heute auf Kosten des Hauses gingen. Weiter Varianten strömten durch sein Hirn. Dann erinnerte er sich, dass sich sein Geldbeutel in der Jacke befand, die an der Garderobe hing. Er stand sofort auf und holte ihn.

„Nicht dass jemand in Versuchung kommt", erklärte er lässig. Ein Stein fiel ihm vom Herzen, als er sich wieder zu Helga pflanzte. Er war gerettet.

Plötzlich entdeckte er Richard, der just in diesem Moment die Straße überquerte. „Ich komme gleich wieder", rief er Helga zu und hechelte dem Zufall hinterher.

„Richard", schrie er, „warte doch."

Richard drehte sich behäbig um. „Servus, seit wann vertrödelst du deine Zeit im Café?"

„Alter", begann Ralf, „du musst mir Kohle leihen. Ich sitze mit einer meiner Schnecken im Lokal und habe meine Geldbörse vergessen. Morgen früh bekommst du dein Geld zurück."

„Wo sitzt ihr?" erkundigte sich Richard neugierig und kniff die Augen zusammen. Angestrengt blickte er ins Fenster. Als Mann mit Kennerblick stieß er einen bewundernden Pfiff aus, bevor er sein Portemonnaie zückte.

Inzwischen zeigte Ralf mit dem Stolz eines Trophäenjägers auf Helga.

„Ich muss wieder rein, bis morgen", verabschiedete sich Ralf und ließ den Kumpel im Freien stehen. Ralf wusste, dass dieser Auftritt die gewünschte Wirkung erzielt hatte. Noch Monate lang würde er über ein Bonusspiel als Casanova verfügen. Richard würde sich in Zukunft auf seinen Rat verlassen, wenn es um das andere Geschlecht ginge. Richard würde ihn, den erfahrenen Kollegen, in seine Sorgen und Wünsche einbeziehen. Ralf sah sich bereits als Betriebspsychologe – natürlich inoffiziell.

„Ein Freund?" fragte Helga und blickte auf die Uhr.

„Nicht direkt", erwiderte Ralf geheimnisvoll und überprüfte, ob noch all die Gaffer zu ihnen hersahen.

Helga drückte die Zigarette aus – laut Aschenbecher: ihre Dritte!

„Ich muss jetzt aber los", kündigte sie ihren schnellen Aufbruch an.

Ralf folgte ihr, drehte sich aber nochmals im Lokal um. Einem dieser einsamen Späher nickte er wohlwollend zu. Als er die Tür erreichte, saß Helga bereits auf dem Sattel.

„Ich bin in Eile, tschüss", schrie sie und strampelte los, ohne auf seine Antwort zu warten.

Ralf sah ihr nach, bis sie um die Ecke bog. Er hätte mit ihr noch so viel besprechen wollen. Er wollte sie nach ihrer Adresse fragen, ob sie einen festen Freund habe, wie alt sie sei und vieles mehr. Gerne hätte er sich mit ihr verabredet, um nochmals so nett zu plaudern. Dann freute er sich auf Richard und den morgigen Tag. Zügig marschierte er die Straße hinunter. In Gedanken unterhielt er sich schon mit seinem Kollegen.

Trübsal und Schwermut krochen in ihm hoch. Er fröstelte.

Ralf kickte auf eine leere Dose, die gemächlich bis zur Bordsteinkante kullerte.

Die neue Wohnung

Begeistert öffnete ich die drei Fenster des geräumigen Wohnzimmers, setzte mich im Schneidersitz auf das blanke Parkett und ließ die neue Umgebung auf mich wirken.

Ja, ich hatte die richtige Wahl getroffen, als ich mich für diese hohen, alten Räume entschieden hatte. Wenngleich mich die Miete an den Rand des finanziellen Ruins bugsierte, hatte ich vom ersten Moment an gespürt: Dies wird mein Zuhause.

Wohlbehagen kroch in mir hoch. Ich fühlte mich wie ein kleines Mädchen. Klar, ich war inzwischen 33 Jahre alt, aber dies war schließlich meine erste eigene Wohnung. Bis zu meinem zwanzigsten Lebensjahr hatten mich meinen Eltern versorgt. Ich musste zeitweise sogar das Zimmer mit meiner älteren Schwester Doris teilen. Dann hatte ich John kennengelernt und wir zogen sogleich zusammen. John, Engländer und Computerexperte, hatte bis zu unserer Trennung vor einem Monat Bett und Tisch mit mir geteilt.

Im letzten Monat hatte ich bei meiner Schwester Doris Unterschlupf gefunden. Sie nahm mich zwar ohne Murren auf, ließ aber von Anfang an durchblicken, dass dies keine Lösung und erst recht kein Dauerzustand wäre. Sie hatte meinen Wunsch erraten, denn in der Tat liebäugelte ich mit der Möglichkeit, bei ihr und ihren beiden Söhnen zu leben.

Als ich Doris unschlüssig um Rat gefragt hatte, ob ich die außergewöhnliche Wohnung mieten sollte, hatte sie ihrem Naturell entsprechend gefaucht:

„Christine, du solltest endlich mal für dich allein entscheiden. Als Schuhverkäuferin verdienst du zwar nicht die Welt, wenn du aber meinst, genau diese Wohnung wäre dein Traum, dann erfülle ihn dir. Herrgottnochmal, zieh nicht an meinem Rockzipfel, sondern mach das, was für dich richtig ist."

Nun hatte ich mich zu diesem Entschluß durchgerungen. Bereits bei der ersten Besichtigung hatte ich eine klare Vorstellung, wie ich die Möbel plazieren würde. Insgeheim hatte ich mich beim Anblick der hohen Fenster und Türen wie eine Adelige gefühlt. Der Parkettboden versetzte mich in die gute, alte Zeit. Als der Hausmeister jedoch den Preis genannt hatte, schluckte ich und plapperte unverblümt, dass ich noch überlegen müsste. Er hatte süffisant gegrinst, denn wahrscheinlich hatte er solche Szenen schon häufig erlebt. Menschen streifen mit leuchtenden Augen durch diese Wohnung, verlieben sich unwillkürlich, zucken jedoch zusammen, wenn sie die Mietforderung erfahren, die wohlweislich nicht im Inserat erwähnt wurde. In der Zeitung hatte ich nur gelesen: Der Mietpreis ist der Lage und dem Flair angemessen. Jetzt wusste ich, was angemessen bedeutete: Ich müsste in Zukunft über die Hälfte meines Verdienstes für diesen Luxus opfern.

Ich rechnete alles immer wieder durch und meiner Schwester Doris unermüdlich vor. Ich wusste, ich konnte sparen und mich einschränken. Auf die gängigen Freuden des Lebens, wie im Winter Ski fahren und im Sommer am Strand faulenzen, konnte ich getrost verzichten. Nein, wenn ich eine schöne Wohnung besitze, so meine Überlegung, dann könnte ich die freie Zeit in den eigenen vier Wänden genießen. Ich schwärmte Doris vor, so als müsste ich für meine Entscheidung werben und diese rechtfertigen.

Sie stemmte die Hände in die Hüfte und prustete:

„Christine, du musst mich nicht überzeugen. Es ist dein Weg. Kapiere das endlich! Es wird höchste Zeit, dass du erwachsen wirst. Du brauchst weder deinen missratenen John noch unsere Eltern und erst recht nicht mich fragen, ob du dir diesen Palast leisten kannst. Niemand von uns wird deine Miete begleichen. Du kannst tun und lassen, was du für richtig hältst."

Nun saß ich in meiner Traumwohnung und beobachtete das Licht, das warm und weich auf den Boden fiel. Ja, ich würde die nächsten Monate stundenlang hier sitzen: ohne Fernseher, ohne Musik, ohne John – alleine. Nun galt es, die Wohnung einzurichten. Durch die überstürzte Trennung von John blieb mir wenig. Schließlich hatte er zusammen mit seiner neuen Freundin unsere alte Wohnung behalten und ich ließ mich – wie Doris kommentierte – billig abspeisen. Aber in dieser Phase wollte ich nicht mit ihm diskutieren. Die Erinnerungen an die letzten zwölf Jahre durchbohrten mein Herz. Ich fühlte mich gelähmt und wehrlos. War es ein Kühlschrank wert, Grundsatzdiskussionen zu führen? Sollte ich wirklich mit ihm um den Spiegel feilschen? Nein, ich hatte hierzu keine Lust und vor allem keine Kraft. Schließlich war ich schon zuvor k.o. gegangen. Ich verstand die Welt nicht mehr, denn er servierte mich so schnell ab, wie er mich erobert hatte. John dachte digital: null oder eins – ich stand unwiderruflich auf der Nullseite.

Offen gesagt wollte ich die Vergangenheit auch nicht mitschleppen. Ich wollte neu anfangen. Meine Arbeitskollegin Dagmar versicherte mir, dass täglich in der Zeitung Mobiliar angeboten würde. Ich müsste es nur selber abholen. Sie erklärte sich auch sogleich bereit, ihren Bruder um Hilfe zu bitten, der als Zivildienstleistender günstig an ein großes Transportauto herankäme.

„Wir schaukeln das Ding schon", tröstete mich Dagmar, eine Trennungserfahrene.

In diesem Moment läutete es. Ich hörte zum ersten Mal meine Hausglocke und rannte neugierig an die Tür. Tatsächlich hatte Dagmar ihren Bruder und einen weiteren Zivi überreden können, mir tatkräftig unter die Arme zu greifen. So holten wir das Wenige, aber Notwendige und schleppten es in die Wohnung. Wir plagten uns einige Stunden und Dagmar strahlte, als wir zu guter Letzt die kleine Waschmaschine angeschlossen hatten. Ich gab ihrem Bruder und dessen Kumpel den vereinbarten Lohn. Dagmar hingegen lud ich zum Essen in eine Pizzeria ein.

„Zum Glück ist morgen dein freier Tag", meinte sie fürsorglich, „dann kannst du in Ruhe einräumen. Ruf mich an, wenn ich dir helfen soll. Ach, du hast ja noch kein Telefon."

„Nächste Woche wird der Apparat angeschlossen", antwortete ich und las ohne Appetit die Speisekarte.

Schon während des Essens konnte ich es kaum erwarten, wieder heimzukehren. Ich fragte mich, ob dieses Glücksgefühl, die Wohnung zu betreten, wohl länger anhalten würde. John und ich verbrachten vor zwei Jahren unseren Urlaub in England, wo wir ein kleines, niedliches Haus auf dem Land bewohnten. Dort freute ich mich zwei Wochen lang täglich auf den Augenblick des Nach-Hause-Kommens. Diesen Hang zum Heimischen, zum Sich-wohl-fühlen verspürte ich seit meiner Kindheit. Irgendwann hatte ich von Doris ihr altes Puppenhaus geerbt. Ich liebte und pflegte es. Ständig bemühte ich mich, es zu verschönern. Sogar meine Puppen sollten sich heimelig fühlen.

Dagmar, die mich stets als konzentrierte Arbeitskollegin erlebt hatte, bemerkte meine Zerstreutheit und Ungeduld. Schmunzelnd erklärte sie, dass es wohl Zeit wäre, zu gehen. Ich stimmte ihr rasch zu. Wir verabschiedeten uns und ich eilte in die neue Wohnung. Es war schließlich die erste Nacht, die ich alleine in meinen eigenen vier Wänden verbringen würde.

Ob ich Angst hätte, so einsam, hatte letzte Woche unser Abteilungsleiter gefragt.

„Nein, wovor?" erwiderte ich und konnte aus seinem Verhalten nicht schließen, ob es auf Fürsorge oder dem Wunsch gründete, den Ritter in meiner Burg zu spielen. Egal – ich benötigte weder sein Einfühlungsvermögen noch seinen männlichen Schutz.

Endlich lag ich auf der Matratze im Wohnzimmer. Der Boden knackte und das Zimmer bot im Kerzenlicht eine völlig andere Stimmung als am hellichten Tag. Schade, dass wir uns im Laufe der Zeit an alles gewöhnen, philosophierte ich. Beziehungen schleifen sich ab, der Beruf wird zur Routine und sogar die jährliche Urlaubsplanung wiederholt sich. Ich nahm mir fest vor, das Gefühl der Verzauberung so lange wie möglich zu bewahren. Ich wollte diese schöne Wohnung nicht dem Gott der Gewöhnung opfern, sondern mein Heim als etwas Besonderes hegen. Lässt sich Intensität bewahren? fragte ich mich. Mir fiel leider kein einziges Beispiel ein, bei dem es mir gelungen wäre.

Am nächsten Morgen rückte ich Möbel. Obwohl ich mir im Vorfeld eingebildet hatte, ich wüsste ganz genau, wie ich alles anordnen möchte, stellte sich heraus, dass die Wirklichkeit andere Gesetze schreibt. Manche Überlegungen erwiesen sich als unpraktisch, da sich beispielsweise eine Tür nicht richtig öffnen ließ, wenn dahinter ein Regal stand. Aber ich ließ mich nicht entmutigen und fand stets Lösungen, die mir zusagten. Vor allem konnte ich meine Grundphilosophie verwirklichen, ins Wohnzimmer möglichst wenig Möbel zu stellen – nur was funktional notwendig war. Ich genoss die Größe und Leere des Raumes. Nicht einmal Bilder sollten vom Weiß der Wände ablenken. Ich war bereit, Küche und Schlafzimmer vollzustopfen, nur um in diesem einem Zimmer keinen Ballast vorzufinden. Ein Palast ohne Ballast. Der Reiz lag im Reizarmen.

So verging die erste Woche mit Umstellungen, Überlegungen und kleinen Einkäufen. Mein Vater hatte mir klammheimlich eine größere Summe zugesteckt, damit ich mir, wie er betonte, etwas Luxus leisten könne. Dementsprechend kaufte ich Pflanzen, einen schönen Druck Gustav Klimts und drei exklusive Lampen. Allmählich gewann meine Wohnung an Charakter und Stil. Nach der Arbeit freute ich mich auf mein Zuhause, duschte ausgiebig, rannte nackt durch die Wohnung und erquickte mich allabendlich an diesem Ungestörtsein.

Die erste Post, von Werbeprospekten abgesehen, stammte von der Telefongesellschaft, die sich für den nächsten Morgen um 10.00 Uhr angekündigt hatte. Eilig lief ich zur Telefonzelle und informierte Dagmar, dass ich am nächsten Tag erst mittags zur Arbeit käme, dafür aber bereit wäre, ihren langen Donnerstag zu übernehmen.

Am darauffolgenden Tag, begrüßte mich meine Arbeitskollegin scherzhaft:

„Und, darf ich die Geheimnummer erfahren?"

Eilfertig notierte ich ihr die neue Telefonnummer, bevor ich Dagmar von einer Frau befreite, die sie seit einer geschlagenen Stunde quälte. Die Kundin konnte sich nicht entscheiden. Sie schlüpfte von einem Schuh in den nächsten. Geduldig beantwortete ich all ihre Fragen und musste innerlich lachen, denn ihrer Art glich meiner zum Verwechseln. Wie oft stand ich vor Klamotten und wusste nicht, ob ich sie kaufen sollte. John war hierbei regelmäßig auf die Palme der Ungeduld geklettert, hatte unruhig mit dem Fuß gewippt und entnervt mit den Augen gerollt, als ich nach unzähligen Anproben doch nichts erworben hatte. Der Partner der Kundin, ein attraktiver Mann Ende dreißig, im Markenanzug und mit Dreitagesbart – eine Schwäche von mir – glotzte mit gepreßten Lippen aus dem Schaufenster.

„Darf ich Ihnen helfen?" wandte ich mich ihm zu und erhielt einen dankbaren Blick.

„Nein, danke. Ich wäre froh, wenn meine", hier zögerte er und suchte das passende Wort, „Partnerin endlich das Richtige fände." Er deutete mit dem stoppeligen Kinn auf seine Gefährtin.

Ich kicherte und widmete mich erneut der Unentschlossenen. Unterdessen flüsterte der Dreitagesbart mit Dagmar, die zweimal verstohlen zu mir her sah. Nun winkte die Frau ihren 'Partner' herbei und erzählte ihr Leid.

„Boris, es ist so schwer, die Braunen passen genau zu meinem Abendkleid, die Schwarzen sind so bequem, die Weißen sind einfach chic und dieses Paar aus Italien ist umwerfend."

„Einpacken", preßte Boris mit aggressivem Unterton heraus.

„Welche, mein Schatz", seufzte die Barfüßige.

"Alle vier. Ich will jetzt endlich gehen. Ich habe um drei einen wichtigen Termin. Wenn ich zu spät komme, kannst du in Zukunft in alten Turnschuhen promenieren."

"Oh Boris", flötete sie und fiel ihm um den Hals. Die Schuhfetischistin hatte seinen Sarkasmus überhaupt nicht registriert. Oder war sie so abgebrüht, dass sie über solch kleine Unstimmigkeiten hinweg sah, um ihr Ziel zu erreichen? Letztlich verkaufte ich vier Paar teure Schuhe, was meine Provision erheblich aufbesserte. Dies freute mich, da ich seit meinem Umzug wirklich jede Mark umdrehen musste. Der Unrasierte im Luxusgewand – alleine die Krawatte hätte mein Haushaltsbudget gesprengt – warf mir noch einen interessierten Blick zu. Seine Augen, zwei Kaffeebohnen, wärmten meine Haut.

Als ich nach der Arbeit meine Wohnungstür aufsperrte, klingelte bereits das Telefon.

"Spreche ich mit Amanda", erkundigte sich eine ältere, männliche Stimme.

"Nein, tut mir leid. Ich heiße Christine und bin erst vor einer Woche hier eingezogen", antwortete ich. "Sie müssen sich verwählt haben."

Dieses Procedere wiederholte sich noch zweimal an diesem Abend. Jedesmal vernahm ich die Stimme älterer Herren, die seriös und höflich ihre Amanda herbeisehnten. Wer ist Amanda? fragte ich mich unwillkürlich und ließ meiner Phantasie freien Lauf. Ich stellte mir vor, ich hätte die Telefonnummer einer verschollenen Edelnutte geerbt und nun würden die Prominenten, die diese Stadt besuchten, mich für ein Stelldichein anfordern. Ich sah mich bereits in einem langen Abendkleid, die Haare nach oben gesteckt. Nur eine Locke kringelte sich neckisch im Nacken. Ich war begehrt und in allen noblen Restaurants der Stadt bekannt und anerkannt. "Oh, Madame Amanda", würden sich die Ober entzücken und einen Bückling zum Besten geben, während ich mit irgendeinem Millionär ins Lokal schwebte. Ja, ich stünde jeden Abend im Rampenlicht und jeder Tag wäre Scheinwerfertag, denn die Promis würden mir ihre Scheine nachwerfen. In Seide gehüllt würde ich aus meiner Limousine steigen und für die Fotografen posieren.

In dieser Phantasterei läutete erneut das Telefon und ich meldete mich gedankenversunken mit "Amanda."

„Sag mal, spinnst du jetzt komplett?" holte mich die Stimme von Doris in die Realität zurück.

„Oh", stammelte ich und errötete, was zum Glück niemand sehen konnte.

„Könntest du morgen auf Oliver und Markus aufpassen? Ich möchte mit meinem Ex ins Kino." Doris redete nie lange um den heißen Brei herum.

„Dann triffst du dich wieder mit ihm", stellte ich blödsinnigerweise fest.

„Nein, ich bilde mir das nur ein", konterte sie. „Also sag schon, kannst du auf die Kinder aufpassen?"

Ich hatte zwar keine Lust, aber immerhin durfte ich bei Doris einen Monat lang kostenfrei logieren. Ich wäre undankbar, wenn ich sie jetzt versetzen würde. Deshalb stimmte ich zu, wenngleich ich lieber alleine meine Wohnung genossen hätte.

Als ich auflegte, klingelte es erneut. Ich ließ es viermal läuten, bevor ich abhob.

„Ja", sagte ich, „wen möchten Sie sprechen?"

„Oh, ich habe die Telefonnummer von einem Geschäftspartner", erwiderte eine sympathische Stimme, die zweifelsohne einem Mann mit grauen Schläfen gehörte. „Ich wollte Amanda sprechen."

„Ja, ich bin Amanda. Wir kennen uns aber nicht?" tastete ich mich behutsam vor.

„Nein, nicht dass ich wüsste. Aber Wilfried, mein Freund aus Prag, hat Sie mir vertrauensvoll empfohlen, wenn ich so sagen darf."

Ich wollte das Spiel noch nicht beenden. Die Situation reizte mich. Einmal in eine andere Rolle schlüpfen, nicht mehr Aschenputtel sein, sondern als strahlende Siegerin auftreten. „Und wie kann ich Ihnen dienen?" mimte ich die Ergebene.

„Oh, ich hätte sie gerne morgen abend zu einem Geschäftsessen eingeladen. Sie wissen ja, feinste Gesellschaft und so weiter. Ich zahle den selben Preis wie Wilfried."

Als ich nachbohrte und er die Summe nannte, wurde mir fast schwindlig. Drei solcher Auftritte im Monat und ich könnte meine Wohnung nebenbei finanzieren. Um die Sache abzukürzen: Ich verabredete mich mit diesem Herrn in einem Restaurant erster Güte. Was kann mir schon passieren, wenn ich mit ihm diniere, überlegte ich. Wenn ich nicht will, kann er sich sein Geld sonst wohin stecken, dann haue ich einfach ab. Bei diesem Gedanken erinnerte ich mich, dass ich leichtfertigerweise Doris als Babysitter zugesagt hatte. Prompt rief ich Doris an. Sie tobte und beschimpfte mich. Aber das war mir wurscht. Ich wollte einmal in solchen Kreisen verkehren und wie schon gesagt: Ich konnte ja jederzeit verschwinden. Es bestand kein Risiko. Der Typ würde nicht über mich in der Öffentlichkeit herfallen. Zumindest wäre ein gutes Abendessen gesichert.

Da mich dieser Mann am Telefon für 19.00 Uhr bestellt und extra betont hatte, ich sollte pünktlich sein, leistete ich mir nach der Arbeit ausnahmsweise ein Taxi. Schon am Morgen hatte ich alles vorbereitet. Jetzt duschte ich schnell und warf mich in Schale. Als ich kurze Zeit später das Lokal betrat, sah mich der Ober fragend an.

„Ich heiße Amanda und werde von Herrn Dr. Lakos erwartet."

„Sie sind Amanda?" stutze er und schüttelte ungläubig den Kopf. Dann begleitete er mich an einen Tisch, an dem ein älterer Herr mit Glatze wartete – von wegen graue Schläfen.

Er stellte sich vor und meinte:

„Lassen sie uns in medias res gehen. Meine beiden Geschäftspartner werden in einer Viertelstunde eintreffen. Ihnen sind die japanischen Umgangsformen bestens vertraut, versicherte mir Wilfried. Also passen Sie gut auf die Zwischentöne auf und beraten Sie mich anschließend. Es geht um eine Menge Geld. Ihre Einschätzung ist demnach sehr wichtig, Amanda."

„Kein Problem", antwortete ich lakonisch und fühlte mich unsicher. Auf was sollte ich bei diesen Asiaten achten? Keine Ahnung. Vielleicht auf die Schuhe?

Endlich erschienen die Japaner und verbeugten sich umständlich. Der Bebrillte begann sofort auf mich einzureden. Ich verstand natürlich kein Wort. Zwanghaft legte ich ein Lächeln an den Tag, während mich Dr. Lakos skeptisch musterte.

„Was sagt der Mann? Wieso antworten Sie ihm nicht?" erkundigte sich die Glatze

„Einen Augenblick bitte, ich gehe mal für kleine Mädchen", versuchte ich Zeit zu gewinnen. Ich schnappte meine Tasche und verschwand – für immer.

Inzwischen war mir klar, dass Amanda eine Dolmetscherin für

Japanisch war oder ist. Vielleicht verfügte sie noch über weitere Qualitäten? Was weiß ich. Jedenfalls ärgerte ich mich über meine eigene Dummheit und stapfte frustriert den langen Weg zu Fuß nach Hause. Schließlich musste ich sparen. Außerdem schämte ich mich, dass ich Doris versetzt hatte – wegen dieser Schnapsidee. Ich hätte mich in diesem Augenblick selbst ohrfeigen können.

Am nächsten Morgen, ich trank gerade Kaffee, läutete wieder das Telefon. Ich ging nicht ran, denn es war klar, dass mir dieser Lakos die Leviten lesen oder unter Umständen Schadensersatz fordern wollte. Mit Sicherheit war ihm durch meine Impertinenz das Geschäft seines Lebens entgangen.

Die nächsten Tage vermied ich den Griff zum Hörer, obwohl das Telefon permanent klingelte. Ich beantragte bei der Telefongesellschaft eine neue Rufnummer mit der Begründung, ich erhielte ständig obszöne Anrufe.

Erleichtert ging ich zur Arbeit, denn ab morgen könnte ich wieder ein normales Leben führen und unbeschwert ans Telefon gehen. Amanda wäre mit der neuen Telefonnummer für immer aus meinem Dasein verbannt.

„Ist dein Apparat kaputt?" wollte Dagmar wissen.

„Ja, irgendwie schon," antwortete ich. „Warum?"

„Ach, kannst du dich noch an den Typen erinnern, der neulich mit seiner Freundin hier im Laden war und gleich vier Paar von diesen teuren Latschen kaufte?"

„Klar kann ich mich an den und vor allem an sie erinnern. Was ist mit ihm?" erkundigte ich mich neugierig.

„Ich hoffe, du bist mir nicht böse. Aber er wollte unbedingt deine Telefonnummer. Heute morgen war er wieder zufällig geschäftlich in der Stadt und meinte, dass er seit Tagen zu allen möglichen und unmöglichen Zeiten versucht hätte, dich zu erreichen. Es wäre jedoch niemand an den Apparat gegangen. Nun wollte er die Nummer nochmals überprüfen. Ich versicherte ihm hoch und heilig, dass dies deine Nummer sei. Er seufzte, zerknüllte den Zettel und meinte: 'Dann kann man nichts machen.' Was hätte ich sonst sagen sollen?" Dagmar vermied den Augenkontakt.

Ich schwieg, stapelte Kartons übereinander und verschwand wutentbrannt im Lager.

Mit List und Mücke

Bis vor zwei Monaten war ich stolzer Besitzer einer florierenden Rechtsanwaltskanzlei. Dies änderte sich, als mich ein Klient darauf aufmerksam gemacht hatte, dass sich in meinem Arbeitszimmer doch ziemlich viele Mücken befinden würden.

„Stimmt", antwortete ich unbekümmert, „das ist mir noch gar nicht aufgefallen. Ich werde etwas dagegen unternehmen."

Da ich in einer Kanzlei kein Klebeband wie in einem niederbayerischen Wirtshaus aufhängen wollte, beauftrage ich meine Sekretärin eine Venusfalle zu kaufen. Ich wollte gleichsam zwei Fliegen mit einer Klappe schlagen: Das Ungeziefer vertreiben und den Raum mit Grün verschönern. Leider war diese Pflanze – ich hätte wahrscheinlich einen Dschungel benötigt – mit der Unmenge dieser kleinen Mitbewohner völlig überfordert. Mein Vorhaben entpuppte sich als naiv.

Ein anderer Klient hatte mir geraten, ich sollte rigoros alle Pflanzen aus dem Büro entfernen, denn dort würden sich diese Ruhestörer gerne einnisten. Seinem Rat folgend ließ ich das komplette Grünzeug entsorgen. Danach hinterließ mein Zimmer einen sterilen, keimfreien Eindruck, ich wurde aber weiterhin von diesen Tieren belagert. Ein weiterer Klient brach am folgenden Tag die Beratung abrupt ab, so lästig umschwärmten ihn die Mücken. Nur nebenbei bemerkt: Sie stachen nicht.

Ich griff zur chemischen Keule und erlebte das Wunder der Resistenz, denn diese Mücken surrten vergnügt weiter. In meiner Verzweiflung kaufte ich mir Zigarren und qualmte die Bude ein. Rauchschwaden beeinträchtigten die Sicht zwischen Schreibtisch und Besuchertisch, was wiederum von der Kundschaft nicht wohlwollend aufgenommen wurde. Diese kleinen Flugobjekte brachte jedoch nichts aus dem Gleichgewicht. Nur mir wurde bei dieser Aktion übel. Seitdem wusste ich, dass der Spruch „sie fallen um wie die Fliegen" ungerecht ist und an der Realität vorbei zielt. Insekten sind stärker als Nichtraucher.

So verstrich eine erfolglose, mückenreiche Woche. Meine Sekretärin, eine mitfühlende und mitdenkende Frau, rief beim Gesundheitsamt an. Die Behörde erklärte sich spontan bereit, ein Exemplar zu untersuchen und mir ein Gegenmittel zu nennen. Der freundliche Beamte erzählte mir, während er sich eigenhändig ein

Untersuchungsobjekt einfing, dass es etwa 120.000 Arten gebe und die Frequenz des Flügelschlages enorm sei.

„Stellen Sie sich vor", referierte er fachkundig, „eintausendvierzig Schläge in der Sekunde, ja, Sie hören richtig, in der Sekunde!"

Ich nickte interessiert, wenngleich ich seine Faszination nicht teilen konnte. Ich wollte diese Mücken endlich los werden. Die Angelegenheit wurde allmählich lästig und schädigte zweifelsohne mein geschäftliches Treiben.

„Sie hören übermorgen von mir", verabschiedete sich der korrekte Amtmann selbstsicher.

Zwischenzeitlich sinnierte ich, woher diese blöden Tiere denn kamen. Ich durchsuchte Schrank und Schubladen, ja sogar der Vorhang wurde in die Reinigung gebracht. Ich konnte die Quelle des Bösen nicht ausfindig machen.

„Wenn jemand vom Gesundheitsamt anruft, stellen Sie bitte sofort durch, egal wer gerade in meinem Büro sitzt", verdeutlichte ich meiner Mitarbeiterin den Ernst der Lage. Übrigens saß sie im Nebenzimmer in einer mückenfreien Zone, was alles noch dubioser erscheinen ließ. Nur in meinem Zimmer frohlockte das Geschwader. Ich hatte sogar Duschgel und Rasierwasser gewechselt, aber meine Beliebtheit bei den Biestern hielt ungebrochen an.

Der Anruf vom Amt erreichte mich erst nach drei, statt nach zwei Tagen. Vielleicht können die nicht bis drei zählen, schoss es mir boshaft durch den Kopf, was nur als Reaktion auf meine ausweglose Lage interpretiert werden darf. Schließlich versuchte mir dieser Mann mit der Macht seines Wissens zu helfen.

„Eine Sensation", begann er euphorisch.

„Machen Sie aus einer Mücke keinen Elefanten", beruhigte ich ihn und griff zu Papier und Stift.

„Doch, eine Sensation. Diese Mückenart ist bisher unbekannt, sie ist – sozusagen – einmalig. Ich habe deswegen auch einen Tag länger benötigt, aber ich versichere Ihnen, diese Spezies gibt es nirgendwo auf der Welt."

„Dann kennen Sie kein Mittel zur Bekämpfung", brachte ich das Dilemma stirnrunzelnd auf den Punkt.

„Was heißt hier Bekämpfung. Wir müssen diese Art unbedingt näher untersuchen."

„Moment, Sie wollen mein Büro in eine Voliere für Mücken verwandeln. Lieber Mann, ich muss hier arbeiten und meine Klientel schätzt diese Einmaligkeit mit Sicherheit wenig. Ein Mückarium kommt nicht in Frage. Bitte keine weiteren Diskussionen."

„Ich sage Ihnen, diese Mückenart ist eine sensationelle Entdeckung. Sie muss genau bestimmt werden. Die Frage, warum diese Tiere nur hier auftauchen, wie sie leben, von was sie sich ernähren, ist für die Wissenschaft von großem Interesse."

„Aber nicht für mich. Sie können die Mücken einfangen und mitnehmen. Als Name für ihre Bestimmung schlage ich übrigens Kanzleimücke vor."

„Mein Herr, Ihnen ist die wissenschaftliche Bedeutung immer noch nicht bewusst. Wissen Sie beispielsweise, dass es eine Mückenart gibt, die nur in der U-Bahn von London vorkommt."

„Und darf die U-Bahn noch fahren?"

„Natürlich, und auch Sie dürfen weiter das Gesetz vertreten. Wir haben sogar großes Interesse, dass alles so bleibt wie es ist. Dies ist quasi ein Feldversuch vor Ort."

„Mit vor Ort meinen Sie doch nicht etwa mein Büro", fragte ich verunsichert nach. „Ich werde dagegen rechtlich vorgehen", zog ich die Trumpfkarte meines Berufes aus dem Ärmel.

Dieses Argument beeindruckte den Mückenfreund überhaupt nicht. Er betonte, dass inzwischen alle betroffenen Behörden informiert wären und ich mich im Dienste der Wissenschaft an diese einstweilige Verfügung zu halten hätte. Mein Verdienstausfall würde selbstredend übernommen werden. Die nötigen Formulare zur Antragstellung werde er mir umgehend zukommen lassen. Kurz und gut: Die Plage ging weiter.

In den nächsten Tagen rückten diverse Forscher an. Die Presse ließ ebenfalls nicht lange auf sich warten. Zu meiner Überraschung wollten mich mit einemmal viele Klienten konsultieren. Es ging zu wie in der Londoner U-Bahn. An effektives, juristisches Arbeiten war nicht zu denken.

Hinzu kam: Zu Hause begrüßten mich meine zwei pubertierenden Kinder mit dem saloppen Spruch:

„Grüß dich, Mücke." Ich rotierte und hyperventilierte.

Aus nachvollziehbaren Gründen entzog ich mich der Invasion und dem Gespött. Ich mietete neue Büroräume. Klar, zuvor wurde dort alles chemisch gereinigt, auf Pflanzen wurde selbstredend verzichtet und die Fenster blieben stets verriegelt, was dank Klimaanlage kein großes Problem darstellte.

Ich gebe zu, manchmal, wenn es ganz ruhig ist, vernehme ich ein leises Surren, dann rolle ich die Augen und spüre den Wahnsinn im Nacken.

Der Kreidekreis

Ich könnte es sein lassen: das Rauchen, das Reden, das Radfahren. Diese Gleichgewichtsübung auf dem Drahtesel habe ich bereits vor Jahren aufgegeben – nach einem Sturz. Ebenso habe ich längst erkannt, dass ich schweigend gut mit mir zurecht komme – zugegeben die anderen nicht immer mit mir.

Nun stehe ich am Fenster meiner kleinen Wohnung im ersten Stock und blicke rauchend auf die Straße, wie oft in den Nächten, in denen ich schlaflos durch die Zimmer wandle. Ständig blinkt ein gelbes Licht. Nein, keine Leuchtreklame. Vor ein paar Stunden haben sie eine Baustelle abgeriegelt und das Gelblicht soll die Raser warnen. Ich würde sie ehrlich gesagt nicht warnen, sonst lernen sie nie, umsichtig zu fahren.

Die enge Gasse führt in die Innenstadt, in ein Kneipenviertel, was ich sehr begrüße, denn einerseits fahren hier nur selten Autos, andererseits beobachte ich gerne Menschen, wie sie abends der Gastronomie entgegen strömen, um nächtens wieder unsicheren Schrittes nach Hause zu schleichen. Oft gelingt es mir, sie sowohl auf dem Hin- als auch auf dem Nachhauseweg zu betrachten. Studienhaft verfolge ich solche Szenen. Manche Menschen marschieren alleine los und kehren in Begleitung zurück. Einzelne streifen wie einsame Katzen mit ihrem Rücken an der Hauswand entlang. Besoffene taumeln grölend Richtung Schlafstätte. Mitunter laufen Leute in trauriger Stimmung vorbei, ja, auch das gibt es.

Heute ist es sehr ruhig auf der Straße. Die Woche über ist immer wenig los. Vielleicht müssen doch noch einige Menschen in diesem Land arbeiten. Viele können es jedoch nicht sein, wenn ich bedenke, wie lange ich tagsüber beim Einkaufen vor der Kasse warten muss.

Nun nähert sich eine kleine Gruppe von sechs oder sieben Jugendlichen. Sie verhalten sich erstaunlich leise, was mich wundert und meine Aufmerksamkeit augenblicklich anzieht. Ihre Blicke schweifen zielbewusst, dennoch verstohlen, zu den Fenstern. Bei mir haben sie kein Glück, mein Zimmer ist dunkel und die Zigarette habe ich soeben ausgedrückt. Nachdem sie sich versichert haben, dass sie anscheinend mutterseelenallein sind, steigen sie über die Absperrung bei der Baustelle. Einer legt sich bäuchlings auf den Boden, das linke Bein angewinkelt und die Arme von sich gestreckt. Eilfertig zieht ein anderer mit einer Kreide dessen Umrisse nach. Kaum ist dies geschehen, rennen sie kichernd davon.

Ich zünde mir noch eine Zigarette an, inhaliere tief und denke mir, dass es wohl genügt, das Radfahren und Reden aufzugeben. Das letzte Laster, das Rauchen, werde ich beibehalten.

Nach ein paar Stunden Schlaf höre ich am frühen Morgen aufgeregte Stimmen auf der Straße und krieche verschlafen aus dem Bett. Einige Nachbarn stehen vor der Absperrung zur Baustelle und betrachten den Tatort. Köstlich, wie sich die Menschentraube echauffiert, wie sie erregt diskutiert und mutmaßt.

Ich öffne das Fenster und lausche.

„Anscheinend ist etwas passiert", kommentiert der Gemüsehändler im türkischen Fränkisch und deutet mit dem Zeigefinger auf die Kreidegestalt.

„Ja, es scheint so", erwidert eine Toupierte und fügt an: „Hoffentlich ging nochmals alles gut."

„Ja, hoffentlich ging nochmals alles gut", wiederholt der Mann und wie beim Synchronschwimmen nicken alle betroffen im Rhythmus.

Ich lege mich wieder ins Bett, zünde mir eine Zigarette an, stoße den Rauch aus und wünsche mir sehnlich das Alter herbei, in dem man sich in eine Baustelle legt, seine Umrisse mit Kreide nachzieht und in der Schule den kaukasischen Kreidekreis von Brecht liest.

Der väterliche Freund

An einem Winterabend stieg ich nach getaner Pflicht in den Zug. Mir gegenüber kauerte so ein junges Ding. Ich tippte auf 15 Jahre, wobei die Jugend von heute meiner Meinung nach kaum einzuschätzen ist. Auf jeden Fall starrte die Kleine durch mich hindurch, als wäre ich eine Glasscheibe. Wenngleich ich ihr unentwegt wohlwollend zulächelte, reagierte sie nicht. Auf ihrer rechten Wange klebte ein Pflaster. Aus ihrem Verhalten schloss ich, dass sie Drogen genommen hatte. Ich kenne mich zwar mit Drogen nicht aus, aber man liest ja einiges.

Als der Zug anhielt, drehte sie sich wie von einem anderen Stern ganz langsam zum Fenster.

„Sind wir schon in Roth?" fragte sie teilnahmslos.

Freundlich antwortete ich ihr, dass wir erst in Schwabach seien, ich aber selbst in Roth aus dem Zug steigen würde.

„Können Sie mir helfen?" bat sie tonlos.

Natürlich konnte ich. Für mich war es eine Selbstverständlichkeit, anderen Menschen in der Not zur Seite zu stehen.

„Was haben Sie denn?" erkundigte ich mich neugierig.

Sie deutete auf ihre rechte Wange und erklärte stammelnd, dass ihr ein Leberfleck entfernt worden wäre und sie noch immer leicht unter Narkose stand.

Ich atmete beruhigt auf. Nicht dass ich Vorurteile hätte, aber eine Drogensüchtige wäre mir schon etwas gegen den Strich gegangen. Ich tätschelte väterlich ihre Hand. Hierbei fiel mir ein blöder Satz ein, den ich einmal bei Italo Svevo gelesen hatte: 'Wenn alte Herren lieben, nehmen sie immer den Umweg über die Väterlichkeit, jede ihrer Umarmungen ist ein Inzest und hat dessen herben Beigeschmack.'

Ich besänftigte die Kleine mit psychologischem Taktgefühl: „Keine Bange, ich helfe Ihnen." Ich wählte bewusst das Sie, um mit gebührender Distanz jedwede Anrüchigkeit von mir zu weisen.

Genaugenommen konnte sie sich glücklich schätzen, dass sie zufällig mich angesprochen hatte. In ihrem Zustand griff sie doch wie eine Verdurstende nach jedem vergifteten Becher. Was kann so einem jungen Ding nicht alles zustoßen, falls sie an den Falschen gerät, kam mir spontan in den Sinn. Schließlich berichten die Zeitungen tagtäglich von irgendwelchen Lustmolchen.

Als wir den heimischen Bahnhof ansteuerten, knöpfte ich vorsorglich den Mantel zu und reichte ihr fürsorglich meine Hand. Sie erhob sich behäbig. Als sie etwas wackelig vor mir stand, blickten ihre trüben Augen geradewegs in meine. In diesem Moment bremste der Zug. Sie klammerte sich an mich. Vorsichtig griff ich um ihre Taille und räusperte mich. Meine Hände fieberten.

An der Tür stellte ich sie kurz ab und sprang lässig auf den Bahnsteig. Dann breitete ich meine Arme aus und forderte sie im vertrauenswürdigen Ton auf: „Kommen Sie, ich halte Sie."

Mit ihrem ganzen Gewicht ließ sie sich auf mich plumpsen. Ich benötigte alle Kraft der Welt, um nicht mit ihr auf dem Boden zu landen. Wir taumelten zwar beide, aber ich hielt die Balance. Hinter uns schrillte eine Pfeife und der Zug fuhr ab. Die anderen Fahrgäste, die zusammen mit uns den Zug verlassen hatten, eilten geschäftig davon. Zwei Mädchen überholten uns kichernd. Die Umrisse der Umgebung wirkten unscharf, waren aber noch zu erkennen.

Das Mädchen legte ihren Arm auf meine Schulter. Ich griff mit meiner Rechten erneut verlegen um ihre Hüfte. Die Linke bot ich ihr zusätzlich zum Halt an. Langsam näherten wir uns der Unterführung. Zweimal während dieser kurzen Strecke ging sie in die Hocke und drückte mit Daumen und Zeigefinger gegen ihre Augen. Zwischenzeitlich hatte ich ausgekundschaftet, dass sie zum Bus wollte.

Leider war ich heute zu Fuß unterwegs. Mein Wagen befand sich beim Kundendienst. Im Normalfall stand das Auto auf dem naheliegenden Parkplatz bereit. Ich hätte sie natürlich chauffiert. Jammerschade. Ich stellte mir vor, wie ich ihr die Wagentür öffnete und ihr behutsam ins Auto half. Da sie noch etwas benebelt war, hätte ich den Beifahrersitz in eine liegende Position gebracht.

In meinem Kopf – während wir Schritt für Schritt durch die hallende Unterführung schlichen – spielte sich etwas anderes ab: Das Mädchen lag regungslos neben mir im Auto. Als mitfühlender Mensch griff ich nach ihrer Hand. Mit geschlossenen Augen legte sie meine Hand auf ihren Bauch und schnaufte tief durch. Nun zog sie den Bauch ein und führte meine Hand in Zeitlupe in ihre Jeans. Wie in Trance lag sie da, ballte die Hand zur Faust und verbog ihren Körper zu einem Hohlkreuz.

Inzwischen stiegen wir in der kalten Realität die Treppe empor. Wieder verlor sie kurz das Gleichgewicht, torkelte und presste sich hilfesuchend an meinen Körper. Da ich etwas erregt war, was sie auf keinen Fall merken sollte, beugte ich meinen Oberkörper nach vorne und streckte dabei ungeschickt meinen Allerwertesten heraus. So berührten sich Gott sei Dank nur unsere Schultern. Bei dieser Szene atmeten wir beide unregelmäßig, wenn auch aus unterschiedlichen Gründen.

Endlich erreichten wir den Busbahnhof. Wie ärgerlich, dachte ich erneut, dass mein Auto ausgerechnet heute nicht zur Verfügung steht. Es wäre meine verdammte Christenpflicht gewesen, sie nach Hause zu fahren. So blieb nur der gemeinsame Weg über die Straße. Ich erklärte dem Busfahrer den Ernst der Lage. Er versicherte mir, auf das Mädchen zu achten.

Dieses Ereignis liegt bereits Monate zurück. Aber noch immer ertappe ich mich dabei, wie ich nach dem Mädchen mit dem Pflaster Ausschau halte. Dann reitet mich die Phantasie, denn eines ist sicher: Zu Fuß gehe ich nicht mehr zum Bahnhof.

Das Geheimnis um Anton

Mein Bruder Anton rannte als 20-jähriger schnurstracks auf eine Eisenbahnbrücke und stürzte sich in die Tiefe. Er war sofort tot.

Als sich dieses tragische Ereignis abspielte, war ich gerade mal sieben Jahre alt. Noch heute, 22 Jahre später, erinnere ich mich an die bedrückende Stimmung in unserer Familie. Meine Eltern, beide Lehrer, kauerten stumm in der Küche. Sie heulten nicht, sie klagten nicht, nein, sie starrten wie versteinert auf den Küchentisch. Eine unbeschreibliche Tristesse beschlich das Zimmer. Wortlos krabbelte ich auf den Schoß meines Vaters und bohrte aus Verlegenheit mit dem Finger in die Wachstischdecke.

Wenn ich zurückdenke, dann bin ich mir fast sicher, dass mir meine Eltern niemals mit eigenen Worten erzählt haben, dass mein großer Bruder Anton tot war – geschweige denn, wie es dazu gekommen war. Sie sprachen nie über dieses Thema. Wahrscheinlich nahmen sie mich nicht einmal zur Beerdigung mit – ich kann mich zumindest nicht an diese einschneidende Begebenheit erinnern.

Anton hingegen blieb mir sehr lebendig im Gedächtnis haften. Kam er nämlich nach Hause, klopfte er an die Kinderzimmertür, lugte spitzbübisch mit dem Kopf durch den Türspalt und trat erst ein, als er aufgefordert wurde. Dann hockte er sich zu mir auf den Boden und schnappte sich Papier und Bleistift. Er brachte mich stets zum Kichern, wie er mit einigen Strichen ein Gesicht zauberte. Seine Karikaturen unserer Verwandten waren umwerfend. Ich musste nie lange raten, wen er gerade auf die Schippe nahm. Die Kunst meinerseits bestand darin, schneller die gesuchte Person zu erraten als er sie aufs Blatt projizieren konnte. Noch heute besitze ich diese Zeichnungen und bewundere seine ausgeprägte Beobachtungsgabe. Die Faszination blieb erhalten.

In der Trauerzeit, die bei meinen Eltern einfach nicht enden wollte, erdrückten sie mich mit ihrer geballten Liebe. Meine ältere Schwester Ines – sie studierte damals Lehramt – mied in dieser Zeit die elterliche Wohnung. Ihr standen andere Strategien zur Verfügung. Sie konzentrierte sich auf ihr Studium, besuchte uns selten und flüchtete in ihre eigene Welt.

Meine Kindheit erlebte ich unter einer Glasglocke. Nach dem Tod meines Bruders hüteten mich meine Eltern wie einen

Augapfel. Ich wäre daran fast erstickt. Noch als Fünfzehnjähriger wurde ich täglich von meiner Mutter morgens zum Gymnasium chauffiert und nach Schulschluss abgeholt. Natürlich trickste ich sie aus und gab einen falschen Stundenplan an. Schließlich wollte ich wie die anderen sein und lechzte nach der Gemeinschaft der Gleichaltrigen. Ich muss aber gerechterweise anfügen, dass meine Eltern jederzeit erlaubten, dass Kinder zu mir kamen. Sie hatten nichts dagegen, wenn fünf oder sechs Jungens bei uns im Garten tollten und tobten – nur wollten sie mich nicht aus den Augen verlieren.

Anfangs freuten sich meine Klassenkameraden, denn selbstverständlich sorgte meine Mutter für Eis und Getränke. Auch mein Vater zeigte sich behilflich, wenn wir beispielsweise ein Baumhaus bauen wollten. Er nagelte und bastelte mit uns Buben und opferte ohne Murren seinen großen Obstbaum als Marterpfahl. Aber mit der Zeit werden Kinder flügge. Meine Freunde wollten ins Café oder auf den Fußballplatz. In dieser Phase geriet ich ins Hintertreffen, denn meine Sorgeberechtigten versuchten mich zuerst mit Güte, dann mit Strenge, zu kontrollieren.

Wenngleich meine Eltern keine bösen Absichten verfolgten, bugsierten sie mich in die Außenseiterrolle. Ich wehrte mich mit allen zur Verfügung stehenden Mitteln – zuerst trickste ich, später diskutierte ich und zu guter Letzt setzte ich mich mit Zorn und Groll durch.

Diese Auseinandersetzungen gingen nicht spurlos an unserer Beziehung vorüber, weshalb ich gleich nach dem Abitur auszog und mich an der Universität zum Studium der Psychologie einschrieb. Von Kindheit an faszinierte mich das menschliche Verhalten. Hierüber wollte ich mehr erfahren. Heute, mit dem Abstand der Jahre, wird mir allmählich bewusst, dass bei meiner Entscheidung der Tod meines Bruders Anton eine bedeutende Rolle spielte. Denn dieser Vorfall, der zu Hause nie aufgearbeitet wurde, beschäftigte mich immer noch. Wie konnte es passieren, dass er sich von der Brücke stürzte? Was ging voraus? Welche Motive steckten hinter seiner Verzweiflungstat? Gab es einen Abschiedsbrief?

Viele solcher Fragen quälten mich. Insgeheim hoffte ich, Anton wäre einem Verbrechen oder – noch besser – einem Unfall zum Opfer gefallen. Die einfachste Erklärung.

Leider entsprach meine Vorstellung vom Psychologiestudium nicht der Realität. Ich hörte zwar einiges über Entwicklungspsychologie, über Lerntheorien oder auch über die Möglichkeit, Menschen zu testen. Aber mein Wissensdurst bezüglich Vorhersage und Erklärung menschlichen Handelns wurde nicht gestillt. Dennoch nützte mir mein Studium bei der Suche nach Antons Beweggründen, denn viele Menschen halfen mir – dem angehenden Psychologen – bei der Erforschung des Geheimnisses ohne langes Nachfragen.

So gelang es mir, die alte Akte über Anton zu ergattern. Im Polizeibericht fand ich einen Hinweis, der mich auf eine Spur brachte. Laut Akte hatte mein Bruder kurz vor seinem Suizid mit seiner damaligen Freundin ein Kino aufgesucht hatte. Sie hatte beteuert, dass sie nichts Außergewöhnliches an ihm bemerkt hatte. Anton gab sich an diesem Abend wie immer. Er mochte keine Filme und ging nur ihr zuliebe mit. Als er sich von ihr verabschiedete, nahm er sie leidenschaftlich in die Arme – wohl etwas länger und intensiver als sonst. Dies war zumindest ihr Eindruck, sicher sei sie sich dessen nicht, erklärte das verstörte Mädchen unter Tränen.

Meine Eltern hatten gegenüber der Polizei versichert, Anton sei ganz normal gewesen. Er habe Kunst studiert und das Elternhaus regelmäßig besucht, vor allem um mit seinem kleinen Bruder zu spielen. Dies bekräftigte meine eigene Erinnerung.

Ich studierte die Akte sorgfältig, konnte aber nichts Verwertbares entdecken. Die Aussage eines Augenzeugen stellte nur nochmals klar, dass Anton ohne fremde Einwirkung – also freiwillig – von der Brücke gesprungen war. Auch ergaben die Bluttests, dass Anton weder unter Drogen noch unter Alkoholeinfluss stand.

Ich beschloss, Sofie, seine damalige Freundin aufzusuchen. Sie müsste nach meiner Rechnung nun eine Frau um die 40 sein. Wahrscheinlich war Sofie längst verheiratet, und unter fremden Namen in einer anderen Stadt nicht auffindbar. Trotz geringer Hoffnung machte ich mich auf die Suche nach der ehemaligen Freundin meines Bruders.

Nach mehreren Anläufen und Fehlschlägen konnte ich Sofies Adresse ausfindig machen. Vielleicht war es die Ironie des Schicksals, denn sie wohnte tatsächlich in einer Parallelstraße, und ich kannte sie zumindest vom Sehen.

Ich läutete mit lauem Gefühl im Magen. Sie öffnete prompt und sah mich erstaunt an.

„Falls Sie mir irgend etwas andrehen wollen, können Sie auf dem Absatz kehrt machen", empfing sie mich nicht gerade gastfreundlich.

„Ich bin Antons Bruder", stammelte ich. Die Sätze und Erklärungen, die ich mir im Vorfeld zurecht gelegt, waren in diesem Moment wie weggewischt.

„Welcher Anton?" fragte sie barsch und trocknete sich ihre Hände an der Jeans ab. Sie blieb weiterhin in Lauerstellung. Wahrscheinlich befürchtete sie einen neuen Vertretertrick.

„Anton war vor vielen Jahren Ihr Freund. Er stürzte sich von der Eisenbahnbrücke."

„Dann sind Sie der Hansi", rief sie begeistert und ihr Gesicht erhellte sich. „Mein Gott, ich kannte Sie ja nur als Kind. Wir waren einige Mal zu dritt auf dem Spielplatz. Wissen Sie das noch?" schwelgte sie in Erinnerungen.

„Ich war damals erst sechs oder sieben Jahre alt", redete ich mich heraus.

„Kommen Sie doch herein", forderte sie mich auf und legte ihre Hand freundschaftlich auf meine linke Schulter.

Sie stellte Kaffee auf und bot mir eine Zigarette an. Ich lehnte beides ab. Dann bombardierte sie mich mit Fragen. Sie wollte alles von mir wissen. Wie es meinen Eltern ginge, ob Ines nun Lehrerin wäre und wie mir mein Studium gefiele. Ich kam die erste halbe Stunde nicht dazu, selbst eine Frage zu stellen, denn Sofie vereinnahmte mich regelrecht mit ihrer Neugierde um die Familie. Sie wollte sogar wissen, ob mein Vater immer noch in den Osterferien zum Bergsteigen fahre. In dem Zusammenhang erfuhr ich, dass sie fast zwei Jahre lang mit Anton befreundet war.

Erst bei der zweiten Tasse Kaffee und ihrer dritten Zigarette kam sie auf die Idee, sich zu erkundigen, weshalb ich sie denn aufgesucht hätte.

„Ich möchte einfach mehr über meinen verstorbenen Bruder erfahren", begann ich mein vorbereitetes Programm abzuspulen. „Ich war seinerzeit noch zu klein und hatte keine Chance, ihn richtig kennenzulernen. Entschuldigen Sie…".

„Papperlapap, Sie interessieren sich für Ihre Wurzeln und das ist wohl das Normalste der Welt." Sie schenkte sich eine weitere Tasse ein und erzählte mir, was sie über Anton wusste. Sie betonte seine außergewöhnliche künstlerische Begabung, seine Ernsthaftigkeit und seine Stimmungsschwankungen. „Ich fragte mich oft, wann sich seine Laune änderte", sagte sie wie im Selbstgespräch. „Wenn Sie mich nicht auslachen, dann würde ich es so formulieren: Immer wenn Anton einen Film sah, flippte er aus. Ich weiß, das klingt merkwürdig, aber er protestierte vehement gegen den Fernseher. Ins Kino ging er nur mit Widerwillen. Dies war ungewöhnlich, denn Jungverliebte favorisierten damals das Kino. Alle Pärchen schmusten zu unserer Zeit im Schutz der Dunkelheit. Anton hingegen schaute wie ein Verstörter auf die Leinwand und wandte sich oft kopfschüttelnd ab. Noch heute mache ich mir Vorwürfe, dass ich ihn an dem besagten Tag ins Kino geschleppt habe. Aber ich wusste doch nicht..." Sie zog nervös an ihrer Zigarette.

„Wenn ich Sie recht verstehe", zögerte ich, „dann sahen Sie hierin eine Besonderheit, einen Schwachpunkt."

„Ich weiß es nicht. Ich möchte Ihnen nur mitteilen, was mir auffiel. Monatelang habe ich über Anton nachgedacht, denn irgendwie fühlte ich mich schuldig. – Übrigens war Ihr Bruder mein erster richtiger Freund."

Sie schloss die Augen und sprach weiter. „Ich sehe ihn immer noch vor mir, wie er mich zum letzten Mal umarmte. Ja, ich kann ihn in meiner Erinnerung sogar noch riechen."

Dann riss sie irritiert die Augen auf. „Was wollen Sie noch von mir wissen?"

Wir unterhielten uns noch eine Weile über belanglose Dinge, bis ich mich verabschiedete.

Zu Hause grübelte ich nach. Antons Verhalten schien sonderbar. Ich erkannte schnell, dass mir noch Informationen fehlten, um das Puzzle zusammenzusetzen. Als nächstes suchte ich ehemalige Lehrkräfte meines Bruders auf. Ich ging chronologisch vor, das heißt, ich begann in der Grundschule, informierte mich danach am Gymnasium und zuletzt an der Universität. Einige Lehrkräfte und Dozenten waren bereits verstorben, andere unbekannt verzogen. Jedenfalls gelang es mir, etwa ein Dutzend Menschen ausfindig zu machen, die Anton mehr oder weniger gut kannten. Den meisten fiel nichts Besonderes an ihm auf. Wenn ich dann wie zufällig das Thema auf Filme lenkte, wurde mir bestätigt, dass mein Bruder mit laufenden Bildern auf Kriegsfuß gestanden hatte.

Für diese Ermittlungen opferte ich meine gesamten Semesterferien. Leider erfuhr ich nicht viel Neues. Jedoch versicherten mir alle, die ihn näher kannten, dass er augenblicklich das Zimmer verließ, wenn ein Fernseher lief. Diese Marotte war demnach allgemein bekannt. Ansonsten betonten alle seine außergewöhnliche Beobachtungsgabe.

Ich kam mit der Erforschung seiner Motive nicht voran und wollte meine Erkundigungen bereits abschließen, um mich auf meine Diplomarbeit zu konzentrieren, als das Telefon klingelte.

„Können Sie sich noch an mich erinnern. Ich bin Sofie und war mit Ihrem…"

„Ja, natürlich erinnere ich mich", unterbrach ich sie.

„Mir ist noch etwas eingefallen. Vielleicht ist es unwichtig. Aber Sie haben mich gebeten, Sie anzurufen, selbst wenn es noch so nebensächlich anmutet", erklärte Sofie.

„Ja, ich bin Ihnen für alles dankbar", erwiderte ich ohne große Hoffnung.

„Gut, dann sage ich es: Ich blätterte einmal mit Ihrem Bruder mein Fotoalbum durch, wie es Verliebte eben so tun. Mittendrin fragte er mich, warum ich die Bilder nicht dem Alter nach eingeordnet hätte. Ich lachte und versicherte ihm, die Bilder wären der Reihe nach eingeklebt. Dann deutete er auf verschiedene Fotos und meinte, dieses wäre früher aufgenommen und jenes später. Ich war damals sauer – na ja, ich war noch jung. Später, lange nach seinem Tod, erinnerte ich mich an diese kleine Szene und löste die besagten Bilder aus den Ecken der Halterung. Und wissen Sie was? Er hatte Recht gehabt. Mein Vater hatte auf der Rückseite der Bilder stets akribisch den Tag der Aufnahme notiert."

„Anton besaß eine gute Beobachtungsgabe. Jeder von uns kann Bilder von Babys, die ein halbes Jahr alt sind, von denen, die ein Jahr alt sind, unterscheiden. Künstler können dies vielleicht auch bei Erwachsenen."

Sie unterbrach mich.

„Ja, das weiß ich auch. Aber Anton machte mich auf zwei Fehler im Album aufmerksam: Auf dem ersten war ich neun Jahre und einen Monat alt und auf dem anderen nur einen Monat älter."

„Vielleicht kombinierte er auf Grund der Pflanzen in Hintergrund", suchte ich nach einer Erklärung, um nicht in die Parapsychologie abzugleiten.

„Daran habe ich auch schon gedacht. Aber das zweite Beispiel ist noch interessanter, denn die eine Aufnahme zeigte mich am Tag vor meiner Konfirmation und die andere am Tag danach – beide im Kinderzimmer."

Ich runzelte die Stirn. „Vielleicht ist ein Kalender auf dem Bild?"

„Könnte sein, ich weiß es nicht mehr sicher", entgegnete sie.

„Wenn ich sie nicht zu sehr nerve, könnte ich ja mal schnell vorbeikommen und wir betrachten die Bilder gemeinsam", schlug ich unternehmungslustig vor.

Wir sahen uns die vier Bilder lange und intensiv an. Sofie holte sogar eine Lupe, um unsere Ansinnen zu unterstreichen. Da uns beiden nichts auffiel, machte ich den Vorschlag, wir sollten die Bilder vergrößern lassen und der Sache auf den Grund gehen. Ich will die Angelegenheit abkürzen: Nichts! Es gab keinen Hinweis, wie es Anton gelungen war, den Unterschied zu erkennen.

„Vielleicht hatte er Röntgenaugen und konnte durch das Bild hindurch die Schrift erkennen", scherzte Sofie und klappte enttäuscht die Mappe mit den Vergrößerungen zu.

Am darauffolgenden Sonntag besuchte ich meine Eltern. Oberflächlich – wie immer – redeten wir über die Universität und über die Schwachpunkte beim 1. FC Nürnberg. Plötzlich fiel mir die Geschichte mit dem Album ein.

„Habt ihr noch mein Fotoalbum?" fragte ich. „Mama, du weißt schon, das aus meiner Kindheit. Erster Schultag und so weiter."

Sie schmunzelte. „Ja, möchtest du es sehen?" Sie erhob sich sogleich und kramte in der Schublade herum.

„Sind die Bilder chronologisch geordnet", erkundigte ich mich.

Meine Eltern blickten sich wie vom Blitz getroffen an. Psychologie hin oder her – sie wussten mehr, als sie zugaben. Mein Vater räusperte sich, und Mutter legte mir mit zitternden Händen das Album auf den Tisch.

Ich blätterte in der Vergangenheit und startete einen Versuchsballon.

„Muss dieses Bild nicht zeitlich früher angesiedelt werden?"

Mein Vater schnaufte, als hätte er Asthma. „Nein, dein Bruder hatte seinerzeit geflissentlich darauf geachtet, dass alle Bilder in der richtigen Reihenfolge eingeklebt wurden. Du kannst dir sicher sein, dass bis zu deinem siebten Lebensjahr alle Bilder – sogar in stündlicher Folge – richtig sortiert sind."

Dies war das erste Mal, dass mein Vater meinen verstorbenen Bruder erwähnte. Aber nicht einmal der Name Anton kam ihm über die Lippen. Da ich meine Eltern nicht quälen wollte, beließ ich es bei diesem peinlichen Intermezzo. Ich wollte kein Salz auf die Wunden streuen. Das Tabu um Antons Person umgarnte weiterhin unser Zusammenleben.

In der folgenden Zeit widmete ich mich voll und ganz meinem Studium. Meine Diplomarbeit beanspruchte mich. Das Thema 'Wahrnehmungsverarbeitungsstörung' erwies sich als ein weites Feld, wie mein Professor, ein Grass-Leser, schelmisch anmerkte.

Nach dem Studium besuchte ich meine ältere Schwester Ines für längere Zeit. Sie erzählte mir vieles von und über Anton. Vor allem sprach sie über den Fluch seiner Begabung. Ihr Verhältnis zum Außergewöhnlichen, zum Besonderen, hatte sich durch das Schicksal Antons schlagartig gewandelt.

Sie meinte: „Hansi, sei froh, dass du zu den Normalsterblichen zählst. Früher beneidete ich Menschen, die irgend etwas besser konnten als ich. Wir alle messen uns ja allzu gerne an den anderen. Unser Motto: höher, schneller, weiter. Fast jeder von uns sieht in sich selbst etwas Unnachahmliches. Wir wollen unsere Einmaligkeit bestätigt haben. Und wenn uns gar nichts anderes einfällt, dann bemühen wir uns, den Kirschkern weiter zu spucke als unser Nachbar. Verstehst du, was ich dir sagen will? Durch den Vergleich entsteht der Neid. Jemanden zu beneiden, der etwas besser kann, muss ja noch nicht feindlich sein – es kann sogar eine Wertschätzung beinhalten. Aber schnell folgt hierauf die Missgunst. Spätestens dann erleben Menschen den anderen als Urheber des eigenen Missgeschicks und fühlen sich minderwertig. Dies führt zu Spannungen und zu einem vergifteten Klima. Vielleicht sollten wir ein Rekordbuch in jeder Gemeinde auslegen, in dem exakt aufgeführt ist, was jeder besser kann als der andere. Wenngleich wir alle im Innersten um unser Mittelmaß wissen, streben wir nach Einzigartigkeit, suchen das Spezifische und die besondere Note. Manche von uns verhalten sich spleenig, kauzig, schrullig oder sogar verschroben, nur um zu beweisen, wie einzigartig sie sind. Auf der anderen Seite wollen wir zur Gemeinschaft gehören, fürchten das Ausgestoßensein. Wir lechzen nach Anerkennung in der Gruppe, wünschen aber gleichzeitig einen besonderen Status in derselben. Genau hierin liegt die Crux. –

Warum erzähle ich dir das? Nun, ich wurde hiervon geheilt, denn unser Bruder Anton, Gott hab ihn selig, verfügte über so ein einmaliges Talent und ging daran zugrunde."

Ines stand auf und zog den Vorhang vor, da sie von der Sonne geblendet wurde.

Anschließend setzte sie sich wieder zu mir und schaute mir direkt in die Augen. „Bist du schon dahinter gekommen, mein Psychologe?"

Ich zuckte mit den Schultern, nippte am Rotwein und lehnte mich zurück.

„Nach meiner Meinung", begann ich zögerlich, „verfügte unser Bruder über eine ausgeprägte Beobachtungsgabe, die für uns Normalsterbliche fast mystisch anmutet."

„Hansi, warum so geschwollen? Wir sind unter uns", entgegnete Ines lächelnd. „Unser Bruder Anton war höchstwahrscheinlich ein Genie auf seinem Gebiet. Ich habe dir doch erzählt, dass ich mir zusammen mit meinen Freundinnen einen Scherz erlaubte und ihm Fotos vorlegte, die wir alle 36 an einem Nachmittag geschossen hatten. Anton konnte die Bilder der Reihe nach ordnen – wir überprüften dies später mit dem Negativstreifen. Willst du denn nicht anerkennen, was ich dir mitteile? Anton konnte mit seiner außergewöhnlichen Beobachtung exakt erfassen, ob eine ihm bekannte Person älter oder jünger war. Er konnte dies nicht nach Jahren, Monaten oder Tagen bestimmen, sondern nach Stunden und Minuten. Er konnte genau sagen, welches Bild früher aufgenommen wurde – selbst wenn eines um 9.30 Uhr und das andere um 9.45 Uhr geschossen wurde. Für uns Normalbeobachter bleibt dies zweifelsohne unbegreiflich, aber so war es nun mal. Ich könnte dir unzählige Beweise anführen. Er wollte sich nicht in den Mittelpunkt drängen. Vielmehr hütete er dieses Geheimnis."

Ich trank erneut einen Schluck Wein und schwieg.

Ines schlug die Beine übereinander.

„Pass auf, ein letztes Beispiel: Tante Julia kam zu Besuch. Ich war zwölf und Anton zehn Jahre alt – dich gab es noch nicht. Stolz zeigte sie uns Bilder von ihrer Hochzeit mit einem Bauingenieur. Unter den Fotos befand sich ein Bild, auf dem Tante Julia eng umschlungen mit einem Südamerikaner zu sehen war. Schnell erklärte sie, dass dies eine ältere Aufnahme sei. Anton stutzte, rollte die Augen und behauptete, dieses Bild wäre nach der Hochzeit aufgenommen worden. Julia lief rot an und beschimpfte Anton als frech und vorlaut. Sie war außer Rand und Band und forderte unsere Mutter auf, Anton müsse sich sofort bei ihr entschuldigen. Und nun die Pointe: Tante Julia ließ sich ein halbes Jahr später von ihrem Ingenieur scheiden und heiratete den Südamerikaner."

„Für dich hängt Antons Tod unmittelbar mit seiner Begabung zusammen", konstatierte ich bei einem langen Spaziergang.

„Selbstverständlich. Hast du dir schon mal überlegt, warum Anton Filme wie der Teufel das Weihwasser mied?" Sie deutete auf eine Bank und wir ruhten dort eine Weile.

„Klar, ich bin ja nicht doof. Wenn Anton über diese ungewöhnliche Begabung verfügte, dann waren für ihn Filme der reinste Horror. Wir wissen doch alle, dass Szenen nicht in Reihenfolge gedreht werden. Befindet sich das Filmteam in einer Stadt, dann werden selbstverständlich alle dazugehörigen Szenen sofort dort gedreht. Anton brachte keine Logik in die Geschichte, da für ihn eine andere Systematik ausschlaggebend war."

Ich schaute zu Ines, die gerade einen Grashalm in seine Fasern zerlegte.

„Richtig! Stell dir vor, du bist intelligent, kannst aber dieses Wirrwarr nicht entschlüsseln. Da wird doch jeder wahnsinnig – oder?"

Sie rollte die Fasern um ihren Zeigefinger.

„So weit so gut. Aber deswegen springe ich nicht von einer Brücke, sondern hüte mich vor Filmen", protestierte ich, da ich zwar die Begabung anerkannte, sie aber nicht als Motivlage akzeptierte.

„Wenn jemand in der Lage ist, jede noch so kleine Veränderung wahrzunehmen", sagte sie leise, „wie nimmt er sich dann selbst wahr? Wie erlebt er seine Freundin? Vielleicht quält ihn tagtäglich der Alterungsprozess?"

„Du hast Recht", fiel ich ihr ins Wort. „Anton nahm anders wahr. Für ihn veränderten sich alle bekannten Gesichter täglich, ja vielleicht stündlich. Er wurde immerfort mit der Vergänglichkeit konfrontiert. Uns Normale schützt quasi unsere schwache Beobachtung. Nur bei Kindern rufen wir erstaunt: 'Ach, bist du groß geworden!' Unsere Lieben sehen wir andauernd und registrieren die Veränderung kaum. Auch unser eigenes Aussehen erleben wir nicht als Prozess, denn alles vollzieht sich schleichend.

Klar, wenn jemand diesen Umbau, besser gesagt: Abbau, bewusst erlebt, wie soll er das verkraften?"

„Der Wandel der Zeit nicht als Worthülse, sondern als tägliche Wahrnehmung", ergänzte Ines und seufzte.

„Dann war der Kinofilm nur die Spitze des Eisberges", konstatierte ich.

„Ja, Anton flüchtete in den Tod, um dem Wahn zu entkommen. Hätte er sich wie eine Ratte in ein Labor begeben sollen, um der Forschung zu dienen?" fragte Ines scharf.

Ich verneinte und beendete hiermit meine Motivsuche.

Dazwischen nur Leere

Zugegeben, ich trinke etwas zuviel, seit ich arbeitslos bin. Aber was soll ich den lieben langen Tag sonst tun? Um mir die Zeit tot zu schlagen, surfe ich im Internet, kontaktiere dort verschiedene Menschen und genehmige mir ab und zu ein Bier. Natürlich summiert sich im Laufe des Tages der Bierkonsum – aber lassen wir das Thema mal beiseite.

Neulich landete ich über eine Webseite bei einem Link, der mit Luzifer angekündigt wurde. Postwendend schickte ich dem Leibhaftigen ein kurzes Mail und holte mir ein neues Bier. Kurze Zeit später erhielt ich eine Antwort vom Höllenfürsten, was mich köstlich amüsierte. Da ich nicht an Gott glaube, schloss ich den Teufel per se aus. Sofort drückte ich auf 'Antwort':
„O, du Fürst der Finsternis, befreie mich aus meiner Trübsal, es ist so trüb im Saal, Prost!"
Ich hatte gerade das Bier geleert, als ich zu meiner Überraschung las:
„Ich bin nur ein kleiner unbedeutender Dämon, aber ich kenne dein Dilemma."
Ich grinste und dachte an Manfred von Lord Byron und natürlich an den Klassiker schlechthin: Faust. Dementsprechend formulierte ich frech:
„Schade, wenn du kein Dilemma-Dämon sondern ein satter Satan wärest, hätte ich dir meine sinnlose Seele verkauft." Hierbei kicherte ich schelmisch und holte noch ein Bier. Ich verspürte mal wieder großen Durst.
„Was kann ich dir für deine Seele anbieten?"
Natürlich erheiterte mich das Spiel. Irgendwie musste ich mir die Zeit vertreiben, warum nicht mit dem Beelzebub. Deshalb schrieb ich selbstsicher:
„Ich will bekannt und berühmt werden. Ich will, dass alle über mich reden und sich mit mir auseinandersetzen. Ich brauche kein Haus und kein Geld, mir geht es nur um Ruhm." Fast hätte ich Rum getippt. Hoho, die Bierchen zeigten bereits eine erste Wirkung.
„Das geht in Ordnung. Und dafür bekomme ich deine Seele?"
„Ja", erwiderte ich vergnügt. „Aber keine faulen Kompromisse,

dazwischen gibt es nichts! Keine lauen Sachen!" Ich rieb mir die Hände und feixte.

„Du sprichst mir aus der Seele", reagierte er in Windeseile. Ich hätte wetten können, dass dieses Mail zeitgleich mit dem Versenden von meinem eingetroffen war.

Immer noch fand ich diese Kommunikationsform unterhaltend. Gegen Kurzweil und Zeitvertreib war meinerseits nichts einzuwenden. Erst jetzt entdeckte ich, dass dieses Schreiben mit einem Anhang versehen war. Ich öffnete ihn und staunte, als ein Vertrag zum Vorschein kam. Ich sollte ihn ausdrucken, unterschreiben und dann einscannen – kein Problem. Ich sendete den unterschriebenen Vertrag an Mephisto zurück. Es gibt wirklich verrückte Typen, dachte ich augenblicklich und beschloss, mir noch ein Bier zu holen. Erst in diesem Moment bemerkte ich, dass um mich herum Leere herrschte. Mir war sofort klar, das hörte sich unglaubwürdig an. Ich saß gleichsam vor dem Kasten, aber es gab nichts mehr außer meiner Person und dem Computer. Vielleicht lässt es sich so umschreiben: Ich war im Einklang mit dem Computer – so als würde ich in ihm und er in mir wohnen. Das Nichts umgarnte mich wie ein unsichtbares Netz.

Anfangs dachte ich, dass ich ein Bier zuviel getrunken hätte. Aber ich fühlte mich nüchtern, nüchtern wie noch nie.

Ab diesem Zeitpunkt bekam ich ununterbrochen Post. Viele Menschen suchten Kontakt und Rat bei mir. Ja, ich war anerkannt, wurde von allen bewundert und geschätzt.

Ich weiß nicht, wie lange ich bereits all diese Mails beantworte. Aber ich weiß und fühle, ich muss es tun. Sartre hat mal philosophiert: Du hast keine Chance, nütze sie! Ich spüre keinen Hunger und keinen Durst – überhaupt kein Bedürfnis. Es ist zum Aus-der-Haut-fahren. Aber wohin soll ich fahren? Zum fliegenden Holländer? Ins Nichts?

Immer noch hoffe ich, der Spuk geht vorüber und ich wache schweißgebadet auf.

Entweder handelt es sich um einen bösen Traum oder ich bin heute so mit Bier abgefüllt, dass ich die Realität nicht mehr richtig einordnen kann. Anderseits liegt dieser diabolische Vertrag neben mir. Ich zwicke mich in den Arm, empfinde jedoch keinen Schmerz. Sogar die Zeit hat ihre Gültigkeit verloren. Ein unbeschreiblicher Zustand. Nicht zu greifen, nicht zu begreifen.

Ich kann nicht nachdenken. Wie unter Zwang – quasi narkotisiert und automatisiert – beantworte ich alle Anschreiben.

Interessant ist, ich verstehe ohne jedwede Schwierigkeit alle Sprachen, wenngleich ich doch vor vielen Jahren nur Englisch und Latein als Fremdsprachen gelernt habe. Ich gebe Ratschläge auf Türkisch, Arabisch und Russisch. Zwischenzeitlich muss ich auch keine Tastatur mehr bedienen. Ich lese die Anfragen, überlege mir kurz meine Entgegnung – und bereits während des Denkens erscheint vor mir die fertige Antwort auf dem Bildschirm. Ja, ich korrespondiere weltweit und in allen Sprachen.

Hoffentlich hört dieser unerträgliche Zustand bald auf!

Mein sollst du sein

Leo Müller, 25 Jahre alt und seit kurzem Sachbearbeiter für Wasserrecht, näherte sich mit gemischten Gefühlen der Versammlung 'Sauberer See'. Noch immer klangen ihm die Worte des Landrates in den Ohren:

„Versuchen Sie doch, Herr Müller, die Sache unter politischem Aspekt zu sehen. Schauen Sie über den Tellerrand. Denn eines lassen Sie sich gesagt sein: Hernach möchte ich keine Beschwerden hören."

Leo hatte bei diesen klaren Worten, wenngleich er nicht wusste, was der Chef konkret wollte, artig genickt und sich im Rückwärtsgang aus dem feudalen Zimmer entfernt. Angeblich hätte der Landrat die Versammlung gerne selbst besucht, war jedoch ärgerlicherweise anderweitig verpflichtet.

Leo hatte die Akte gründlich studiert. Die konträren Meinungen prasselten seit Jahren aufeinander. Natürlich lebten viele Menschen vom Fremdenverkehr und wollten die Quelle ihrer Einnahmen nicht versickern lassen. Andererseits nahm die Qualität des Wassers im See bedenkliche Formen an, weshalb die Umweltschützer nicht zu Unrecht ein Badeverbot forderten. Auch der Medizinaldirektor des Gesundheitsamtes hatte Leo gegenüber versichert, dass niemand ein weltfremder Idealist sei, bloß weil er für die Umwelt eintrete. Obzwar schon jetzt der See zu kollabieren drohte, wünschten die Gastwirte unverfroren eine Kapazitätserweiterung. Hinter vorgehaltener Hand klagten inzwischen viele Bürger über die ständige Belästigung der Fremden. In einem Leserbrief las Leo, wie eine Bürgerin anprangerte, dass es für Einheimische inzwischen unmöglich wäre, selbst den See und die Landschaft zu genießen. Sie behauptete, einige sahnten ab und alle müssten sich dem beugen. Das Maß des Zumutbaren für Mensch und Natur wäre längst erreicht, schloss ihr Schreiben. Diesen Satz hatte der Landrat mit grüner Tinte dick unterstrichen – was immer das auch bedeuten sollte.

Leo steuerte den Dienstwagen zielsicher Richtung Parkplatz. Sein Handy klingelte. Die Abteilungsleiterin, eine gelernte Juristin, gab ihm letzte Instruktionen. Sie selber hätte die Sache ja in die Hand genommen, musste sich aber abends um ihre beiden Kinder kümmern. Leo interpretierte ihr Verhalten anders: Die Dame war weniger an der Rechtspflege, sondern viel mehr an der Pflege ihrer Karriere interessiert. Negativschlagzeilen vermied sie wie der Teufel das Weihwasser. In einem Jahr stand ihre Beförderung zur Richterin ins Haus. Dies sollte reibungslos und stressfrei über die Bühne gehen. Leo hörte ihr kaum zu. Er konzentrierte sich auf das Einparken des alten Polos. Er fühlte sich wie ein Trichter, in den andere ihre Abfälle schütteten.

Im Rückspiegel kontrollierte er nochmals seine Frisur, zog die Krawatte fest, atmete tief durch und marschierte mit gemischten Gefühlen ins Lokal. Obwohl die Versammlung erst in 20 Minuten begann, fanden sich im Saal schon jetzt fast keine leeren Stühle mehr. Leo ließ seine Augen durch die Reihen schweifen. Er entdeckte neben den stadtbekannten Umweltschützern auch zwei Bürgermeister, einige Kreisräte und Stadträte. Zu seiner Überraschung hockten viele junge Leute – etwa in seinem Alter – im hinteren Teil das Saales. Als der Wirt auf ihn zueilte, erkundigte er sich, woher die vielen jungen Leute kämen.

„Ach, Herr Müller, Sie wissen doch, die Studenten tauchen überall auf, wo es nach Streit riecht. Sie haben sogar einen Bus organisiert, um alles vor Ort mitzuerleben. So sind sie halt, unsere Intellektuellen", krittelte der Wirt und rieb sich geschäftstüchtig die Hände. Ihn interessierte zweifelsohne eher der Umsatz des Bieres als der Inhalt der Diskussion.

Leo runzelte die Stirn. Er hatte sich nach dem Abitur wie seinerzeit sein Vater für die Beamtenlaufbahn entschieden und identifizierte sich inzwischen mit diesem System. Nicht nur aus diesem Grund wirkte er auf Gleichaltrige altbacken, mitunter lächerlich. Anerkennung erhaschte er leichter bei älteren Menschen. Die schätzten es, wenn eine junge Amtsperson vernünftig argumentierte. Ausbildung und Tätigkeit prägen einen Menschen, behauptete neulich sein ehemaliger Banknachbar.

„Leo, ich sage dir, der Apparat hat dich von Kopf bis Fuß sozialisiert", dozierte der angehende Sozialpädagoge.

Leo drängte sich zwischen Stuhlreihen und Wand hindurch. Auf dem Podium saßen bereits die beiden Kontrahenten. Er begrüßte beide höflich und pflanzte sich zwischen dem Vorsitzenden des Bund Naturschutzes und dem des Zweckverbandes für Fremdenverkehr. Bereits im Vorfeld hatte er sich seine Strategie zurecht gelegt. Einführend schilderte er knapp den Grund der

Versammlung und erteilte zuerst dem Schützer und dann dem Benützer das Wort. Leo Müller hielt seine eigene Meinung in petto. Statt dessen animierte er die Zuhörer zu Wortmeldungen. Wie sagte der Landrat immer? „Auf die Stimme des Volkes hören und sie sich zu eigen machen." Tatsächlich entstand bald eine heftige Diskussion, bei der Leo geschickt moderierte. Er sorgte für einen klaren Ablauf und verteilte nur nach Wortmeldung die Redeerlaubnis. So musste mancher Hitzkopf längere Zeit warten, da vor ihm zwei weitere Personen lang und breit ihre Meinung zum Besten gaben. Zwischenrufe ließ Leo nicht zu. Er bat um Disziplin, wie es sich für kultivierte Mitteleuropäer ziemt. Gegen seinen Vorschlag, sich an die Spielregeln zu halten, wagte keine Seite zu verstoßen. Schließlich stand der gute Ruf auf dem Spiel – jeder kennt jeden. Zwei Stunden lang lief die Debatte in geordneten Bahnen. Leo fühlte sich immer sicherer. Insgeheim sah er sich schon die Versammlung beenden, ohne seine eigene Meinung kundgetan zu haben. Die Fortbildung 'Moderation und Gesprächsführung' erwies sich im Nachhinein als hilfreich. Seine Taktik ging bis jetzt auf.

In diesem Moment meldete sich eine junge Frau aus der Studentenecke. Da von Seiten der Studenten bis jetzt nur bedächtige Beiträge einflossen – nicht wie bei den alten 68ern –, erteilte Leo ihr gerne das Wort.

Sie rückte verlegen ihre Nickelbrille zurecht, räusperte sich und meinte mit vibrierender Stimme:

„Ich heiße Annerose Strauss. Ich habe die ganze Diskussion mit Interesse verfolgt und glaube, dass sowohl für die eine als auch für die andere Seite einiges spricht. Natürlich benötigen wir Arbeitsplätze – keine Frage. Wenn wir jedoch nicht aufpassen und immer weiter planen, kippt der See und damit ist im Endeffekt niemandem geholfen. Nach uns die Sintflut ist keine Einstellung. Aus diesem Grund sollten wir die Meinung der Behörde einholen. Sie, Herr Müller, sind neutral und unabhängig. Als Sachbearbeiter sind Sie mit der Materie besser vertraut als jeder andere hier im Saal. Ihre Kompetenz ist in diesem Fall ausschlaggebend, denn Sie kennen die diversen Gutachten, die schwierige Lage der Gastwirte und die berechtigten Interessen der Umweltschützer. Ich weiß, Sie wollen sich nicht in den Vordergrund drängen. Trotzdem schlage ich vor, dass wir uns Ihre fundierte Ansicht anhören."

Die unscheinbare Frau plädierte für die Fachlichkeit, was ihm schmeichelte. Dennoch wurde Leo immer kleiner. Am liebsten hätte er sich unterm Tisch verkrochen. Aber nun klatschte der ganze Saal Beifall. Alle Blicke klebten an ihm. Es bestand kein Zweifel: er war in diesem Augenblick wichtig – eine Persönlichkeit.

Leo begann zögerlich: „Danke, Frau Strauss, dass Sie soviel Vertrauen ins Landratsamt setzen."

Verzweifelt suchte er nach einer Lösung. Leo plapperte einfach darauf los. „Ich werde Ihnen einen Lösungsvorschlag offerieren, über den sich alle aufregen werden. Streng genommen wird niemand zufrieden sein, denn ich lasse mich nicht in eines der Lager einordnen. Wer sich nicht einer Ideologie verschreibt, wird bekanntlich schutzlos von allen Seiten angegriffen. So ist das eben. Meiner Ansicht nach", er stockte an dieser Stelle und der ganze Saal lauschte.

Leo wusste immer noch nicht, was er sagen sollte. „Ich wiederhole, meiner Meinung nach dürfen wir uns, wie schon Frau Strauss richtig ausführte, die Lebensgrundlage auf keinen Fall entziehen. Lieber beständig kleine Brötchen backen als jählings am großen Kuchen ersticken. Deshalb ist klar: keine Kapazitätserweiterung."

An dieser Stelle erhielt Leo großen Applaus von der Seite der Umweltschützer. Theatralisch hob er den Zeigefinger:

„Aber, meine Damen und Herren, wir müssen unser Gewerbe unterstützen. Deshalb lehne ich ein Badeverbot kategorisch ab. Ich denke, es gibt nur eine Lösung: Wir behalten den jetzigen Kurs bei. Keine Erweiterung – keine Einschränkung."

Alle sahen sich betroffen an und schwiegen. Endlich erhob sich Annerose Strauss und schrie: „Bravo!"

Sogleich stimmte der ganze Saal ein. Alle applaudierten. Leo beendete die Sitzung mit rotem Kopf. Er durfte sich der Gunst des Landrates gewiss sein, wenngleich er insgeheim wusste, dass er nichts Innovatives vollbracht, sondern lediglich den Status quo bestätigt hatte. Sorgfältig ordnete er seine Unterlagen.

Auf dem Parkplatz, der sich zwischenzeitlich sichtlich geleert hatte, stand Annerose Strauss. Er hätte sie in diesem Moment umarmen können. Schließlich war sie an seinem großen Erfolg nicht unbeteiligt. Sie hatte im entscheidenden Augenblick die richtige Frage gestellt und sofort Beifall geklatscht, als alle noch über seinen Vorschlag sinnierten. Hätte er dies im Vorfeld mit dieser Frau abgesprochen und inszeniert, wäre dies ein genialer Schachzug gewesen.

„Werden Sie abgeholt", wandte sich Leo entspannt an die junge Frau.

„Die anderen sind schon gefahren. Die haben mich anscheinend vergessen", erklärte sie und verlagerte hilflos ihr Gewicht auf den anderen Fuß. Nun nahm sie ihre Nickelbrille ab.

Leo blickte in zwei große blaue Augen, die ihn unweigerlich ans Meer erinnerten. Seit Jahren war er nicht mehr ans Meer gefahren – zuletzt mit seinen Eltern, aber das lag eine Ewigkeit zurück. Nach dem Abitur musste er zur Bundeswehr. Danach trat er seine Ausbildung für den gehobenen Dienst an. Im letzten Jahr wollte er mit seiner damaligen Freundin nach Spanien fliegen. Aber die Beziehung ging zuvor in die Brüche, denn Brigitte hatte ihm unmissverständlich vorgeworfen, dass er krankhaft eifersüchtig sei und sie keine Lust hätte, mit einem Verrückten zu verreisen.

Sie hatte gesagt: „Du bewegst dich weniger als ein Baum. Der wächst, wenn auch langsam. Bei dir wächst nur Misstrauen und Eifersucht. Ansonsten bist du regungslos. Leo, du bist erstarrt." Nach diesem Disput mit Brigitte verlebte er seinen Urlaub solo in Deutschland.

„Ich fahre Sie nach Hause", stellte er lakonisch fest und lächelte Annerose Strauss an.

Im Wagen steckte Annerose eine Strähne ihrer schulterlangen hellen Haare hinter das Ohr und grinste Leo an. Er fühlte sich wie ein Star. Seine Beifahrerin verlieh ihm Bedeutung. In diesem Moment kam ihm in den Sinn, dass es nicht erlaubt war, Fremde im Dienstauto mitzunehmen. Daran hatte er nach diesem überwältigenden Triumph überhaupt nicht gedacht. Nun war es zu spät. Er konnte sie ja nicht bitten, auszusteigen. Aber so lange nichts passiert, überlegte er und pfiff vor sich hin, gilt das Motto: Wo kein Kläger, da kein Richter.

„Wie alt sind Sie?" fragte Annerose neugierig.

„Oh, ich bin 25", antwortete Leo, der oft älter geschätzt wurde.

„Ich bin 24", rief sie etwas zu laut. „Dann können wir doch Du sagen."

„Klar", gab sich Leo locker, wenngleich es ihn doch verdutzte, dass die Jüngere dem Älteren das Du anbot. Aber so sind sie nun mal, die Studenten, resümierte er.

„Da musst du links abbiegen", mahnte sie sogleich im vertrauten Du.

Leo nickte, setzte vorschriftsmäßig den Blinker und fuhr im Schritttempo in die Einbahnstraße.

„Hier wohne ich", stellte Annerose mit geröteten Wangen fest. Mechanisch rieb sie sich ihre feuchten Hände an der alten Jeans trocken.

„Möchtest du noch einen Tee bei mir trinken?" erkundigte sie sich mit zittriger Stimme.

Natürlich wollte Leo. Aber blitzschnell fiel ihm ein, dass er nie und nimmer erklären könnte, weshalb der Dienstwagen in der Nacht in dieser Straße parkte. Nein, er hätte keine Freude am Tee, wenn er ständig an die möglichen Konsequenzen denken müsste. Da aber der Erfolg des Abends sein Selbstvertrauen untermauerte, erwiderte er:

„Wenn es dir nichts ausmacht, bringe ich erst den Dienstwagen ins Amt zurück. Dort steht nämlich mein Roller. Ich komme in zehn Minuten wieder."

„Oh", jauchzte sie, „du hast einen Roller. Darf ich mitfahren?"

„Hast du einen Helm", informierte er sich dem Gesetz folgend. Schließlich sollte alles seine Ordnung haben.

„Ja, klar, ich renne nur noch schnell nach oben und hole Helm und Jacke."

Auf der Fahrt zum Landratsamt sprudelte sie los. Annerose schwärmte von Italien. Sie liebte dieses Land und würde am liebsten jede freie Minuten dort verbringen. Begeistert zählte sie auf: Pasta, Pizza, Panino.

Stolz berichtete er von seinem 125er Piaggio.

„Geht es dir auch so?" unterbrach sie ihn. „Mit dem Roller ans Meer düsen, baden, faulenzen und danach einen Espresso schlürfen – herrlich."

Leo hatte die Sache noch nie von dieser Seite betrachtet. Für ihn war der Roller lediglich Mittel zum Zweck; und Italien sah er als das Land, in das ihn seine Eltern in seiner Kindheit geschleppt hatten. Seit er sich abgenabelt hatte, hatte er auch die elterliche Vorlieben abgelegt. Italien hatte er noch nie mit den Augen eines Erwachsenen wahrgenommen. Er war zwölf Jahre alt, als er das letzte Mal dort gewesen ist.

„Ja, man müsste sich öfters eine Auszeit gönnen und nach Italien fahren", stimmte er nachdenklich zu.

Nun stellte er den Dienstwagen ordnungsgemäß in die Garage, trug die gefahrenen Kilometer ins Fahrtenbuch ein und warf den Schlüssel in den Briefkasten des Hausmeisters. Annerose beobachtete ihn derweil. Als sie schließlich zum Roller marschierten, rief sie:

„Klasse, ein blauer Roller. Ich liebe blau."

Ich auch, dachte Leo und erinnerte sich an ihre Augen. Er fuhr zügiger als gewöhnlich. Einerseits wollte er der Studentin imponieren und andererseits musste sie sich zwangsläufig an ihm festklammern. Der Fahrtwind kühlte, doch Leo durchflutete Wärme.

Anneroses Wohnung entpuppte sich als ein möbliertes Zimmer mit einem kleinen Gaskocher, wie ihn nicht einmal Camper benutzen. Kurz gesagt: eine Studentenbude. Leo pflanzte sich notgedrungen aufs Bett, da der Schreibtischstuhl zum Tisch für den Tee umfunktioniert werden musste. Während Annerose unbeholfen und ungeschickt den Tee auf der kleinen Gasflamme zubereitete, wunderte sich Leo über die vielen Bücher.

„Was studierst du überhaupt?" erkundigte er sich und überlegte gleichzeitig, ob er ihr einen Samowar kaufen sollte.

„Oh, eine brotlose Kunst", witzelte sie und schaute ihm direkt in die Augen. Während Leo nur blau sah, ergänzte sie stockend: „Ich studiere Philosophie."

„Sind deine Eltern damit einverstanden?" rutschte ihm heraus.

„Meine Eltern sind beide Lehrer und die sind bekanntlich nie mit etwas einverstanden", scherzte die angehende Arbeitslose.

„Dennoch müssen sie meine Entscheidung akzeptieren. Was hilft es, beruflich aufzusteigen und Anerkennung einzuheimsen?" fügte sie an.

„Schritte auf der Karriereleiter führen nicht in die Freiheit, sondern in die Bindung."

Leo erinnerte sich an eine Aussage seines Vaters, der als Finanzbeamter immer auf die Lehrer geschimpft hatte. Aus seiner Sicht ganz schwierige Kunden. Außerdem meinte Müller senior, Kinder von Lehrern könnten einem Leid tun, denn kein Kind könne so immun sein und zwei Menschen dieser Sorte ertragen.

Sein Vater hatte ihm geraten: „Leo, suche dir ein Mädchen aus dem Waisenhaus. Dies erspart dir viel Ärger – vor allem was die zukünftige Verwandtschaft angeht."

Annerose balancierte vorsichtig den Tee auf den Stuhl und verschüttete prompt einige Tropfen. Zu seiner Verblüffung schmeckte der Tee nach Zimt. Nichts gegen Zimt, aber bitte nicht im Sommer, sondern zur Weihnachtszeit, dachte Leo. Erschwerend kam hinzu, dass er hierauf erst richtig Durst bekam. Vielleicht hätte sie Hauswirtschaft studieren sollen, schoss es ihm bösartig durch den Kopf. Der Samowar war beschlossene Sache. Annerose nippte vorsichtig an der Tasse und spitzte jedesmal die Lippen, die sich hierbei kräuselten.

Die nächsten zwei Wochen trafen sich Leo und Annerose jeden Abend. Allmählich lernten sie sich besser kennen. Sie schleppte ihn in ihre Studentenkneipe, ins Kino, ins Theater und zu einer Diskussion über die Ausbeutung der Dritten Welt. Er dagegen nahm sie mit ins Fußballstadion, in ein luxuriöses Restaurant und zu einem Altstadtfest. Als er ihr den Samowar schenkte, überschlug sich ihre Stimme vor Freude. Annerose bemühte sich, vorteilhaft aufzutreten. Statt ihrer üblichen Studentenkluft lieh sie sich von Kommilitoninnen adrette Kleidung. Zu ihrer Enttäuschung registrierte Leo dies nicht wohlwollend. Er favorisierte ihre unscheinbare Art.

So geschah es in dieser Phase des Kennenlernens, dass Leo sie eines Abends abholen wollte, und Annerose in einem kurzen schwarzen Kleid vor ihm stand. Zur Begrüßung drehte sie sich um die eigene Achse und fragte begeistert:

„Gefällt es dir? Ich habe es mir von Kathrin geliehen."

„Natürlich ist es hübsch", zögerte Leo, „aber erstens fahren wir mit dem Roller und zweitens genügt die alte Jeans allemal."

Sie zog eine Schnute und verschwand im Bad. Als sie kurze Zeit später in alter Jeans erschien, lächelte Leo zufrieden. Kaum hatten sie die Pizzeria erreicht, verkündete Annerose verschmitzt, sie müsse auf die Toilette. Ein paar Minuten später stolzierte sie in diesem kurzen Kleid herein. Ihre Augen funkelten, als sie sich durch die Tische schlängelte. Leo bemerkte, wie der Keller seiner Annerose nachschaute. Ebenso dienten die Beine seiner Begleiterin den beiden Herren am Nachbartisch als Blickfang.

„War dies nötig", fauchte er sie unverhofft an.

„Ich wollte dich überraschen", entschuldigte sie sich.

„Das ist dir gelungen", entgegnete er barsch.

Leo gab sich wortkarg. Er verschlang die Pizza und sah unentwegt auf die Uhr.

„Zieh dich bitte um", zischte er, „wir fahren nach Hause." Er winkte dem Kellner und zahlte, diesmal ohne Trinkgeld. Als Annerose wieder in ihrer alten Jeans vor ihm stand, war er wie umgewandelt. Er bemühte sich sehr um sie und wieherte scherzhaft:

„Endlich setzt sich der Amtsschimmel in Trab." Diese Floskel gebrauchte er häufig, wenn er mit ihr auf den Roller stieg. Er nannte dies Selbstironie.

Annerose verfügte über wenig Geld. Von ihren Eltern wurde sie kaum unterstützt. Leo hingegen verwöhnte seine Studentin. Er verdiente nicht schlecht und fand es selbstverständlich, dass er bezahlte, wenn sie unterwegs waren. So erlebte sie Ambivalenzen. Der Entgegenkommende verfiel immer wieder in Launen, die sie erst allmählich einordnen konnte.

Beispielsweise bestand er darauf, dass sie ständig ihre Brille trug. „Lass bitte deine Brille auf", bemerkte er, wenn er sie ohne antraf.

„Ich sehe aber ohne Brille besser aus", begründete sie ihr Verhalten.

„Vielleicht, aber mit Brille siehst du besser."

Sie stöhnte. „Ich verstehe dich nicht. Alle Männer wünschen sich doch eine hübsche Freundin. Du hingegen forcierst das Gegenteil."

Bei solchen Feststellungen ihrerseits schwieg er.

So vergingen die folgenden Wochen. Annerose stellte sich schrittweise auf seine Eigenart ein. Er dankte es ihr, indem er sie umschwärmte und vergötterte. Nur noch selten prallten ihre Meinungen aufeinander. Als sie jedoch erzählte, sie müsse zusammen mit Josef ein Referat über Heidegger vorbereiten, redete er so lange auf sie ein, bis sie das Referat sausen ließ und auf den Schein für die Zulassung zur Prüfung verzichtete. Nachdem ihm dies gelungen war, zeigte er sich wieder von seiner besten Seite.

Eines Abends, sie saßen bei ihm zu Hause, ließ sie vorsichtig durchblicken, dass in zwei Wochen die Semesterferien beginnen würden. Als sie kleinlaut anfügte, sie wolle nach Italien trampen, flippte Leo erwartungsgemäß aus.

„Alleine!" brüllte er. „Was da alles passieren kann."

Der vorwurfsvolle Ton erinnerte sie an ihren Vater. „Ich bin keine 14, sondern 24 Jahre alt. Außerdem habe ich wenig Geld. Und du erwartest doch nicht, dass ich mich in meine Bude hocke und bis zum Nimmerleinstag warte. Nein, Leo, ich fahre und wenn du dich auf den Kopf stellst und mit den Zehen wackelst."

Sie stand abrupt auf und verließ seine Wohnung, ohne sich zu verabschieden.

Leo suchte gleich am nächsten Morgen seinen Sachgebietsleiter auf, der ihn zur Abteilungsleiterin verwies. Dank seines Auftritts bei der Veranstaltung 'Sauberer See' hatte er bei ihr Pluspunkte gesammelt, weshalb sie ihm den Urlaub, der doch etwas überraschend eingereicht wurde, genehmigte.

Am Abend läutete er an ihrer Tür.

„Einen Strauß für Frau Strauss", begrüßte er sie und spitzte hinter den roten Rosen hervor. „Rosen für Annerose."

„Oh, sind die schön", begeisterte sich die Studentin, die noch nie Rosen geschenkt bekommen hatte. Sie bat ihn herein.

Ohne Umschweife erklärte er, dass sie zusammen nach Italien fahren würden. Natürlich würden sie den Zug nehmen, sich erst in Italien einen Roller mieten und in einer billigen Absteige wohnen. Die Rechnung würde selbstredend er begleichen.

„Aber", wehrte sich Annerose nicht gerade energisch.

„Kein Wenn und Aber", posaunte Leo nicht ohne Stolz.

„Lass uns in die Kneipe gehen und feiern", schlug sie übermütig vor.

„Mir wäre es lieber, du fällst mir um den Hals und der Kneipenbesuch aus", witzelte er.

Kurz vor der Reise gingen sie gemeinsam zum Einkaufen. Sie betonte, dass sie für ihre empfindliche Haut eine Creme mit hohem Lichtschutzfaktor benötigte. Sie kauften für ihn Stufe 2 und für sie Stufe 20.

„Ich darf sowieso nicht lange in der Sonne sitzen, sonst sprießen die Sommersprossen", bedauerte sie.

Dann berichtet sie, dass ihr der Vater etwas Geld geschickt hätte und sie sich für den Urlaub einen Bikini leisten wolle. Im Laden schüttelte Leo bei sämtlichen Bikinis gelangweilt den Kopf. Letztendlich wählte sie einen schlichten, wenig aufreizenden Badeanzug. Seine Augen strahlten und er bezahlte prompt. Ebenfalls wollte er ihr ein hübsches, kurzes Sommerkleid ausreden, aber sie bestand darauf. Nun lag es an ihm, keinen größeren Zwist heraufzubeschwören.

Im Zug Richtung Adria wollte Leo unbedingt ihren Ausweis sehen. Sie zierte sich mit der Begründung, dass sie auf diesem Bild furchtbar aussehe. Beharrlich becircte er sie, bis sie ihm das Dokument reichte.

„Was hast du denn, du siehst klasse aus", kommentierte er das Passbild.

„Nein, mein Gesicht ist zu lang für diesen Pagenkopf und mit dem kurzen Pony sehe ich wirklich doof aus. Bis jetzt hat mir jeder bestätigt, dass ich mit dieser Frisur unvorteilhaft aussehen", antwortete Annerose. „Mit dem Foto könnte ich mich als Vogelscheuche bewerben. So würde ich nie mehr herumlaufen – koste es, was es wolle."

„Na ja, über Geschmack lässt sich bekanntlich nicht streiten", gab er sich enttäuscht und reichte ihr den Pass.

Unbekümmert berichtete Annerose, dass sie neulich etwas über den Maler Paul Gauguin gelesen habe. Er suchte das Paradies und fand seine Trauminsel schließlich in der Südsee: Tahiti.

„Ist das der mit den braunen nackten Mädchen und den üppigen Landschaften?" erkundigte sich Leo. Von Malerei verstand er nicht allzu viel.

„Genau der. Und er entdeckte irgendwann seine braune Eva und heiratete sie. Übrigens gab es damals in Tahiti einen schönen Brauch. Die Frauen klemmten sich die Hibiskus-Blüte hinter das linke Ohr. Und das bedeutete: Ich bin verheiratet. Wenn die Blüte jedoch hinter dem rechten Ohr steckte, war dies ein verheißungsvolles Signal. Ich bin frei. Erst die Mönche mit ihrer christlichen Moral unterbanden diesen schönen Brauch, der ihnen wenig sittenhaft erschien."

„Und wo würdest du den Hibiskus tragen?" wollte er sogleich wissen.

„Bin ich vielleicht verheiratet?" zog sie ihn auf.

Leo Müller konnte über diese Art von Humor nicht lachen. Er widmete sich dem Sportteil seiner Zeitung, während sie Gedichte las.

Nach einiger Zeit unterbrach er das Schweigen. „Warum liest du Gedichte?"

Dies erheiterte Annerose. „Ich zitiere für dich Milan Kundera: Lyrik ist Trunkenheit, und der Mensch betrinkt sich, um leichter mit der Welt zu verschmelzen."

„Dann Prost", konterte er in bester Laune und konzentrierte sich wieder auf die Bundesliga.

Durch die Monotonie der Fahrgeräusche wurde sie schläfrig und hielt sich die Hand vor den Mund. Sie gähnte und legte den Gedichtband beiseite.

„Warum hält man beim Gähnen die Hand vor den Mund?" suchte er erneut das Gespräch.

Sie kicherte. „Die meisten Menschen würden dir antworten: aus Höflichkeit. Ich habe aber eine andere Begründung. Ich fürchte, irgendwer könnte den Augenblick ausnutzen und in das große schwarze Loch hinein spucken."

Dies amüsierte ihn. „Kennst du noch andere Verrücktheiten?"

„Na, ich frage mich beispielsweise, ob es möglich ist, das Unbenennbare zu benennen. Oder wie man sich ohne Rechtfertigung rechtfertigt. Natürlich gehe ich der Frage nach, ob es denkbar ist, ohne Erregung erregt zu sein. Ach, ich könnte dir noch viele solcher verschrobener Ideen präsentieren. Ja, ich liebe die Philosophie. Für mich ist die Gesellschaft ein Wasserbecken, in das sie uns werfen. Natürlich strampelt jeder. Wir paddeln immerfort. Irgendwann ermüdet der Mensch. Erschöpft und überrascht stellt er fest, dass er trotz alledem treibt. Ich finde es zum Beispiel spannend, wie es heutzutage doch vielen Menschen gelingt, ohne Kompetenz überlegen zu wirken."

„Verstehe ich nicht", wandte er interessiert ein.

„Na, du hast mir doch selbst erzählt, dass so ein Heini von Unternehmensberater euer Amt neu strukturiert. Der Mann hat keine Ahnung von eurer Arbeit, kennt die Gesetze nicht und hatte noch nie in seinem Leben mit dieser Problematik zu tun. Trotzdem berät er euch. Zu Ende gedacht gelingt es ihm, ohne Kompetenz auf euch überlegen zu wirken. Er erdreistet sich und verkauft euch einen neuen Wortschatz, plappert von Qualität, Kunden und Effektivität. Alle staunen, wenn er sein Evangelium verkündet. – Picasso schrieb mal: Man will in allem und jedem einen 'Sinn' finden. Das ist eine Krankheit unserer Zeit, die so wenig praktisch ist und die es doch mehr als irgendeine andere Zeit zu sein glaubt."

Er bewunderte ihr Wissen, das nicht im Einklang mit ihrem Selbstwertgefühl stand. Sie trat eher unsicher und zurückhaltend auf. Wenn er ihr aber zuhörte, entdeckte er verborgene Schätze.

„Weißt du was, Leo", fuhr sie fort, da er schwieg, „das, was uns wirklich fehlt, können wir nicht kaufen."

Er räusperte sich. „Ich habe ständig das Gefühl, das Leben pulsiert da, wo ich nicht bin. Verstehst du, was ich sagen will?"

„Ja, und genau deswegen mag ich dich. Als ich dich zum ersten Mal sah, dachte ich an den berühmten Satz von Arthur Rimbaud: Das Leben ist anderswo." Sie sah ihn liebevoll an.

Leo versank im Blau ihrer Augen und roch bereits in seiner Phantasie das Meer.

„Fontane schrieb: Man muss die Musik des Lebens hören. Die meisten hören nur die Dissonanzen."

Ganz leise erwiderte er: „Meinst du, es bleibt zwischen uns ewig so?"

„Nein", entgegnete sie sanft. „Wir begeben uns auf den Holzweg und leiten ein falsches Spiel ein, wenn wir Vergängliches als Ewiges umdeuten. Lass es doch einfach so, wie es ist. Vor uns liegt eine schöne Landschaft, das Meer, nette Menschen und gutes Essen. Mehr darfst du vom Augenblick nicht erwarten. Und die Frage, ob es noch so wäre, wenn wir immer hier leben würden, lässt sich nicht einfach bejahen. Das Herz kann nicht täglich wie ein Hefeteig aufgehen. Dauerndes Glück gibt es nicht. Ich möchte es auch gar nicht. Ich möchte nicht permanent meine Psyche freilegen und eine Innenschau abhalten. Alles zu seiner Zeit. Unsere Zeit bricht in den nächsten drei Wochen an. Wohlan! Würde der Dichter rufen."

In diesem Moment quietschten die Bremsen und der Zug stoppte: Italien.

Mit Rucksäcken bepackt latschten sie durch die engen Gassen der Altstadt. Leo hatte in einer billigen Absteige gebucht, die sich als herunter gekommene Spelunke entpuppte. Annerose schlichtete seinen aufkeimenden Ärger. Schließlich würden sie die wenigste Zeit in diesem Haus verbringen. Das Leben spielte auf den Straßen. Schnell packten sie ihre Sachen aus. Als sie ihre Brille auf den Nachttisch legte, bat er, sie möge sie doch aufbehalten.

„Wir sind im Urlaub, Leo, ich will nicht vergeistigt in der Gegend herum rennen. Bitte, mach keine Zicken. Wenn ich wie ein blindes Huhn nicht mehr durchblicke, musst du mich eben führen." Sie umarmte ihn und Leo ließ sich erweichen.

Annerose drängte, sie wolle sogleich den Ort erkunden und in einem schönen Straßencafe einen Espresso schlürfen. Leo willigte ein und sie flanierten Hand in Hand die engen Gassen entlang. Sie suchte nach einem schattigen Platz. Er bevorzugte die pralle Sonne.

„Ich schwitze in der ollen Jeans", argumentierte sie.

Leo wurde fündig – ein Platz in der Sonne. Ein lauer Wind versüßte die Ruhepause. Ihm fiel auf, dass ihre Haare in der Sonne glänzten und rot schimmerten. Ein älterer Herr am Nebentisch kam anscheinend zum selben Ergebnis. Er starre Annerose an und quasselte etwas von einem Feuermeer. Leo hätte ihn würgen können. Und als der alte Sack Anneroses Augen poetisch mit dem Blau des Meeres verglich, reichte es Leo endgültig.

„Lass uns gehen", sagte er grob. Anschließend legte er ein Tempo an den Tag, dem sie kaum folgen konnte. Endlich ruhten sie auf einer abgelegenen Bank. Er starrte in die Leere. Sie wartete geduldig.

Nach geraumer Zeit schlug er vor, ins Hotelzimmer zu gehen. Sie willigte ohne Begeisterung ein. Auf der Bude verlangte er nochmals ihren Ausweis. Lange betrachtete er das Bild. Dann schnaufte er tief durch und sagte:

„Wenn du mich fragst, dann siehst du mit diesem Pagenkopf toll aus."

„Ich sehe so scheußlich aus – wie Prinz Eisenherz", entgegnete sie kraftlos. Dann legte sie sich zu ihm aufs Bett.

Nachdenklich streichelte Leo ihr Haar.

„Hast du dir schon mal überlegt, ob dir schwarze Haare stehen würden?"

„Wie bitte", kreischte Annerose. „Ich weiß, ich bin keine Schönheit, aber wenn bei mir etwas stimmt, dann meine Haarfarbe. Jedem gefällt mein Blond mit diesem rötlichen Schimmer. Wie sagte der Herr vorhin: Flammenmeer." Sie erhob sich hastig und betrachtete sich im Spiegel.

„Du würdest mich ganz schön entstellen", prustete sie und begutachtete ihr Konterfei.

„Am besten komplett Prinz Eisenherz – eine schwarze Topffrisur. Wie kommst du nur auf so etwas?"

„Ehrlich gesagt, mir würde das gefallen. Aber vergiss es." Dann setzte er sich an den Bettrand und fragte erstaunt: „Was soll das?"

„Ich ziehe eine kurze Jeans an. Schließlich sind wir im Süden und nicht beim Ski fahren." Nun blickte sie ihn provozierend an: „Leo, ich bin dir zugetan, aber nicht untertan. Entweder du begleitest mich oder ich gehe alleine zum Essen."

Schnell erhob er sich und folgte ihr. Ständig spürte er, wie andere Männer sich an Anneroses Beinen verlustierten. Er hasste diese Spanner. Während des Essens stierte er griesgrämig auf seine Spaghetti. Wieder einmal hüllte er sich in Schweigen.

Nach dem Essen knallte Annerose ihr Besteck auf den Tisch.

„Verdammt und zugenäht, mir reicht es. Ich will endlich einen schönen Urlaub verleben." Sie packte ihn bei der Hand und alle Blicke im Lokal konzentrierten sich auf die Beiden. Beim Hinausgehen frotzelte sie weiter:

„Na gut, du willst mich als unattraktive Vogelscheuche, die niemand ansieht. Das kannst du haben. Ich will endlich meine Ruhe."
Sie zerrte ihn wutschäumend in das nächste Friseurgeschäft.

„Ich will einen Topfschnitt wie bei Dick und Doof und schwarze Haare, damit ich nicht mehr auffalle." Ihre Augen glänzten vor Feuchtigkeit. Sie schnaubte und warf ihm einen argwöhnischen Blick zu.

„So etwas mache ich nicht", antwortete die Friseuse im besten Deutsch.

„Das grenzt an Körperverletzung. Sie sehen gut aus, tragen ein optimale Frisur und um diese Farbe beneidet sie jede Frau. Ich will Sie nicht bevormunden, aber vielleicht sollten Sie besser einen Arzt konsultieren."

Leo ließ die Kinnlade hängen. Sein Adamsapfel wanderte wie der Kolben einer Maschine auf und ab. Annerose kullerten die Tränen über die Wangen. Jetzt griff er nach ihrer Hand. Sie eilten schnurstracks aus dem Geschäft. Sie hängte sich an seinen Hals und heulte jämmerlich. Er klopfte auf ihre Schulter. In kurzen Abständen stieß sie ein leises Wimmern hervor.

Als Annerose sich beruhigt hatte, schlenderten sie Arm in Arm ins Hotel. Doch Leo ritt bereits eine neue Attacke. Unterwegs kaufte er ihr eine Sonnenbrille, schließlich musste sich nicht jeder Mann an ihren schönen blauen Augen ergötzen. Außerdem erwarb er für sie einen Strohhut, unter dem sie ihre Mähne verstecken konnte. Auf dem Zimmer zogen sie ihr Badezeug an. Wortlos gingen sie zum Strand. Die Stimmung war angespannt und sie suchte flüchtend die Abkühlung. Ein junger Mann sprach sie an, als sie aus dem Wasser stieg. Leo erkundigte sich sogleich, was er gewollt hätte.

„Nichts", zischte sie genervt und legte sich auf den Bauch.

Nach einiger Zeit bat sie ihn: „Cremst du mich ein?"

Leo nickte stumm. Statt den vorgesehenen Lichtschutzfaktor 20 wählte er den mit 2. Die Sonne schien brutal auf ihren Rücken. Sie atmete ruhig und hielt die Augen geschlossen. Er verhielt sich mucksmäuschenstill und ließ sie schlafen.

Als sie nach zwei Stunden erwachte, brannte die ganze Haut. Sie fühlte sich schlapp. Leo packte die Sachen zusammen und half ihr ins Hotel. Ihr war schwindelig und als sie im Bett lag, überkam sie ein Brechreiz. Eilfertig holte er Medikamente gegen Sonnenbrand und Sonnenstich. Liebevoll kümmerte er sich um Annerose, die zwecks Verbrennungen nur auf dem Bauch liegen konnte. Sie jammerte und stöhnte. Die ganze Nacht über konnte sie nicht schlafen. Die Schmerzen waren unerträglich. Gegen Morgen erhöhte sich ihre Temperatur und er umsorgte sie. Stundenlang saß er fürsorglich neben ihr. Nur zum Einkaufen verschwand er für kurze Zeit. In der zweiten Nacht ließen Fieber und Schmerzen nach.

Am Morgen erzählte sie ihm, sie hätte geträumt, dass ihre Schulterblätter gedrückt hätten und sie einen Arzt aufgesucht hätte. Der hätte zu seiner und ihrer Überraschung diagnostiziert, dass ihr Flügel wachsen würden.

„Ein komischer Traum", kommentierte Leo.

Gegen Abend bat sie ihn, Essen zu holen. Als er pfeifend zurück kam, fand er auf dem leeren Bett einen Brief:

„Ich habe mein Bündel geschnürt. Ich will mir nicht von dir die Flügel stutzen lassen. Ich will leben. Ich will fliegen. Du willst mir einen goldenen Käfig bauen. Aber nicht einmal das genügt dir. Du willst ein hässliches Entlein, das niemand ansieht, das niemandem auffällt und nur dir gehört. Anfangs unterlag ich einem Trugbild. Meine Gedanken verschönerten sich in deiner Gegenwart. Ja, ich war zeitweise glücklich. Jeder Anfang ist bekanntlich vom Zauber begleitet. Nun hat sich jedoch – dank meiner Krankheit – mein Blick für deine Krankheit geschärft. Ohne dieser Auszeit hätte ich es nie gewagt, dich zu verlassen. Du bist eine Schlingpflanze. Aber

ich will dir nichts vorwerfen. Denn ich weiß nicht, wieviel Wahrheit du verträgst. Ich komme zu meiner ursprünglichen Idee zurück und trampe alleine durch dieses schöne Land. Ist dir überhaupt bewusst, was du angerichtet hast? Du hättest es fast geschafft, mir mein geliebtes Italien zu vermiesen."

Er las den Brief zweimal und grinste schief. Dann zerriss er ihn und warf die Fetzen in den Papierkorb. Am selben Abend spazierte er alleine am Strand entlang. Auf einem kleinen Felsen kauerte eine sehr junge Frau, etwa 17 Jahre alt, pummelig und mit viel zu großen Ohren. Sie glotzte traurig und abwesend in die Wellen. Leo setzte sich zu ihr und schwieg. Nach einiger Zeit erzählte er ihr, dass die Qualität des Wassers sich in den letzten Jahren enorm verbessert hätte. Sie hörte zu und warf ihm einen dankbaren Blick zu. Schließlich lud er sie zum Essen ein.

„Ich bin doch schon jetzt viel zu dick. Alle ziehen mich deswegen auf", protestierte sie und sah ihn flehend an.

„Ach was, du bist halt etwas fester, was soll's. Mir gefällst du übrigens sehr gut. Der Mensch sollte nicht nach Äußerlichkeiten urteilen."

Während des Essens bat er sie, ihre Haare zu einem Zopf zu flechten, was sie wegen ihrer großen Ohren nur widerwärtig, aber ihm zuliebe tat.

Dann beugte er sich zu ihr und flüstere: „Morgen kaufe ich dir einen Bikini."

Zwischenstopp

Ich hetze auf den Bahnsteig und sehe den Zug immer kleiner werden; dann löst er sich in der Landschaft auf. Noch in den Wogen der Hektik studiere ich eilfertig den Fahrplan. Der nächste Zug fährt bereits in einer Stunde. Genügend Zeit, um einen Kaffee zu trinken, eine Zigarette zu rauchen und die angestaute Hast abzulegen.

In Bahnhofsgaststätten schwingt eine Atmosphäre, die ich nicht besonders schätze. Wartende, Hoffende, Vergessene und Geschäftige bilden ein unsägliches Konglomerat. Diese eigenartige Mischung legt sich aufs Gemüt und dringt ins Denken.

Nachdem ich einen Kaffee mit einem Glas Wasser bestellt habe, hole ich mir eine Zeitung. In aller Regel lese ich keine Zeitung, denn die Aneinanderreihung von Katastrophen und platten Sprüchen tangiert mich ebenso wenig wie das Neuste aus der Welt. Ich behaupte, dass mich ein eingerissener Fingernagel oder ein verpasster Zug emotional stärker berühren als Berichte aus Ländern, von denen ich nicht einmal weiß, wo ich sie auf der Karte suchen muss. Natürlich darf ich das nicht laut sagen, denn schließlich sind wir alle ständig betroffen und erschüttert – so sind die Spielregeln. Aber drehen sich unsere Gedanken tatsächlich um die große Welt? Meine jedenfalls kleben viel öfter am Kundendienst des Autos oder der Ungerechtigkeit, dass mein Kollege bei geringerer Leistung mehr als ich verdient. Wache ich nachts schweißgebadet auf, dann herrscht im Traum keine ägyptische Heuschreckenplage, sondern mein Arbeitskollege hat mich nicht gegrüßt. Ja, wir sind verlogen und mimen den global Fühlenden. Je stärker wir in die Öffentlichkeit eingebunden sind, desto größer der schauspielerische Weltschmerz.

Natürlich ziemt es sich nicht, dass ein zivilisierter, weltoffener Mensch – dazu noch christlich geimpft – solche Gedanken preisgibt. Schließlich trägt jeder von uns die Last der ganzen Menschheit auf seinen Schultern. Christopherus lässt grüßen.

Endlich. Zeit zum Gehen. Ich helfe einer gebrechlichen Frau in den Zug und denke mir: Mein Gott, habe ich Angst vor dem Alter. Hoffentlich schubst mich nicht irgendwann ein Junger brutal und gefühllos zur Seite.

Esther

Mit fünfzehn Jahren sprießen bei jungen Leuten zwei Dinge: die Pickel und die Erwartungen. Die Pickel konnte ich erfolgreich bekämpfen. Hingegen entpuppten sich die Erwartungen und Sehnsüchte in den nächsten 31 Jahren als Lebenselixier. Sie beflügelten meine Phantasie, halfen mir gegen Langeweile und entwickelten sich zum grundlegenden Motiv meiner zukünftigen Handlungen. Oft fragte ich mich, was wohl aus mir geworden wäre, wenn es anders gekommen wäre – wenn die Pickel geblieben wären. Vielleicht hätte ich eine Reinigungsmilch erfunden, die die Akne wirkungsvoll eindämmt. Aber ich will hier nicht ins Reich der Spekulation abdriften, womit niemandem geholfen wäre.

Während andere Jungens den leibhaftigen Mädchen nachgafften und je nach Neigung ihr fachmännisches Gutachten über Busen, Beine, Augen oder Haarpracht der Auserwählten erstellten, wählte ich einen anderen Weg. Hierbei half mir der Zufall:

Eines Nachts träumte ich von einer Frau – was ja in diesem jugendlichen Alter nichts Ungewöhnliches darstellte. Im Traum latschte ich gedankenversunken auf der Jurahöhe in der Nähe bei Eichstätt umher, bis ich bei einem nahegelegenen Hügel eine große Frau erblickte. Sie trug ein langes weißes Kleid und ihre hellblonden Haare schlängelten sich bis zu den Hüften. Von weitem wirkte sie überdimensional. Mächtig wie ein Denkmal. Hinzu kam, dass sie aus dem Blickwinkel eines Fünfzehnjährigen uralt war: etwa vierzig.

Als ich mich jedoch der lebenden Statue näherte, wurde sie kleiner und zugleich jünger. Eine außergewöhnliche Schönheit mit heller, makelloser Haut stand mir vis-á-vis. Über der linken Oberlippe lachte mich ein kleiner neckischer Leberfleck an. Ihre Augen, für diesen Teint außergewöhnlich, schimmerten wie zwei Kaffeebohnen.

Endlich begegneten sich unsere Blicke. Mit der angenehmsten Stimme, die ich jemals gehört hatte, sagte sie: „Hallo, ich heiße Esther." In diesem Moment wachte ich auf, was mich natürlich maßlos ärgerte.

Verzweifelt versuchte ich mich nochmals in den Traum zu versetzen, was mir aber trotz großer Anstrengung nicht gelang. Zudem stürmte in diesem Augenblick meine Mutter ins Zimmer, um mich zu wecken. Sie erinnerte mich daran, dass ich heute in der ersten Stunde eine Lateinschulaufgabe zu schreiben hätte – ein Horror. Ich nickte missmutig, hüpfte ohne Elan aus dem Bett und betrachtete mein Konterfei im Spiegel. Mitten auf der Nase grinste mich ein Pickel an, von dem Zweiten auf der Stirn ganz zu schweigen.

Der ganze Tag verlief wie die Schulaufgabe – ich wusste nicht, wo mir der Kopf stand. Ich hatte keinen Plan. Die Missgeburt auf meiner Nase schmerzte und symbolisierte in konzentrierter Form all mein Elend.

Erschwerend kam hinzu, dass sich mein Banknachbar Josef in irgend so eine blöde Cornelia aus der Parallelklasse verliebt hatte und mir den lieben langen Vormittag von den Grübchen dieser Dorfschönheit aus Pollenfeld vorschwärmte. Josefs Metamorphose vom Kumpel zum Liebhaber war schier unerträglich. Kurz und gut: Ich genehmigte mir eine Auszeit von dieser verrückten Gesellschaft, haute mich nachmittags auf das Sofa und fieberte in meinen Erwartungen nach Esther. Der Weltschmerz des Unerreichbaren zerrte mich in die Tiefe. Ich fühlte mich bodenlos und schwebte liebestrunken dahin.

Abends holte mich Josef ab. Sein Leben stand angeblich auf dem Spiel, denn er hatte aus sicherer Quelle erfahren, dass das Grübchen im Domcafe gastiere. Er könne auf keinen Fall alleine dort hingehen.

„Ich mache vor Angst fast in die Hose", beschrieb Josef seinen Zustand allzu plastisch.

Ich zog die Nase hoch und hatte den Eindruck, ich könne sein Problem schon riechen.

Als er auf dem Weg zum Schafott – Entschuldigung: ins Café – stolz erzählte, dass Cornelia in Latein zwischen eins und zwei stehe, hätte ich ihn würgen können. Nachdem er sein Salz in meine offene Wunde gestreut hatte, bot mir Josef eine Zigarette an. Ich fand es damals stark, mit einer Kippe im Mundwinkel ein Lokal zu betreten – das wirkte irgendwie cool.

Cornelia und drei weitere Kichererbsen saßen an einem kleinen runden Tisch und schnabulierten demonstrativ Eis. Josef legte sogleich seine lässige Gangart an den Tag, das heißt, er wäre fast gestolpert. Ich nahm derweil meine Kippe aus dem Mund, denn irgendwo muss sich der Mensch ja festhalten. Ohne weiteren

Zwischenfall ergatterten wir den Tisch neben den Eisprinzessinnen. Josef postierte sich geschickt, um sowohl Cornelia beobachten zu können als auch von ihr wahrgenommen zu werden. Ich dagegen kauerte gelangweilt auf einem Stuhl mit Fensterblick. Wir bestellten zwei Weizen und prosteten uns weltmännisch zu. Was das Gejapse am Nebentisch sollte, wusste ich nicht. Mein Handikap auf der Nase pochte. Josef redete dummes Zeug und bemühte sich, einen Blick auf die unwiderstehlichen Grübchen zu erhaschen. Nach einigen Minuten lief sein Gesicht rot an. Der Wirt hätte die Beleuchtung im Café ohne weiteres abstellen können. – Der glühende Josef erzeugte genügend Energie.

Den Grund seiner Ausstrahlung erkannte ich, als ich über meine rechte Schulter blickte. Cornelia, der Backfisch, erhob sich majestätisch und steuerte schnurstracks auf uns zu.

„Kann ich eine Zigarette haben", fiepte die Vierzehnjährige und rollte hierbei das R.

Josef fummelte nervös in der Schachtel herum und stammelte: „Aber... klar... doch!"

Wenn er noch lange braucht, wird sie zur Nichtraucherin, dachte ich und beschleunigte meines Freundes Pulsschlag, indem ich die Kleine fragte, ob sie sich nicht zu uns setzen möchte.

Sie warf einen verstohlenen Blick ins andere Lager und hockte sich schließlich zu uns.

Josef, dieser Tollpatsch, hatte endlich eine Zigarette aus der Schachtel befreit und bot sie mit zittriger Hand der Streberin an.

Ich sagte nichts, war aber neugierig, ob sie das Gerät tatsächlich auf Lunge rauchen würde oder nur pafft.

Josef reichte ihr aufgeregt das Feuer. In dieser Sekunde fiel mir ein freundschaftlicher Trick ein. Ich verschwand aufs Klo und ließ die beiden in ihrer Unbeholfenheit alleine. Als ich zurückkam, hatten sie die Stotterphase bereits überwunden. Josef zog hastig an seinem Glimmstengel. Die Glut verlängerte sich verdächtig. Cornelia blies den Rauch wie ein Karpfen, der nach Luft schnappte, in den Raum. Ich trank mein Weizen aus und betonte, dass ich nach Hause müsse. Irgendwie hatte ich das Gefühl, einer zu viel verweile am Tisch.

Zu meiner Überraschung nickte Josef und ergänzte, dass er mitgehe. So ein Depp, kam mir in den Sinn. Auf dem Nachhauseweg fragte ich ihn, ob er nun mit Cornelia gehe. Er verzog das Gesicht, als hätte er beim Fußball einen Elfmeter verschossen. Lange Rede, kurzer Sinn: Cornelia kam nur an unseren Tisch, weil ihre Freundin Dagmar unbedingt mich kennenlernen wollte. Ich wusste weder wer von den drei Gören Dagmar gewesen war, noch wollte ich es jemals erfahren. Meine Gedanken kreisten immerfort um Esther.

In den nächsten Tagen nervte mich Josef unentwegt. Schließlich hatte er Cornelia versprochen, dass wir vier gemeinsam ins Kino gehen würden. Ich sollte dem Gesetz der Triebe folgend neben Dagmar und er neben Cornelia sitzen. Weiß Gott, ich war nicht erbaut oder ambitioniert, aber Josef war mein bester Freund. Also stimmte ich widerwillig zu.

Cornelia und die Unbekannte warteten schon, als wir mit wippenden Schritten vor dem Kino auftauchten. Dagmars halblange schwarze Locken und der kurze Rock hätten wahrscheinlich 95% aller Jungens in meinem Alter umgehauen. Währenddessen weilte meine Phantasie bei Esther.

Wir rauchten noch eine und marschierten ins dunkle Glück. Als ich mich auf den Film konzentrieren wollte, hörte ich Cornelia schnaufen. Josef, der Schwerenöter, hatte seinen Arm um ihre Schultern geschwungen. Mit verstecktem Blick begutachtete ich Dagmars Schenkel. Auch sie atmete schwer. Ich konnte nicht einschätzen, ob das am Film lag, in dem gerade ein Kannibale eine blonde Leckerei jagte, oder an meiner Anwesenheit. Ich wollte es auch gar nicht wissen.

Auf jeden Fall strahlte Josef nach dem Film übers ganze Gesicht. Er gebärdete sich als Dauergrinser, während Cornelia ihren Rock zurechtrückte. Dagmar fiel die Kinnlade runter, als ich mich zu ihr beugte und das Gesehene kommentierte: „Schade, ich hätte dem armen Wilden die knackige Blonde von Herzen gegönnt."

Auf der Straße gähnte ich für alle sichtbar – ein Wink mit dem Zaunpfahl. Ich wollte nach Hause, denn seit zwei Nachmittagen versuchte ich, eine Zeichnung von Esther anzufertigen. Josef, der Überschäumende, registrierte nicht einmal dieses Zeichen der Müdigkeit. Für ihn schien die Welt in Ordnung zu sein. Glücklicherweise war seine Cornelia noch bei Sinnen und beendete die komische Situation, indem sie betonte, dass auch sie nach Hause müsse. Dagmar und Josef blickten sich an wie zwei begossene Pudel. Dann passierte etwas Seltsames: Dagmar fragte Josef,

ob er mit ihr noch ins Café gehen möchte. Der Trottel bejahte.
In den nächsten Wochen herrschte das reinste Kuddelmuddel. Josef zerrte mich mit den beiden Mädels überall hin. In regelmäßigen Abständen schwärmte er wie ein Zufallsgenerator einmal für Dagmar und das andere Mal für Cornelia. Mir kam der unselige Part des Lückenbüßers zu. Josef, das Pendel, schwankte hin und her. Ich möchte die Sache hier abkürzen, denn Josef zählt noch heute zu meinen Freunden – wahrscheinlich mein Einziger. Inzwischen ist er mit Dagmar verheiratet und ich bin der Pate ihres Sohnes. Der Vollständigkeit halber sei erwähnt, dass Cornelia Latein studierte und als alte Jungfer an dem Gymnasium unterrichtet, an dem wir unsere gemeinsame Kindheit und Jugend verlebten.

*

Meine eigene Geschichte verlief anders: Es gelang mir zwar nicht, Esther erneut in meine Träume einzuschließen, aber ich malte viele Bilder von ihr, die im Lauf der Zeit durchaus Niveau erkennen ließen. Später studierte ich Kunst und noch heute dreht sich mein Werk ausschließlich um Esther. Dies wäre nicht weiter erwähnenswert, wenn diese Zuneigung nicht gleichzeitig mein Verhängnis geworden wäre.
Etwa mit 18 Jahren hatte ich mich so an Esther gewöhnt, dass ich selbstredend mit ihr spazierenging. Sie schlief bei mir im Bett und wir erzählten uns Geschichten. Aus verständlichen Gründen interessierten mich natürlich keine anderen Frauen. Schon nach der ersten Begegnung langweilten sie mich, da sie mit meiner perfekten Esther nicht mithalten konnten.
Im Alter von 22 Jahren lernte ich dann eine Kunststudentin kennen. Diese Kommilitonin verehrte mein Werk und zeigte auch reges Interesse an meiner Person. Sie liebte den Künstler und den Menschen in mir. Zum ersten Mal in meinem Leben konkurrierte eine reale Frau ernsthaft mit meiner Phantasie. Ich konnte mich mit Gabi ausgiebig unterhalten. Wir hatten ähnliche Interessen und tingelten von einer Kunstausstellung zur nächsten. Eines Abends schlenderte sie mit zu mir nach Hause und erklärte unmissverständlich, dass sie die Nacht bei mir verbringen möchte. Ich sagte zu, wenngleich mich das schlechte Gewissen plagte. Schließlich war ich Esther noch nie untreu geworden.

Als sich Gabi dann im Kerzenlicht entblößte, stand plötzlich Esther direkt neben ihr. Esther machte mir sogleich vor Gabi eine Szene.

„Ich werde für immer verschwinden, wenn du mit dieser Pute schläfst", prustete Esther.

„Nein, ich werde nicht mit ihr schlafen", schrie ich aufgewühlt und verzweifelt zurück.

„Entscheide dich: hier und jetzt", brüllte Esther außer sich vor Wut.

„Was gibt es da zu entscheiden. Ich liebe dich", erklärte ich meiner Esther offenherzig.

„Warum plärrst du so wirres Zeug?" schaltete sich unverhofft Gabi ein, obwohl niemand mit ihr gesprochen hatte.

„Warte, lass mich die Sache klären", wandte ich mich schnell an die Studentin.

„Schick sie heim oder ich reiße ihr die Haare aus", eiferte sich Esther. „Ich würge sie, wenn du sie anfasst." Zornesröte kroch an ihrem langen, schlanken Hals empor.

„Ich liebe nur dich. Bitte glaube mir das", bekundete ich Esther meine Zuneigung.

„Wieso bist du so aufgeregt?" fragte die nichtsahnende Gabi. Sie stand verdutzt herum und überlegte wahrscheinlich, ob sie sich nicht doch besser wieder ankleiden sollte.

„Sag ihr endlich, sie soll abhauen", forderte Esther herrisch. „Sag es schon!"

„Gabi, ich möchte lieber alleine sein", wählte ich einen entschuldigenden Ton.

„Du solltest dich mal von einem Arzt untersuchen lassen", beleidigte sie mich und schwirrte von Groll gezeichnet ab.

Esther verwöhnte mich an diesem Abend. Sie bediente mich und wir badeten gemeinsam. Wir pusteten uns den Schaum auf die nackten Körper. In diesem Augenblick versprach ich ihr ewige Treue und bedauerte, dass andere Menschen mein Glück und ihre Schönheit nicht sehen konnten.

Bis vor einem Jahr, ich bin jetzt 46 Jahre alt, lebte ich mit Esther in Abgeschiedenheit. Ab und zu kam mein Agent vorbei und holte Bilder ab. Ich konnte vom Malen einigermaßen leben. Gerade meine Anonymität, der Schleier des Geheimnisvollen, kam mir unerwartet entgegen. So mancher Zeitungsfritz bot hohe Summen für ein exklusives Interview mit Foto von mir. Aber ich hatte alles, was ich benötigte. Esther und ich stritten nie, sondern lebten in unbeschreiblicher Harmonie. Wir gingen spazieren, speisten gemeinsam und letztendlich malte ich sie in vertrauter Zweisamkeit. Mein Agent zeigte mir einmal eine Kritik, in der so ein Schnösel schrieb, dass ich die eindimensionale Genialität verkörpere.

Vor einem Jahr fragte mich Esther, ob ich Lust auf einen Waldspaziergang hätte. Nachdem ich die ganze Nacht hindurch gemalt hatte, freute ich mich auf diese Entspannung und Abwechslung. Deswegen nickte ich nur kurz, wusch den Pinsel aus, nahm meine Esther bei der Hand und marschierte mit ihr frohen Mutes los. Auf einer Wiese schlug Esther vor, wir könnten doch – wie zwei Naturmenschen – nackt zwischen den Blumen tanzen. Ich fand die Idee ausgezeichnet und zog mich sofort aus. Wie die Irren hüpften wir auf der Wiese herum. Ausgelassen tanzten wir, bis uns die Lungen barsten.

Leider hatte ich nicht mit der Engstirnigkeit des Jägers gerechnet, der uns von seinem Jägersteig aus beobachtete. Diesem Menschen war ich seit Jahren ein Dorn im Augen, denn schließlich befand sich meine kleine Behausung ausgerechnet in seinem Revier. Nach kurzer Beobachtung griff dieser Bambiekiller zum Handy und verständigte die Polizei. In Windeseile flitzten zwei Beamte herbei. Nachdem ich mich keuchend im Adamskostüm präsentierte und mich logischerweise nicht ausweisen konnte, nahmen sie mich mit auf das Revier. Dort bezeichnete mich ein psychologisch Geschulter als Exhibitionisten. Ich kannte bis zu diesem Zeitpunkt nur Expressionisten, aber man lernt ja nie aus. Sie nahmen meine Personalien auf und wunderten sich über die Angabe meiner Adresse, denn ihnen war nicht bekannt, dass sich mitten im Wald ein Haus befand.

„So etwas gibt es in Deutschland nicht", erklärte mir so ein strammer Ordnungshüter.

Ich war einen solchen Menschenauflauf nicht mehr gewöhnt. Wer zu lange in Abgeschiedenheit verbringt, dem erscheint manch weltbewegende Diskussion eher lächerlich. Deswegen stand ich ohne lange zu fragen auf und ging zur Tür. Die erstaunten Beamten sahen mich an, als käme ich vom Mond. Just, als ich die Türklinke drückte, klickte es bei einem dieser Streithähne. Er sprang auf und setzte zur Verfolgung an, so als würde er dem Monster aus den Sümpfen nachlaufen.

Selbstverständlich holte er mich sogleich ein, was ihm bei meinem behäbigen Gang keine allzu große sportliche Leistung abverlangte. Mein kurzer Weg bis zur Tür wurde als Fluchtverhalten interpretiert. Postwendend legten sie mir zwecks Fluchtgefahr Handschellen an. Anschließend steckten sie mich in eine Zelle, in der in aller Regel Betrunkene den Prozess der Nüchternheit herbeisehnen. Ein Arzt wurde hinzugezogen und im Nu beschloss der Weißkittel, mich zur weiteren Beobachtung vorerst einzuweisen. Gegen diese Auffassung versuchte ich mich zu wehren, was als Widerstand gegen die Staatsgewalt umgemünzt wurde.

Seit diesem Nachmittag vor etwa einem Jahr nehme ich mein Essen mit irgend welchen verrückten Leuten in einem Speisesaal ein. Ein Psychiater lässt sich gnädigerweise einmal in der Woche herab und spricht kurz mit mir. Er nennt dies Gesprächstherapie. In diesen sinnlosen Unterredungen erklärt der Facharzt, je nach Lust und Laune, dass er meine Ration an Medikamenten erhöhen beziehungsweise reduzieren möchte.

Etwa einmal im Monat besuchen mich Josef und Dagmar. Mein Patenkind bringen sie nicht mit. Es soll von der Atmosphäre eines Irrenhauses verschont bleiben, meinen die zwei Freunde. Sie sitzen dann verlegen bei mir und schielen auf die Uhr, bis die Besuchszeit endlich zu Ende geht.

Wahrscheinlich werde ich demnächst entlassen, versicherte mir der Psychiater, dieser Meister der heilenden Zunft. Klar, ich sollte anfangs in einer Wohngruppe leben – aber immerhin. Diesen Teilsieg erreichte ich, weil ich seit etwa sechs Wochen alle Medikamente in die Klospülung warf. Seitdem hörte dieser dumpfe Zustand auf und ich konnte erkennen, was dieser Seelenheini von mir wollte.

Einmal sagte er: „Ich weiß, es ist schmerzhaft, aber sie müssen diesen Dämon in sich besiegen. Um frei zu werden, müssen sie das Monster schlachten."

Leider nahm ich seinen Vorschlag zuerst wörtlich und erzählte ihm, dass ich Esther in einen Hinterhalt locke und dann auffressen werde. Ich steigerte mich so in die Geschichte, dass ich ihm quasi den Kinofilm von damals – nur mit anderem Schluß – offerierte.

Der Ärmste war von meiner Brutalität dermaßen schockiert, dass er kopfschüttelnd den Raum verließ. Um ihn zu beruhigen, rief ich ihm dummerweise nach: „Seien Sie unbesorgt, Herr Doktor, Esther ist unsterblich!"

Aber ich lernte aus der Geschichte und seiner Reaktion. Allmählich entwickelte ich eine neue Strategie. In den folgenden Sitzungen betonte ich mit Trauer im Gesicht, dass mich Esther verlassen hätte. Ohne Abschied sei sie auf Nimmerwiedersehen verschwunden.

Diese Geschichte mundete dem Kenner der menschlichen Seele eher als das blutige Ende.

„Sie machen große Fortschritte", lobte er mich über den grünen Klee und kündigte spontan meine Entlassung an.

Ich bin mir noch nicht sicher, ob ich Esther heute abend dieses freudige Ereignis mitteilen soll, denn sie flüstert mir seit unserer Einweisung unaufhörlich ins Ohr: „Hauptsache, wir bleiben zusammen."

Der Faschingsball

Meinen 39. Geburtstag werde ich nie vergessen, wenngleich er – wie jedes Jahr – ärgerlicherweise in die Faschingszeit fiel. Ich gehörte nicht zu den Menschen, die an diesem organisierten Schwachsinn teilnahmen. Nein, ich war bei Freund und Feind berechtigterweise als Faschingsmuffel verschrien. Derweil sich andere wie die Idioten durch den Saal schlängelten und ihre Pappnasen lüfteten, um ein Schlückchen Sekt zu schlürfen, bevorzugte ich stets das Alleinsein, was nicht mit Einsamkeit gleichgesetzt werden darf.

In den ersten Jahren unserer Ehe schleppte mich Johanna, meine Angetraute, immer wieder zu diesen Verkleidungsorgien. Sie verpasste mir einen lächerlichen, kleinen Hut, ein geringeltes Hemd und rief begeistert: „Das ist lustig!"

Unterdessen kauerte ich den ganzen Abend am Tisch herum und wartete auf Johanna, die ihr attraktives Tanzbein zwischen Clowns, Indianern und Vampiren schwang. Zweimal am Abend suchte ich notgedrungen die Toilette auf – dies traf immer zufälligerweise auf den Zeitpunkt, als die Kapelle „Damenwahl" säuselte. Meine Blase und die Drohung, doch noch übers Parkett hopsen zu müssen, trieben mich aufs stille Örtchen.

Ich war schließlich schon auserwählt worden, denn meine Johanna, fünf Jahre jünger als ich, dafür aber fünf Zentimeter größer, hatte vor 14 Jahren beschlossen, mich zu ehelichen. Ich kann mich noch gut daran erinnern, als sie mir unverblümt ihre Liebe verkündete. Damals drehte ich mich vorsichtshalber um, ob nicht doch ein anderer gemeint sein könnte, so verunsichert war ich über die Damenwahl. Johanna, das Energiebündel, die Frau mit den schönsten Beinen und herrlichsten Brüsten, hatte ausgerechnet mich aus der Heerschar der Männer auserkoren. Alle Abgewiesenen warfen mir damals neidische Blicke zu und tuschelten, denn sie konnten und wollten nicht begreifen, dass diese Frau, die an jedem Finger fünf Muskelprotze haben konnte, einen Typ wählte, der mit 1,66 m und 80 kg eher zu den Nieten in der Losbude des Glücks zählte.

Ich hatte es in all den Jahren nie gewagt, sie nach dem Warum ihrer damaligen Entscheidung zu fragen. Vielleicht befürchtete ich, ihr könnten just in diesem Moment die Scheuklappen herunterfallen, sie würde die Verblendung erkennen und schreiend vor mir flüchten.

Die ersten vier Jahre unserer Ehe ertrug ich einen Faschingsball nach dem anderen. Geduldig wartete ich auf meine Traumfrau, die ständig zum Tanzen abgeschleppt wurde. Dann zog ich alle Register des Widerstandes. Anfangs litt ich an starken Kopfschmerzen, später verstauchte ich mir unglücklicherweise den Fuß, dann wurde plötzlich mein Bruder Olaf krank und zu guter Letzt organisierte ich einen Freund, der Johannas Neigungen begeistert teilte.

Dies war auch unter strengen Gesichtspunkten ein Geniestreich. Zehn Jahre lang begleitete Michael meine Frau von Ball zu Ball. Natürlich plagte mich zu Beginn dieses Experimentes die Eifersucht, schließlich galt Johanna immer noch als Traum schlafloser Männernächte – keine Frage.

Im Laufe der Jahre nahmen diese Bedenken ab, denn Johanna legte jedes Jahr ein paar Pfunde zu. Nicht dramatisch – aber immerhin. Und was erfreulicherweise hinzukam: Die Konkurrenz schlief nicht! Mit jedem Jahr rückte sie unaufhaltsam dem alten Eisen näher, und jüngeres, knackiges Fleisch eroberte mit lüsternen Blicken rücksichtslos den Tanzboden. Permanent versicherte mir meine Angetraute, dass es ihr nur auf das Tanzvergnügen ankäme. Für meinen Geschmack erwähnte sie das zu oft, aber wir kamen beide auf unsere Kosten. Sie defilierte unter den Blicken der Bewunderung von einem Ball zum nächsten und ich legte zu Hause meine müden Beine auf den Tisch und verköstigte mich mit Bier und Chips. Ich vergaß zu erwähnen, dass auch meine Figur, die nie athletische Komponenten aufwies, nun endgültig aus dem Leim ging.

In diesem Jahr passierte nun etwas, womit ich überhaupt nicht gerechnet hatte. Unser Bekannter, der seit zehn Jahren meiner Frau im Fasching auf den Füßen herum stieg, suchte sich eine jüngere Partnerin. Obwohl er unaufhörlich betonte, dass ihn bei Frauen angeblich nur die geistigen Werte ansprachen, entschied er sich, Johanna gegen so ein blutjunges, dürres Frauenzimmer einzutauschen.

Mein Wonnebrocken war außer sich. Rote Flecken zierten ihren welkenden Hals, die matte Stimme überschlug sich und ihre ansonsten glanzlosen Augen streuten Blitze, als unser Freund sie ohne mit der Wimper zu zucken dem Alteisen zuordnete. Kurz und gut: Meine Frau, erst 34 Jahre alt und doch schon gegen einen jüngeren Kotflügel ausgetauscht, tat mir leid. Ich hätte ihr noch gerne einige TÜV-geprüfte Jahre gegönnt. Den einzigen Fehler, den ich nun beging, war, dass ich mitfühlend fragte: „Schatzi, kann ich dir irgendwie helfen?"

Diese Unachtsamkeit bezahlte ich gebührend, denn sofort sprudelte sie los: „Ich habe für heute abend zwei Karten. Wir könnten uns toll verkleiden und hätten dann eine richtige Gaudi!"

Ich griff zu Plan A: „Du, Johanna, ich habe schon den ganzen Tag so einen leichten Druck im Kopf."

Aber Plan A wurde von ihr prompt durchkreuzt, denn sogleich pflanzte sie sich auf meinen Schoß und lutschte verführerisch an meinem Ohr herum. Menschen reagieren ja bekanntlich sehr unterschiedlich, wenn ihre Lauscher statt mit einem Wattestäbchen mit einer Zunge malträtiert werden. Geilheit kroch in mir hoch und ich verlustierte mich an ihren prallen Schenkeln. Die Geknetete jauchzte und quiekte. Ich ergänzte das erotische Konzert mit Grunzlauten.

„Bitte, bitte, gehe mit mir hin", flüsterte sie mir ins nasse Ohr und drückte ihre Beine zusammen, bis meine Hand schmerzte.

Statt einem 'Aua' zwecks zerquetschter Hand entschied ich mich für Plan B, den Kompromiss: „Ja, mein Schatz, ich gehe mit dir zum Faschingsball, obwohl ich um Mitternacht Geburtstag habe." Diesen Trumpf meiner ritterlichen Güte musste ich an dieser Stelle ausspielen, wenngleich 39 keine magische Zahl darstellte.

Unbeeindruckt meines Heldentums verfolgte sie mit funkelnden Augen zielstrebig ihre Strategie.

„Wenn du mir eine Freude machen willst, dann tauschen wir die Rollen. Ich gehe als Mann und du als Frau."

„Klar, wenn dich das antörnt", sagte ich mit der Leichtigkeit eines noch 38-jährigen. Sofort spürte ich die Kälte auf meinen Beinen, denn Johanna erhob sich mit der ganzen Grazie, die ihr noch zur Verfügung stand und eilte von dannen. Ich ahnte Böses, war aber gewillt, es mit der Fassung eines Verurteilten zu tragen. Kurze Zeit später reichte sie mir ein Kleid und eine Perücke. Lustlos pflanzte ich dieses langhaarige Gestrüpp auf meinen fast kahlen Kopf, zog meine alte Trainingshose aus und schlüpfte in das Kleid. Als ich mich im Spiegel betrachtete, erinnerte mich das

Konterfei an einen Schimpansen, der im Zirkus Kunststückchen vorführt. Auch ich fühlte mich vorgeführt in diesem Aufzug der Lächerlichkeit.

Zwischenzeitlich hatte sich Johanna ins Bad verzogen und trällerte vergnügt ein Lied, bei dem sie aus grauer Städte Mauern entfloh. Sie hatte schon lange nicht mehr gesungen, weshalb ich wusste: mein Entgegenkommen trug Früchte. Irgendwie würde ich die lächerliche Aufmachung überleben. Meine Frau aber würde einen schönen Abend genießen – das stand für mich fest. Vielleicht sollte ich mit ihr aushandeln, dass wir nur jede zweite Runde tanzen, überlegte ich, als Johanna, besser Johann, aus dem Bad marschierte.

Sie hatte sich eine Kurzhaarperücke über den Kopf gestülpt und trug einen schwarzen Anzug. Sie glich ihrem jüngeren Bruder, wenngleich sie keinen hatte. Wäre ich schwul, schoss es mir durch den Kopf, dann würde ich den Jüngling entjünglichen.

„Gefalle ich dir?" fragte sie und verlagerte ihr Gewicht erneut auf meinen Schoß. Dann zupfte sie am Ausschnitt des Kleides herum, genauer gesagt an meinen Brusthaaren. Danach fuhr sie mir mit der Handfläche über die Beine und ließ die Hand unter den Rock gleiten.

„Findest du nicht, dass ich lächerlich aussehe", suchte ich Zuspruch für meinen Mut. Ich war überzeugt, dass sie betonen würde, dass es ja nur um einen Faschingsgag ginge. Aber erstens kommt es anders und zweitens als man denkt.

„Doch, die Behaarung auf der Brust und an den Beinen sieht eklig aus. Außerdem muss ich dich noch schminken", sagte sie und fummelte sogleich an der Perücke herum.

„Soll ich mich statt nur im Gesicht vielleicht ganz rasieren", scherzte ich und hätte mich bei diesem Witz fast verschluckt.

„Wieso eigentlich nicht. Die Dinger wachsen doch schnell wieder nach." Sie durchbohrte mich mit ihren hellblauen Augen. „Komm, setz dich in die Wanne. Ich helfe dir."

Ich schluckte zwei Klöße auf einmal hinunter. Nun folgte der mutigste Satz in meiner 38-jährigen Karriere: „Wenn du das möchtest, Schatz, dann machen wir es."

Während Johann alias Johanna das heiße Wasser in die Wanne laufen ließ, brütete ich nochmals über Rückzugsmöglichkeiten nach. Als ich aber ins Bad trat und zum Reden ansetzen wollte, fiel sie mir um den Hals, liebkoste den Knorpel, der für die Akustik verantwortlich ist, und entkleidete mich wie einen kleinen Jungen. Ich musste einfach nachgeben. Vielleicht war das ja der Grund, dass sie mich vor vierzehn Jahren zum Mann gewählt hatte? Ich verfügte zwar über Strategien, aber im Endeffekt konnte ich mich ihr doch nie ernsthaft widersetzen.

Allmählich weichte meine Haut auf. Johanna fuhrwerkte unentwegt im Kästchen herum. Endlich hielt sie den Rasierer für Damen lustbetont in der Hand und fummelte damit bedrohlich herum. Fast hätte ich protestiert, denn schließlich war ich ein Mann – noch! Letztendlich streckte ich ihr mein Bein hingebungsvoll entgegen. Sie arbeitete konzentriert und mit Vorsicht. Unter der Haarschicht erschien eine rosa, glatte Haut. Johanna hyperventilierte, während sie mich rasierte. Inzwischen glitt das Messer über meine Brust. Ihre Zungenspitze tanzte hierzu auf ihrer Oberlippe.

In diesem Moment fiel mir ein, womit ich das Ganze assoziierte: Als Kind durfte ich stets beim Sauschlachten mitmachen. Mit einem Roller entfernte ich die Borsten. Nun erlebte ich diesen schweinischen Part am eigenen Leibe. Igitt, drei Begriffe strahlten wie eine Leuchtreklame in meinem Hirn: fett, rosa und glatt.

Dieser Gedanke an die Kindheit ließ einerseits mein Herz höher schlagen, andererseits war mein Interesse – hierbei die Hauptperson zu spielen – nicht allzu groß. Schon mein Vater hatte immer zu mir gesagt, es gebe im Leben Momente, in denen Nebenrollen günstiger wären als Hauptrollen. Als ich ihn damals gefragt hatte, wie er das meinte, zählte er immer folgendes auf: das Schlachten, die Beerdigung und die Hochzeit. Letzteres begriff ich erst Jahre später.

Als das Ferkel den Trog verließ, kniff Johanna in seine Speckschwarte, die sich um den Nabel schwang. Ich lächelte schwach und wollte gerade in meine alte Unterhose schlüpfen, als sie entsetzt schrie: „Nicht doch, wenn schon – denn schon," Hurtig rannte sie zu ihrem Schrank und griff nach feinster Damenunterwäsche. Sie kleidete mich in Seide, frisierte die Perücke und bemalte mein Gesicht. Ich konnte es kaum glauben, aber ich fühlte mich sauwohl. So verhüllt war ich nicht mehr das fette, glattrasierte Borstenvieh, sondern eine Frau mit Rundungen. Hinzu kam, dass der Jüngling von mir angetan war. Meine Frau streichelte mich zärtlich. Liebevoll knetete sie meine Hüften und massierte genüsslich meinen Po. Die vertauschten Rollen beinhalteten auch neue, ungeahnte Berührungen. Kurz und gut: Ich war gerührt. Klar, die Welt verstand ich in diesem Augenblick nicht mehr – vielleicht gab es auch gar nichts zu verstehen.

Auf dem Faschingsball benahmen wir uns wie zwei Turteltauben. Wir ließen keinen Tanz aus, wobei ich über ihre Schultern blickend doch ab und zu mit anderen Männern flirtete, indem ich meine geschminkten Augenlider – noch etwas ungeübt – auf und zu klappte. Kurz vor Mitternacht – mein Geburtstag nahte – beugte sich Johanna an mein Ohr: „Wir sollten ganz schnell heimgehen."

„Und was machen wir da", erkundigte ich mich mit lüsternem Unterton.

„Oh, ich werde dich ausziehen und vernaschen", kicherte sie und versetzte mir einen Klaps auf den Po.

„Du meinst, wir lassen die Sau raus", übte ich mich im tiefsinnigen Wortspiel.

Johanna grinste diabolisch und flüsterte: „Kennst du die Johanna von den Schlachthöfen?"

Hand in Hand verließen wir den Ball. Ich beschloss in diesem Augenblick, keinen Faschingsball mehr auszulassen.

Das alles liegt Jahre zurück. Aber seit dieser Zeit fiebere ich jedes Jahr dem 11.11. entgegen, denn dann lässt mir Johanna ein heißes Bad ein. Wir verleben eine schweinische Zeit und genießen die Verwandlung.

Geschäftstüchtig

Endlich konnte ich mir meinen Lebenstraum erfüllen. Jahrelang hatte ich auf diesen Augenblick hin gefiebert. Ich hatte im Vorfeld alles geprüft, tausendmal abgewogen und meine ganzen Ersparnisse zusammengekratzt. Nun war es so weit. Ich wagte den Schritt in die Selbständigkeit. Zugegeben, ein Bestattungsinstitut ist nicht jedermanns Sache. Aber ich habe alles gründlich durchdacht: Das Institut bestand bereits seit über zwanzig Jahren und verfügte über ein großes, konkurrenzloses Einzugsgebiet. Die Besitzer, ein älteres Ehepaar, zeigten mir ohne Umschweife die Geschäftsbücher der letzten zehn Jahre. Nur aus Altersgründen wollten sie sich aus dem Unternehmen zurückziehen. Quasi eine todsichere Sache, scherzte ich insgeheim.

Wenn alles seinen gewohnten Gang ginge, wäre der Bankkredit in zehn Jahren abbezahlt. Bis dahin hieße es zwar den Gürtel enger schnallen, aber danach würde ich richtig gut verdienen. Jetzt bin ich vierzig, d.h. mit fünfzig schuldenfrei und mit sechzig wohlhabend und sorgenfrei, sinnierte ich.

Ich hatte sogar einkalkuliert, dass ein zweites Unternehmen in dieser Stadt zu verkraften wäre. Kurz und gut: Ich kaufte das Bestattungsunternehmen, übernahm die drei Angestellten und zog mit Tatendrang in die Stadt. Cäsars „veni vidi vici" lag mir feierlich auf der Zunge.

Die erste Woche verlief sehr ruhig. Niemand starb. Dies sei außergewöhnlich, versicherte mir Rudolf, der bereits seit zwanzig Jahren in diesem Metier gearbeitet hatte. Als auch in der zweiten Woche kein Todesfall zu verzeichnen war, wurde mir allmählich mulmig, schließlich musste ich am Monatsende drei Menschen das Gehalt überweisen und die Bank saß mir unwiderruflich im Nacken. In der dritten Woche ereignete sich ein schwerer Autounfall mit zwei Schwerverletzten. Ich gebe zu, ich hoffte. In der Tat bekam ich meinen ersten offiziellen Auftrag, wenngleich laut Statistik zu diesem Zeitpunkt zehn Todesfälle nötig gewesen wären, um meine laufenden Kosten zu begleichen.

Zum Monatsende schlich ich mit gesenktem Haupt zur Bank. Jovial und großzügig wurde mir ein weiterer Kredit gewährt, schließlich sei das Geschäft solide, versicherte der selbstsichere Banker. Ich atmete beruhigt auf.

In den nächsten Monaten tröpfelten immer wieder Aufträge herein, aber hiervon konnte ich unmöglich meine Auslagen decken. Der Bankangestellte sah dies gelassen. „Dies ist zwar ungewöhnlich, aber nicht tragisch", kommentierte er. Inzwischen konnte ich mir ausrechnen, dass ich nicht zehn, sondern zwölf Jahre abzahlen musste.

Ich sprach mit dem Bürgermeister über die Sterberate. Dieser Politiker zeigte sich über die Entwicklung anfangs überrascht, ließ aber sofort über die Presse die niedrige Sterbequote seiner Stadt verbreiten, was eindeutig auf sein soziales Engagement zurückzuführen wäre. Klar, in zwei Monaten standen Wahlen ins Haus. Weitere Gespräche mit dem Chefarzt und dem Direktor eines Altenheimes lüfteten das Rätsel auch nicht. Niemand hatte diese Entwicklung bisher bemerkt, bestätigten mir alle teilnahmslos. Dies sei zweifelsohne ungewöhnlich.

Nach einem halben Jahr war ich der Verzweiflung nahe. Noch ein weiteres halbes Jahr und ich müsste bis zur Rente abzahlen. Das Motto „durchhalten" verbraucht sich auch irgendwann und die Bank, die anfangs freundlich die Ausnahmesituation abgefedert hatte, meldete erste Bedenken an. Vielleicht hätte ich mich doch übernommen, fügte der Banker süffisant bei und ließ durchblicken, dass auch Kreditunternehmen an Grenzen stoßen.

Bei einem Spaziergang resümierte ich: Als Angestellter konnte ich seinerzeit anstellen was ich wollte, stets steuerten andere die Geschicke. Nicht zu Letzt aus diesem Grund strebte ich diese Unabhängigkeit an, denn Menschen verkaufen nicht nur ihre Arbeitskraft. Beruf und Firma sozialisieren, prägen und pressen das Denken in bestimmte Bahnen. Ich wollte ausbrechen, die Weichen neu stellen, um dieser subtilen Form der Gewalt zu entkommen. Nun erlebte ich als Unternehmer ganz neue Zwänge. Auch die Erkenntnis, dass trotz Statistik nicht alles steuerbar sei, verwandelte meinen unternehmerischen Mut in Demut. Bevor ich mit offenem Visier in den Ruin rannte, musste ich bilanzieren und die Konsequenzen ziehen: Nach acht Monaten gab ich entnervt auf und versuchte einigermaßen schadlos aus dem Geschäft auszusteigen.

Mein Angestellter Rudolf bedauerte zwar meinen Entschluss, war aber nach einigem Zögern bereit, das Bestattungsinstitut zu neuen Konditionen zu übernehmen. Anders formuliert: Meine

Ersparnisse, die ich investiert hatte, konnte ich in den Wind schreiben. Aber mir gelang es, zumindest ohne nennenswerte Verschuldung aus diesem unleidigen Geschäft auszusteigen.

Zwei Wochen später – ich suchte seit dieser Zeit emsig nach einem krisensicheren Arbeitsplatz – rief mich Rudolf an. Er hätte soviel Aufträge, dass er noch eine Person beschäftigen könnte. Schweren Herzens sagte ich zu. Seit dieser Zeit arbeite ich für dieses Bestattungsinstitut und empfinde die Umstände meines Lebensentwurfes als eine Form von Gewalt.

Ute, die Gute

Bis zur siebten Klasse verlief alles in geordneten Bahnen. Wir Mädchen trafen uns untereinander, und die Jungens interessierten sich vorwiegend für Fußball. Alles schien für die Ewigkeit betoniert und ich hätte jeden ausgelacht, der behauptet hätte, dies würde sich jemals ändern. Dann passierte etwas Unerwartetes. Sicher, wir Mädchen hatten tagein tagaus so unsere Rangeleien und wenngleich wir offiziell höflich miteinander umgingen, wusste unter vorgehaltener Hand jede von uns ganz genau, wem sie trauen konnte und wem nicht. Aus dieser eingeschworenen Gemeinschaft wagte niemand auszubrechen, denn alleine die Drohung, von den anderen nicht mehr geachtet, sondern geächtet zu werden, sorgte für vorauseilenden Gehorsam. Kurz gesagt: Wir hielten zusammen wie Pech und Schwefel.

Das Ereignis, von dem ich an dieser Stelle berichten möchte, kündigte sich schleichend an. Am Anfang fiel uns nur auf, dass Kerstin in der Pause des öfteren bei den Jungens stand. Sie neckten sich gegenseitig und Kerstin berichtete uns im Anschluss ausführlich, was die Doofen so alles von sich gaben. Wir kicherten und amüsierten uns.

Dann sahen Angelika und ich Kerstin eines Nachmittags mit einem Jungen aus der zehnten Klasse im Park spazieren. Was sollte das? fragten wir uns. Erstens war der Typ schon 16 – also nicht unsere Gewichtsklasse – und zweitens konnte Kerstin dies nicht mit einem lustigen Aufziehen in der Schule gleichsetzen. Wir machten uns heimlich aus dem Staub und besprachen die Angelegenheit mit Jasmin und Franziska. Natürlich konnten wir uns keinen rechten Reim auf das Verhalten unserer Freundin machen.

Leider ergab sich am nächsten Morgen keine Gelegenheit, Kerstin durch die Blume auf ihr Vergehen anzusprechen, denn sie marschierte, ohne lange herumzureden, in der Pause zu dem Besagten und quasselte die ganze Pause mit ihm. Unbeeindruckt – trotz unserer Empörung – strahlte sie die restlichen Stunden übers ganze Gesicht. Natürlich wussten wir, dass ihr das Lachen schon noch vergehen würde, denn so etwas hatte es bis jetzt nicht gegeben.

Süffisant fragte Jasmin nach der Schule, was Kerstin heute Nachmittag machen würde.

Diese antwortete frech und angstfrei: „Ich habe keine Zeit. Ich treffe mich mit meinem Freund."

Nun war es ausgesprochen – dieses Tabu, dieses Unwort: Freund. Jasmin war baff, sie schnappte nach Luft und suchte mit großen Augen den Schutz unserer Gruppe. Klar, Kerstin musste Sanktionen erfahren. Wir würden sie schneiden. Diese Maßnahme bedurfte keiner großen Absprache – Blicke genügten.

Was uns jedoch bis dahin als unmöglich erschien, trat ein: Kerstin ließ uns tratschen und ging ungeniert weiterhin mit diesem Typen, der nebenbei bemerkt süß aussah, in der Gegend herum. Sie ließ uns Phrasen dreschen und unsere offensichtliche Ausgrenzung tropfte an ihr ab. Wir konnten es nicht fassen. Sie schwebte wie in Trance mit einem verklärten Gesichtsausdruck an uns vorbei. Wer von uns hätte gedacht, dass eine von uns gegenüber der Gruppe immun wäre? Was war Besonderes an diesem Typ mit dem knackigen Hintern, dass er mehr zählte als unsere verschworene Klassengemeinschaft? Dieses Rätsel verunsicherte uns, aber wir waren uns einig: Kerstin gehörte nicht mehr zu uns, selbst wenn sie auf Knien flehend – reumütig wie eine Hündin – heran kriechen würde. Nein, wir waren mit ihr fertig – bis in alle Ewigkeit, da biss die Maus keinen Faden ab.

Einen Monat später rief mich Angelika, meine beste Freundin, aufgeregt an. „Du Ute, ich habe von dem Swen aus der Neunten einen Brief bekommen. Stell dir vor, der möchte mit mir ins Kino gehen. Was soll ich tun? Ich bin so aufgeregt!"

Ich überlegte lange. Wie sollte ich mich verhalten? Angelika war meine Freundin und vertraute sich mir an. Aber mit Swen ins Kino zu gehen, was sollte das? Normalerweise müsste ich über sie den Bann aussprechen, aber wenn es bei ihr genauso wie bei Kerstin verlaufen würde, dann würde ich meine beste Freundin verlieren. Da war guter Rat teuer, denn das System wankte.

„Kann ich bei dir vorbeikommen", bettelte Angelika ungeduldig.

„Klar, komm doch", antwortete ich und legte nachdenklich den Hörer auf.

Angelika zeigte mir den unseligen Brief. Ich las ihn dreimal, zog eine Schnute und schaute sie nur wortlos an.

Nun erzählte sie mir, dass sie diesen Swen schon längere Zeit im Visier hätte und ständig erröten würde, wenn er ihr über den Weg liefe. Ich hörte aufmerksam zu und nickte. Überrascht war ich nur, dass ich ihre Aufregung bis jetzt nicht bemerkt hatte, wo ich doch Angelika wie meine eigene Westentasche kannte. Während sie vor sich hin plapperte und von ihrem Swen-Abenteuer träumte, hörte ich nur zu. Ich konnte auch nichts sagen, denn ich war sprachlos. Was hätte ich ihr raten können? Ich hatte weiß Gott keine Ahnung in dieser Angelegenheit und wollte partout auch keine Erfahrungen in diese Richtung sammeln. Aber wie schon erwähnt, Angelika war meine Freundin und ich wollte sie als solche behalten. Deshalb war Fingerspitzengefühl gefragt.

„Wenn es dir wichtig ist, dann probier es einfach aus. Ich bleibe auf jeden Fall deine Freundin", gab ich mich diplomatisch und uneigennützig.

Angelika blickte mich mit feuchten Augen an. „Ute, du bist super. Mit niemanden kann man so gut reden, wie mit dir."

Ich kreuzte meine Finger in den Händen und überlegte, was ich denn Großartiges getan oder gesagt hätte. Genaugenommen hatte ich nur aus egoistischen Motiven heraus gehandelt und versucht, meine Freundschaft zu retten. Dies war nicht ehrenrührig, aber auch nicht toll. Ich hatte ihr kommentarlos zugehört, mit runzelnder Stirn genickt und geschwiegen. Meine Leistung bestand im Nichtstun.

Angelika sah dies ganz anders. Sie verhielt sich geschickter als Kerstin. Denn sie trompetete am nächsten Morgen im Kreis der Freundinnen, dass sie am gestrigen Nachmittag bei mir war und ich bei der Problemlösung geholfen habe. Natürlich erzählte sie nicht, wie der Junge hieß und was sie gemeinsam unternehmen wollten, aber sie betonte, wie sehr ich ihr bei der Entscheidungsfindung geholfen habe. Dies verblüffte die anderen. Sie staunten und vergaßen dabei das eigentliche Thema, nämlich dass Angelika einen Jungen treffen wollte und eindeutig die Regeln verletzten würde. Nein, alle ließen die Kinnladen hängen und bewunderten meine Fähigkeiten und Angelikas Mut.

So gelang es ihr einerseits ohne Schändung ihren Swen zu treffen und andererseits die Clique zusammenzuhalten. Wie eine Epidemie verbreitete sich das Interesse am anderen Geschlecht. Von diesem Tag an musste ich mindestens zweimal wöchentlich Sprechstunden abhalten. Fast alle Mädchen schwärmten inzwischen für Jungens und beichteten mir ihr Leid. Ich hörte nur zu und nickte mechanisch. Meistens erwiderte ich nur: „Wenn du meinst."

Mein Ruf als Expertin für Liebesangelegenheiten machte in Windeseile die Runde. Im Nu wandten sich die Schülerinnen aus den Parallelklassen an mich. Und mit der Zeit hofften auch die Jungens, sie könnten ihre Chancen erhöhen, wenn sie mich, als anerkannte Autorität, einschalten würden. Ich hatte viel zu tun – genauer gesagt: zu hören. Denn weiterhin verfolgte ich als unerfahrenes Mädchen die Strategie des Zuhörens, denn zu sagen hatte ich nichts zu diesem Thema. Fortwährend setzte ich meine stirnrunzelnde Berufsmiene auf, nickte eifrig und sagte: „Wenn du meinst."

Im gnädigen Zustand der Unwissenheit erwarb ich mir die Position einer hervorragenden Beraterin und Gesprächspartnerin. „Geh zu Ute", war ein geflügeltes Wort in den Kreisen der unglücklich Verliebten. Niemand wäre auf die Idee gekommen, meine Kompetenz in Frage zu stellen. Alle lobten meine Weitsicht. Sogar die Jungens, die gegenüber vielen anderen Mädchen grob reagierten, hielten mir die Tür auf. Die erfahrene Ute wurde von allen umschwänzelt. Jeder und jede im liebesfähigen Alter respektierte mich. Ich war die personifizierte Erfahrung.

Obwohl sich dies alles für mich sehr positiv anhört – wem würde eine so exklusive Behandlung nicht schmeicheln – ging mir diese Rolle auf den Geist. Die Jungens favorisierten mich zwar als Ratgeberin, weil ich angeblich den Durchblick schob, mieden mich aber als Angebetete. So stand ich auf dem Sockel der Bewunderung und wartete vergeblich auf den Prinzen, der mich herunter hievte. Schon überfiel mich erste Panik. Vielleicht würde ich unberührt, alt, und runzelig sterben? Auf Feten spielten mir die anderen die Rolle des Kummerkastens zu. Mitunter kam ich mir vor wie ein Christ auf einer heidnischen Orgie. Ja, manche meiner Freundinnen waren so taktlos und benützten mich als Anstandswauwau, indem sie gegenüber ihren Eltern argumentierten, dass doch die Ute ebenfalls dabei wäre. Ich hätte heulen können.

Im Laufe der Zeit entwickelte ich Standards bei meinen Antworten. Alle lauschten, wenn ich einen dieser platten Sprüche abließ. Meine eigenen Schwierigkeiten nahm niemand wahr. Alle dachten nur an ihr Sorgenpaket, das sie mir aufschnürten. Ich wurde immer leiser, zog mich wortkarg zurück und fungierte als Orakel, das man im Notfall befragte. Wie gerne hätte auch ich mich ausgesprochen, was meine zugeschriebene Rolle nicht zuließ. Wenn ich mich wirklich einmal mitteilsam gab, schmunzelten die anderen und sahen es als Ehre, dass die tolle Ute sich in ihre emotionalen Niederungen begab. Nicht einmal Angelika erkannte mein Dilemma. Abends lag ich dann einsam in meinem Bett, starrte zur Decke und nudelte mich in die Daunendecke ein.

So verging die Zeit. Alle um mich herum erlebten das Verliebtsein, stiegen in die Höhe und fielen in die Tiefe – aber sie lebten und erlebten. So wurde ich 16 Jahre alt und konnte noch immer keine eigenen Erfahrungen vorweisen, wenngleich alle ihre Geschichten nur noch abgekürzt vortrugen: „Ute, du weißt schon." – Verdammt noch mal, nichts wusste ich! Ich fühlte mich wie formbares Wachs, das sich nach der Prägung des Siegels sehnte. Ich hätte mich am liebsten angebiedert und mich irgend einem Jungen an den Hals geschmissen. Mein Zustand verschlechterte sich von Monat zu Monat. Ich kam mir vor wie eine Prostituierte, die niemand kaufen wollte – wie verdorbene Ware.

Im Sommer raffte ich mich zu einem Kraftakt auf. Mir war inzwischen klar geworden, dass mir als Ute, die Gute, keine Chance bei den Jungen auf unserer Schule eingeräumt würde. Einige hatten zu viel Mores vor mir, andere fürchteten meine immense Erfahrung und wieder andere hatten mich in der Rolle des Bittstellers aufgesucht und konnten nach dieser Blöße unmöglich mit mir anbandeln. Es war zum Aus-der-Haut-fahren. Hinzu kam ein allmählicher Generationenwechsel. Nachdem fast alle meiner Klassenkameradinnen versorgt waren und Händchen haltend durch die Stadt flanierten, stürzten die jüngeren Schülerinnen auf mich. Ich hätte ein Anbahnungsinstitut eröffnen können.

In dieser Verzweiflung beschloss ich, mit dem Stadtjugendring eine zweiwöchige Freizeitmaßnahme zu unternehmen. Die Gründe hierfür lagen auf der Hand: Ich hoffte, bei jungen Leuten, die mich nicht kannten, endlich auch einmal mein Herz pochen zu hören, auch mal stottern zu dürfen und mich – wie alle anderen – unsterblich zu verlieben.

Bei der Abfahrt peilte ich die Lage. Es kamen nur drei Jungen in die engere Auswahl. Michael, 17 Jahre alt, machte einen zurückgezogenen Eindruck. Verträumt saß er in den Pausen abseits der

Gruppe und warf Steinchen. Wenn ihn einer unerwartet ansprach, zog der den Kopf wie eine verschreckte Schnecke ein. Ich ging der Sache auf den Grund und erfuhr, dass er von einem Mädchen kurz vor dem Urlaub versetzt worden war. Diesen Laufpass hatte er noch nicht verkraftet. Die Demütigung saß ihm immer noch in den Knochen. Michael leckte seine Wunden. Er zelebrierte sein Leiden.

Stundenlang hörte ich ihm zu. Erst am dritten Tag unserer Reise bemerkte ich, dass ich meine gewohnte Rolle wieder einmal perfekt spielte. Michael tat mir leid. Sein trauriger Dackelblick weckte meine mütterlichen Instinkte. Nach diesen Aussprachen ging es ihm sichtlich besser, was zur Folge hatte, dass er sich brennend für die anderen weiblichen Mitreisenden interessierte. Mir, seiner Vertrauten, beichtete er seine geheimsten Wünsche. Am fünften Tag gelang es ihm, die Auserwählte zu erobern. Wieder einmal überströmte mich die Dankbarkeit eines Geretteten.

Aber noch war Zeit. Wenngleich ich die restliche Gruppe bis jetzt vernachlässigt hatte, fand ich schnell Anschluss. Reinhard, ein 18-jähriger, machte mir schöne Augen. Ständig gierte er auf meinen Po. Gegenüber den anderen Gruppenmitgliedern legte er ein dreistes Auftreten an den Tag. Mich behandelte er jedoch wie eine Diva. Musste ich abspülen, half mir Reinhard.

Ich interpretierte sein Verhalten als Zuneigung und entschloss mich klopfenden Herzens, ihn zu fragen, ob er heute Abend mit mir alleine fortgehen wollte. Er drehte sich kurz um und überprüfte, ob uns jemand beobachtete. Dann flüsterte er: „Gerne."

Ich war so aufgeregt. Ich duschte an diesem Nachmittag zweimal. Lange kämmte ich meine Haare. Außerdem zog ich mich dreimal um. Zum Glück hatte ich nicht viele Klamotten dabei, sonst wäre ich auf Grund der Vielfalt ausgeflippt. Letztendlich ging ich aufs Ganze und schlüpfte trotz überraschend kalter Witterung in ein kurzes Kleid. Meine nackten, braunen Beine kamen voll zur Geltung. „Jetzt oder nie", sagte ich zu meinem Konterfei im Spiegel.

Reinhard wartete schon neben einer Straßenlaterne. Er bohrte seine Fußspitze in den Sand und wühlte den Staub auf. Er hockt in den Startlöchern, fiel mir ein, als ich auf ihn zu stolzierte.

Er taxierte mich von oben bis unten. Dann bildeten sich Schweißperlen auf seiner Stirn, obschon es ziemlich kühl war.

Wieder wanderte sein Blick nach allen Seiten. Er kontrollierte die Lage wie in einem schlechten Spionagefilm.

„Wo gehen wir hin?" begrüßte ich ihn und erwischte ihn auf dem falschen Fuß.

Reinhard stammelte, stierte in den aufgewühlten Sand und meinte ganz leise: „Ich weiß nicht."

Komisch, ich dachte immer, dass Männer, während sich Frauen herausputzen, darüber nachdenken, was sie unternehmen möchten. Vielleicht verfiel ich hier einer altmodischen Einstellung, aber für mich führte der Mann nicht nur beim Tanz. Bevor er jedoch weiter seine Fußspitze in den Sand grub und vielleicht noch auf Erdöl stieß, ergriff ich mutig die Initiative. „Lass uns doch einfach ein bißchen am Wasser entlang laufen.

„Ja, wenn du das möchtest", überließ er mir den dominanten Part.

Meine Entscheidung war nicht gut überlegt. Entweder hätte ich eine Jeans anziehen oder einen anderen Vorschlag unterbreiten sollen. Auf jeden Fall schenkten die Stechmücken meinen Beinen mehr Beachtung als dieser hilflose Reinhard, der zwar nicht mehr den Sand mit den Schuhen umbaggerte, aber unentwegt in den selbigen stierte. Zuerst ließ ich die Biester gewähren, dann schlug ich um mich und schließlich vor, ein Lokal aufzusuchen. Reinhard schaute mich an, als hätte er Zahnschmerzen.

In einem Strandcafe – die kleinen Vampire konnten sich hier auf mehrere eitle Frauen mit nackten Beinen gleichmäßig verteilen – bestellten wir uns jeder eine Cola.

„Kann ich dich was fragen", begann Reinhard mit einer Floskel, die ich in den letzten zwei Jahren zu oft gehört hatte.

„Klar, tu dir keinen Zwang an", spülte ich mein bekanntes Programm ab. Dann gab er seinen Leidensweg zum Besten und gestand mir am Ende, dass er in meine Zimmergefährtin verliebt sei. Der Rest war Routine. Ich sollte ihm helfen, bla bla. – Ich half.

Wie ich schon hervorhob: Es waren drei Jungens. So blieb nur noch Norbert. Bei mir hatte er von Anfang an den normalsten Eindruck hinterlassen. Nun, gegen Ende unserer Reise, fragte ich mich, warum ich nicht gleich bei ihm mein Glück versucht hatte. Aber der Vergangenheit nachzutrauern, war sinnlos. Ich wollte das Hier und Jetzt genießen. Deshalb pflanzte ich mich am Abend am Lagerfeuer neben Norbert. Ich benötigte eine ganze Weile, bis ich erkannte, dass Jessica ebenfalls mit ihm flirtete. Sollte ich dazwischenfunken, wie mir es manche Freundinnen ausgiebig berichtet hatten oder sollte ich die Edle mimen. Da auch edle Tropfen austrocknen, wenn sie nicht vernascht werden, blies ich zum Halali.

Jessica reagierte – wie erwartet – äußerst verärgert auf mein Ansinnen. Ihre Augen funkelten. In Gedanken würgte sie mich. Aber sie hielt die Spielregeln ein und gab sich nett und zuvorkommend. Ständig brachte ich mich ins Gespräch, ließ mir von Norbert eine Cola holen und prostete ihm kokett zu. – Jessica kochte.

Norbert, dieser Trottel, checkte die Lage nicht. Er fühlte sich geschmeichelt, vergaß aber, in irgendeine Richtung Gas zu geben. So kämpften Jessica und ich vergleichbar diesem fahrenden Ritter gegen Windmühlen an.

Am letzten Abend schlich sich Jessica zu mir ins Zimmer.

Sofort stellte ich mich auf einen Fight ein und nahm eine abwehrende Haltung ein.

„Meinst du, der Norbert ist impotent", begann sie ein vertrauliches, versöhnliches Gespräch.

„Oder er ist schwul", kicherte ich ausgelassen.

So lästerten wir eine Stunde lang über unseren heiß begehrten Norbert, bevor ich mich von der Rivalin freundschaftlich verabschiedete.

Am nächsten Morgen packte ich meine Reisetasche und stellte sie in unseren Bus. Plötzlich entdeckte ich Jessica und Norbert hinter einem Strauch. Sie schmusten. Ich wollte schon auf dem Absatz kehrt machen, als mir Norbert lässig nachrief: „Von wegen schwul."

In diesem Augenblick hätte ich Jessica ungespitzt in den Boden hauen können. Diese hinterfotzige Ratte hatte sich bei mir eingeschleimt und bei ihm gepetzt. Ich spürte, wie sich meine Augen vor Wut mit Feuchtigkeit füllten. Aber diesen Kampf – den ersten in meinem Leben – hatte ich gegen eine clevere Konkurrentin verloren. Unerfahren, wie ich nun mal war, traf mich diese Niederlage wie eine Lanze im Herz. Die ganze Fahrt sprach ich kein Wort, wenngleich mir Michael und Reinhard ständig zublinzelten.

Zu Hause verkroch ich mich und flennte den ganzen Abend. Dann schaute ich in die Glotze, bis ich einschlief. Am nächsten Morgen packte ich meinen Koffer aus, räumte mein Zimmer auf und ließ das Mittagessen ausfallen. Gegen Nachmittag marschierte ich in die Eisdiele und beäugte klammheimlich die jungen Männer, die protzend ihre Glimmstengel in die Luft hielten.

Plötzlich entdeckte ich Herbert, ein 17-jähriger Junge aus unserer Schule. Auch er erkannte mich und schaute verlegen zur Seite. Herbert hatte sich im letzten Jahr in Jasmin verliebt und mich zwecks Beratung konsultiert. Schweren Herzens hörte ich ihm zu, denn wie er sich fühlte, konnte ich gut nachfühlen, da es mir bei ihm ebenso erging. Kurz gesagt: Ich war seinerzeit in Herbert vernarrt, aber er hatte nur Augen für Jasmin, die wiederum Olaf anhimmelte. Um den Kreis abzurunden, sei noch erwähnt, dass Olaf auf Birgit scharf war, die ihrerseits Herbert auserwählt hatte und verständlicherweise von mir nicht sehr geachtet wurde. Eben dieser Herbert kauerte alleine an einem niedrigen Tischchen und schlürfte eine Cola.

Ich fasste meinen ganzen Mut zusammen und schwankte auf ihn zu. „Hallo Herbert, wartest du auf jemanden?"

„Ne, ich hänge nur herum. Das ganze Jahr über stöhne ich und sehne die Ferien herbei. Wenn es dann so weit ist, dann langweile ich mich. Fast alle Kumpels sind im Urlaub oder jobben. Wenn du mich nicht verrätst: Ich freue mich auf die Schule." Er nippte an seinem Glas und bot mir eine Zigarette an.

Normalerweise rauchte ich nicht, aber heute machte ich eine Ausnahme. Offen gesagt, ich hätte Herbert nichts abschlagen können. Natürlich nahm ich den stinkigen Rauch nur kurz in den Mund und stieß ihn sofort wieder aus.

Herbert grinste und inhalierte tief. „Und du? Nicht im Urlaub", übte er sich in Konversation.

Ich schüttelte den Kopf. „Gehen wir zum Fluss", schlug ich vor, bevor ich nachdenken konnte.

Ohne zu antworten stand er auf und trank sein Glas im Stehen leer. Schweigend schlenderten wir Richtung Fluss. Ich fühlte mich wie auf dem Laufsteg und achtete auf jede meiner Bewegungen.

„Recht gesprächig bist du nicht", meinte Herbert, als wir die Flussbiegung erreichten.

„Ich war noch nie eine Quasseltante", erwiderte ich. Meine Gefühle brodelten. Ich dachte an die vielen Episoden, die ich von anderen vernommen hatte. Viele meiner Freundinnen wurden auf der nahenden Bank zum ersten Mal geküsst, befummelt und bei manchen ging die Romanze noch weiter – oder sollte ich sagen: tiefer? „Hast du zur Zeit eine Freundin?" fragte ich dämlich und ärgerte mich sogleich über diesen Lapsus.

„Nicht dass ich wüsste", entgegnete Herbert und steckte sich schon wieder ein Kippe an. „Wollen wir uns hinsetzen", fuhr er fort.

Ich nickte aufgeregt, denn die Bank stand hinter Sträuchern mit direktem Blick aufs Wasser. Geschützt, abgeschieden und idyllisch bot sich diese Bank in idealer Weise für Liebespaare an. Von der Bank aus sah man nämlich jeden kommen, wurde selbst aber erst sehr spät entdeckt. Schon oft hatten mich andere über dieses günstige Plätzchen in Kenntnis gesetzt. Bis heute saß ich jedoch nur immer alleine auf diesem schönen Aussichtsfleck. Mein Herz raste. Ute, jetzt wird es ernst, dachte ich mir und schloss die Augen. Jählings spürte ich etwas auf meinen Lippen. Er will mich küssen, überlegte ich und formte meinen Mund. Aber ich wurde enttäuscht, denn der Depp versuchte nur, mir eine Zigarette zwischen die Lippen zu stecken. Na Prost Mahlzeit, schoss es mir durch den Kopf und ich sagte: „Nein, danke, ich rauche nur ganz selten."

Enttäuscht bemühte er sich, den Sargnagel wieder in die Packung zu bugsieren.

„Schade", kommentierte er, wobei ich aber nicht sicher war, ob er meine Ablehnung oder das Problem, die Kippe wieder in die Schachtel zu bringen, meinte.

Ich lehnte mich nach hinten und schwieg. Wann greift er endlich an, fragte ich mich und rutschte ein wenig näher an seine Seite. Herbert saß stocksteif da und konzentrierte sich auf seine Zigarette. Mir fiel auf, dass er, wenn er anzog, auf die Glut schaute und in diesem Augenblick schielte. Dann legte er den Stummel auf den rechten Daumen und bugsierte ihn mit dem Mittelfinger ins Wasser. Endlich legte er seinen Arm auf die Banklehne. Als er aus Versehen meine Haare berührte, zog er schnell den Arm zurück und verschränkte verlegen beide Arme vor der Brust. Nun griff er wiederum nach seinem Tabak. Ich wartete geduldig, bis er auch diese Kippe vernichtet hatte.

„Gehen wir", stellte er fest und drückte die halb geraucht Zigarette mit einer Drehbewegung der Fußspitze lässig aus.

Mein Blut, das bis jetzt wallte, regulierte sich. Nein, auch die Dümmste hätte bemerkt, dass nichts zwischen uns lief.

Auf der Brücke, die wir überquerten, hockte ein Angler, den ich am liebsten ins Wasser geschubst hätte. Aber dieser hinterlistige Fänger konnte weiß Gott nichts für meinen Frust. Ich verschonte ihn.

„An was denkst du", fragte der Kettenraucher neben mir.

„Es gibt viele Wege, einer Verantwortung zu entkommen: Flucht in den Tod, Flucht in Krankheit, Flucht in Dummheit. Letzteres ist der sicherste und einfachste Weg, denn selbst intelligente Menschen sind diesem Ziel meist näher, als sie selbst annehmen möchten", zitierte ich Arthur Schnitzler, ohne Herbert zu sagen, von wem der Satz stammte. Ich hatte dieses Zitat für ein Deutschreferat eingeübt.

Herbert schaute dumm aus der Wäsche. Wir verabschiedeten uns.

In dieser Zeit kroch die Einsamkeit in mir hoch. Während sich meine Freundinnen mit ihren Freunden verlustierten und ich im neuen Schuljahr immer häufiger vom jungen Gemüse belästigt wurde, überfiel mich eine unbeschreibliche Traurigkeit. Ich sah keinen Ausweg aus diesem Dilemma. Der einzige Vorteil meiner depressiven Stimmung zeichnete sich darin ab, dass ich viel lernte und dadurch hervorragende schulische Leistungen erzielte.

Ich möchte auch nicht verschweigen, dass ich damit meinem Englischlehrer, ein Traum von Mann imponieren wollte. Ich weiß, es klingt infantil, wenn ein 17-jähriges Mädchen für den Lehrer lernt, aber so war es nun mal.

Ich glänzte im Leistungskurs, verfügte aber über keinerlei Erfahrungen mit dem anderen Geschlecht. Alles, was ich wusste, gründete auf Erzählungen oder spielte sich lediglich in meinen Vorstellungen ab. De facto hatte ich keine Berührungspunkte. Jedesmal, wenn das Gespräch auf die Männer zusteuerte, zuckte ich zusammen und biss mir auf die dünnen Lippen.

Kurz nach meinem 18. Geburtstag stand die Matura an. Dies stellte vom Anforderungsprofil her kein Problem dar. Aber ich hatte trotz alledem Bedenken. Nicht vor dem Versagen, sondern vor der drohenden Leere. Wie würde es weiter gehen?

Diese Frage, die mich vor der Prüfung ausgiebig beschäftigt hatte, konnte auch nach dem Abitur nicht ergiebig beantwortet werden. Mit der letzten Prüfung in Englisch stand ich vor dem Loch des Nichts. Die Prüfungsaufgaben selbst waren Pipifax. Als ich den Saal verließ, spürte ich die Sinnlosigkeit meines Daseins. Ich taumelte auf die Straße und setzte mich auf eine Parkbank.

Ich weiß nicht, wie lang ich dort alleine kauerte. Irgendwann fiel ein fremder Schatten über mich. Ich drehte mich um. Vor mir stand mein Englischlehrer und grinste mich an.

„Na, Ute, endlich alles vorbei."

„Ja, leider", antwortete ich gedankenversunken.

„Leider?" betonte er.

„Ich ging ganz gerne in die Schule", schob ich erklärend nach. „Außerdem weiß ich immer noch nicht, was ich studieren soll."

„Das ist wohl nicht das Problem", sagte er mit ruhiger Stimme.

„Das stimmt", erwiderte ich und im selben Moment rollten die Tränen über meine Wangen. Ich flennte und konnte das Geheule nicht abstellen. Hierfür gibt es leider keinen Schalter. Ich wollte bereits aufstehen und davon rennen.

Aber Gerhard Richter, so hieß der Pauker, drückte seine Hand leicht auf meine Schulter und setzte sich zu mir. Dann nahm er mich zärtlich in den Arm und flüsterte: „Es wird höchste Zeit, dass du dich statt um andere endlich mal um dich selbst kümmerst. Wenn du willst, höre ich dir zu."

Ich zückte mein Taschentuch, schneuzte, rieb meine roten Augen trocken und bestätigte. Obwohl ich noch kein Wort gesagt hatte, fühlte ich mich nach diesem Gefühlsausbruch besser.

„Sollen wir zu mir gehen?" fragte er ungezwungen.

Wieder bejahte ich und folgte ihm zum Auto.

In seiner Wohnung – er lebte alleine – bot er mir ein Glas Barbera an. Wir saßen uns gegenüber. Ich auf dem Sofa und er auf einem Sessel. Dann berichtete ich ihm ungeschminkt all meinen Kummer. Ich ließ nichts aus und gegen Ende des Jammertals gestand ich ihm sogar, dass ich nur wegen ihm gelernt hatte.

„Ich lernte nicht fürs Leben, wie die Lateiner so schön anpreisen, sondern für Sie, Herr Richter."

Er überlegte lange, bevor er etwas sagte. Nachdem er mir nun fast eine Stunde zugehört hatte, kratzte er sich am Kopf und begann: „Ich heiße Gerhard und möchte, dass wir Du sagen."

Anschließend erhob er sich gemächlich und setzte sich zu mir auf die Couch. Er legte meine Hand in seine und meinte: „Deine Zuneigung ist nicht einseitig. Ich empfinde ähnlich wie du, durfte und konnte es aber bis jetzt nicht zeigen. Nun, da unser Lehrer-

Schüler-Verhältnis vorbei ist, kann ich es zugeben. Übrigens habe ich dich stets genau beobachtet und war eifersüchtig, wenn du in der Pause mit einem dieser jungen Männer geplaudert hast. Ich weiß, das klingt töricht, aber so war es. Ich fieberte richtig und hatte Angst, du könntest mit einem dieser Schüler anbandeln. In meinem Kopf schwirrte immer eine Frage herum: Sind die Würfel schon gefallen oder scheppern sie noch im Becher? Weißt du, was ich meine? Ich konnte dir keine Signale geben, aber ich hoffte, dass du nach der Schulzeit frei wärest."

Ich drückte seine Hand ganz fest und spürte den Schweiß. War es sein Schweiß oder meiner?

Er erwiderte meinen Druck und streichelte mit seiner anderen Hand über meine.

„Ich denke", setzte er fort, „viele in der Schule haben bei dir genassauert. Nassauern bedeutet so viel wie auf Kosten anderer leben. Du hast dich stets um die Probleme der anderen gekümmert. Das ist anstrengend und führt zur Frage: Worin lag dein Vorteil? Verstehe mich nicht falsch, ich finde Hilfsbereitschaft wichtig, aber auf dir wurde Mist abgeladen und du hast dich in eine Rolle drängen lassen. Du warst gleichsam der Psychomülleimer für die anderen. Aber wo hast du entsorgt? Und wie hast du vorhin selbst so zynisch gesagt: Du selbst bliebst auf der Strecke und bist eine Landpomeranze ohne Abenteuer. Du hast dich in deinen Kokon gesponnen und dich freiwillig oder auch unfreiwillig von der Realität abgeschirmt."

Ich zitterte wie bei einem Schüttelfrost. Dann erinnerte ich mich an eine Sequenz aus dem Geschichtsunterricht und erzählte sie Gerhard: „Vielleicht habe ich mir Zwerge zugelegt, um meine Größe und Stattlichkeit zu unterstreichen."

Er lächelte. „Du denkst an die Habsburger, die in Spanien Zwerge am Hof zuließen, um mittels Kleinwuchs die eigene Größe zu demonstrieren. Ja, da liegst du nicht ganz daneben, denn in den letzten zwei Jahren wurdest du von den jüngeren Schülerinnen regelrecht umschwärmt, was deine Kompetenz hervorhob. Waren das etwa keine Zwerge?"

„Pass auf, dass du mich nicht zu sehr interpretierst", konterte ich, „denn schon Picasso wusste: 'Wenn es nur eine einzige Wahrheit gäbe, könnte man nicht hundert Bilder über dasselbe Thema malen.'"

Gerhard schmunzelte. „Entschuldige, ich wollte dich in keine Ecke stellen, aber ich bemühe mich, ehrlich zu sein und zwar in meiner Einschätzung wie auch in meinen Gefühlen."

Ich warf mich ungeniert an seinen Hals, als würden wir uns schon ewig kennen. Wir redeten zwei Stunden kein Wort. Endlich wusste ich, was es bedeutet, wenn die Schmetterlinge tanzen und der Bauch explodiert. All die Schilderungen, die ich in den letzten Jahren zu Ohren bekommen habe, drückten das nicht aus, was ich in diesen zwei Stunden selbst erleben durfte. Der Kokon zersprang und ich flatterte scheu, aber neugierig in die schöne, neue Welt.

Ich muss jetzt diese Aufzeichnungen beenden, denn Gerhard wird gerade wach und wir wollen gemeinsam das Unergründliche ergründen.

XY-5555

Ich war nie im Leben ein religiöser Spinner und glaubte stets nur, was ich selbst erlebt hatte oder logisch nachvollziehen konnte. Dieser kleine Vorspann ist notwendig, sonst halten Sie mich für völlig durchgedreht.

Ich liege nämlich derzeit in einem geschlossenen Sarg und höre Bruckners siebte Sinfonie – den sogenannten Trauermarsch. So habe ich es testamentarisch verfügt. Ja, ich sehe sogar einen Friedhof, bin mir aber nicht sicher, ob es sich um den handelt, auf dem ich bestattet werden soll.

Bevor Sie mich als nekrophil oder makaber abstempeln, möchte ich Ihnen meine Geschichte erzählen, dann können Sie selbst urteilen, ob Sie mir glauben.

Vor ungefähr einem Jahr suchte ein renommiertes Forschungslabor Versuchspersonen. Als arbeitsloser Akademiker ohne feste Bindung bewarb ich mich, rechnete mir jedoch keine Chancen aus. Angeblich hatten sich etwa hundert Personen auf diese Anzeige hin gemeldet. Die psychologischen Tests zielten in eine bestimmte Richtung: „Wären Sie bereit, hier und jetzt alles abzubrechen?" – „Würden Sie ein kalkulierbares Risiko für Forschungszwecke eingehen?"

Ich will die Leserschaft nicht auf die Folter spannen: Ich wurde tatsächlich unter all den Menschen ausgewählt, fast hätte ich gesagt: erwählt.

Bei den Vorgesprächen stellte sich rasch heraus, dass sie mir einen brandneuen Chip ins Gehirn implantieren wollten. „Es ist nicht ungefährlich, aber wir stehen Ihnen zur Seite", schmeichelte eine attraktive Psychologin. Der arrogante Arzt fügte an: „Dies ist ein Meilenstein für die Wissenschaft. Sie werden in Zukunft in jedem Lexikon – natürlich neben meiner Wenigkeit – aufgeführt werden."

Wenngleich mir in aller Regel mit Eitelkeit nicht beizukommen ist, kribbelte meine Kopfhaut. Erstens hatte ich nichts zu verlieren und zweitens neigte ich seit meiner Kindheit zur Neugierde. Ich ließ mir die Einzelheiten erklären und stimmte ohne Bedenken zu.

Nachdem ich aus der Narkose erwacht war, erlebte ich verrückte Sachen. Sie hatten mein Denken und Wünschen – wie zuvor besprochen – an ihr Rechenzentrum angeschlossen. Eine sanfte Frauenstimme begrüßte mich. Ich antwortete in Gedanken und siehe da, es funktionierte. Kurz darauf brachte eine sympathische Krankenschwester ein Eis, genau so wie ich es mir in meiner Phantasie vorgestellt hatte. Anschließend schloss ich die Augen und sehnte mich an einen weißen Strand mit Palmen. Es war unglaublich: Ich spürte die Hitze auf der Haut. Ja, ich lag in der Tat in einer Hängematte und das Meer rauschte.

Schnell lernte ich das Implantat zu bedienen. Ich konnte innerhalb von Sekunden Ort und Zeit wechseln. Ein Menschheitstraum war in Erfüllung gegangen, denn ich konnte mich in meiner Gedankenwelt überall hin bewegen. Ich flanierte durch Wien und besuchte zehn Minuten später ein Rockkonzert in New York. Alles, was gegenwärtig auf der Welt mit Kameras erfasst wurde oder im Computer wie auch Internet gespeichert war, war mir zugänglich. Ein schier unvorstellbares Spektrum an Informationen und Möglichkeiten.

In einem Jahr wollten sie den XY-5555 kreieren. Wie hatte der Arzt süffisant gesagt? „Sie sind der Adam, aber in einem Jahr bekommen Sie eine Eva, die Sie überallhin begleiten kann. Sie wird so aussehen, wie Sie es sich in Ihrer Vorstellung wünschen."

Anfangs hatte ich Schwierigkeiten, mich in der realen Welt zu bewegen, denn meine Kopfwelt war so konkret, dass ich kaum differenzieren konnte. Aber allmählich lernte ich dazu. Ich beherrschte den Fremdkörper in meinem Hirn. So konnte ich in einem Café sitzen und projizierte mich mit der Kellnerin in eine andere Umgebung. Im geringen Umfang tun das ja alle Menschen, bei mir jedoch war dies von der Realität nicht zu unterscheiden. Die Frage nach Wirklichkeit und Phantasie erübrigte sich. Alles, was ich mir vorstellen wollte und konnte, passierte auch.

Außerdem konnte ich alle Welten betreten, die über Computer gesteuert wurden. So war es kein Problem, ein Museum in Paris aufzusuchen und wirkliche Kunstgegenstände virtuell zu betrachten. Jedwede gespeicherte Datei stand mir zur Verfügung. Wenn eine Person von Baku erzählte, schlenderte ich zwei Minuten später durch den Botanischen Garten der Hauptstadt von Aserbaidschan.

So lernte ich in kürzester Zeit eine Menge dazu. Ich konnte schließlich alles erleben, was mich interessierte. Bei

Quizsendungen wäre ich zweifelsohne unschlagbar gewesen. Ich verknüpfte meine eigene Phantasie mit dem Rest der Welt.

Die erste Zeit gestaltete sich herrlich, einfach unbeschreiblich. Ich stand – um diese Metapher zu gebrauchen – ständig unter Strom. Sogar meine Träume, wenngleich ich immer weniger schlief, nahmen reale Formen an. Hingegen tangierte mich die Realität immer weniger. Was sollte ich mit der grauen Wirklichkeit, wenn ich mir eine farbenfrohe Zwischenwelt konstruieren konnte?

Allmählich erschöpfte ich und sehnte das Nichts herbei. Ich weiß nicht, wie ich mich exakt ausdrücken soll, aber diese Reizüberflutung führte zu einem Realitätsverlust. Lustlosigkeit schlich sich in mein Gemüt. Ich fühlte mich voll und gesättigt. Anders formuliert: Ich hatte es satt.

Zuerst wurde ich reizbar, aggressiv und unzufrieden. Dann verstummte ich, starrte einfach in die Wolken oder rannte ohne Grund darauf los. Ich will dies nicht ausschmücken: Es war schrecklich. Zu guter Letzt versagten Herz und Kreislauf. Ich starb.

Die Forscher konnten meinen Tod zwar nicht verhindern, aber sie bearbeiteten mich noch im warmen Zustand. Ich stand immer noch unter ihrer Kontrolle. Obwohl mein Körper das Leben ausgehaucht hatte, versorgten sie mein Hirn und ihren Chip weiterhin mit Stromstößen. Selbst als Toter war ich für die Forschung nützlich, denn mein Gehirn wurde erbarmungslos mit Daten versorgt und so unglaublich es sich anhört: es reagierte auf diese Impulse.

Nun liege ich im Sarg. Ich spüre nichts – körperlich betrachtet. Es ist ein schmerzfreier Zustand. Ich schwebe über dem Leichnam und beobachte mich selbst. Ich kann mich nicht selbst abschalten und werde auf diesem Weg unfreiwillig ein letztes Mal der Forschung dienen. Natürlich wollen sie eruieren, wie sich mein Gehirn bei diesem Verfall verhält. Denn irgendwann werden auch die Stromimpulse auf Verwesung stoßen. Welche Bilder produziert hierbei mein Kopf?

Gerade bemerke ich, dass der Trauermarsch zu Ende geht. Stille. Der Mond scheint silbrig und spiegelt sich auf den Scharnieren meines Sarges. Ich habe Angst, schmerzfreie, körperlose Angst.

Das Klassentreffen

„Asche zu Asche – Staub zu Staub", krächzte der alte Pfarrer.
Ich stand regungslos vor dem ausgegrabenen Loch und beobachtete einen winzigen Käfer, der sich auf dem bröselnden Sandboden wie Sisyphos unbelehrbar nach oben kämpfte, um gleich darauf wieder herunterzukullern. Meine ehemaligen Klassenkameraden bildeten die Trauergemeinschaft. Kein einziger fehlte. Dies klingt zunächst verwunderlich. Wenn von einem 60-jährigen Mann die 78-jährige Frau stirbt, dann hat dies zunächst nichts mit seiner Schule, die immerhin über 40 Jahre zurückliegt, zu tun. Und doch, sie kamen alle und standen mir in dieser schweren Stunde bei. Katja, meine Frau, wurde nicht nur von mir geschätzt und verehrt.

Klar, ich war 18 Jahre jünger und musste damit rechnen, dass Katja vor mir ableben würde. Der Tod eines Menschen muss in diesem Alter durchaus in Betracht gezogen werden. Aber selbst der vorhersehbare Tod zieht nicht spurlos vorüber. Beim Abschied gibt es keine Selbstverständlichkeiten. Ich empfand in dieser Stunde eine unbeschreibliche Leere. Spontan fiel mir die Lieblingsgeschichte meiner Frau ein. Gerne und oft erzählte sie mir, dass Goethe im stolzen Alter von 74 Jahren sich in eine junge Dame, die 19-jährige Ulrike von Levetzow, verliebt hatte. Der große Denker hatte noch 15 Jahre zuvor die Mutter dieser jungen Frau geliebt und sah in Ulrike bis vor einem Jahr nur das kleine 'Töchterchen'. Er hatte sie stets geneckt. Aber mit einemmal sprang ein Funke über und Goethe schwärmte leidenschaftlich wie ein Knabe für die Angebetete. Natürlich blieb der Spott der Moralisten nicht aus: der große Dichter als Narr der Liebe. Ebenso empörte sich seine Familie über diese Spinnerei. Goethes Sohn tobte. Nichtsdestotrotz ließ der Dichter über einen Freund seine ernsten Absichten kundtun und wollte Ulrike ehelichen. Was aus diesem Antrag wurde, ist leider nicht überliefert. Jedoch hat sich Goethe nach dieser Liaison nur noch seiner Arbeit gewidmet und viele bedeutende Werke geschrieben.

Katja gefiel diese Geschichte ohne Schadenfreude, weil sie Goethe als Mensch und nicht als das übermächtige Genie darstellte. Außerdem zog meine Frau Parallelen zu unserer Beziehung. Die Verbindung eines Mannes zu einer Frau, die 18 Jahre älter ist, entsprach auch in unserer aufgeklärten Zeit nicht den Konventionen und wurde von anderen gerne belächelt oder mit Unverständnis kritisiert. Während bei Cicero, Dickens oder Zweig das Verhältnis zu einer jüngeren Frau zumindest geduldet wurde, mokierte die Gesellschaft immer noch mit Argwohn die umgekehrte Konstellation. Aber damit wäre ich schon am Ende meiner Geschichte, die im Wesentlichen vor 25 Jahren begann.

Damals war ich 35 Jahre alt und ohne Perspektive. Ich lebte unreflektiert in den Tag hinein.

Eines Morgens klingelte es an der Tür. Der Postbote drückte mir einen Brief in die Hand, der seit einem Monat als Irrläufer unterwegs war. Um die Ehre der Post zu retten, möchte ich anfügen, dass dies hauptsächlich daran lag, dass ich des öfteren umgezogen war und wegen Schulden und Verpflichtungen nicht jedermann mitteilte, wo ich mich gerade aufhielt. Ich war auch anfangs skeptisch, denn in aller Regel flatterten nur Mahnungen ins Haus.

Als ich das Kuvert aufriss, las ich zu meiner Überraschung, dass ich zu einem Klassentreffen eingeladen worden war. Mit 15 Jahren ging ich von der Schule ab und nun – 20 Jahre später – wollten sich die alten Kämpfer nochmals wiedersehen. Das Treffen fand schon morgen, ganz in der Nähe, statt. Ich zögerte und legte die Einladung auf den dreckigen Küchentisch. Meine Neigung, die alten Geschichten aufzuwärmen, hielt sich in Grenzen. Wie sollte ich mich ins rechte Licht rücken? Wie könnte mein Beitrag aussehen?

Sollte ich betonen, dass ich eine Zeitlang zweihundert Menschen unter mir hatte, nur weil ich als Friedhofswärter ausgeholfen habe? Ja, alle sind heutzutage so toll und übernehmen Verantwortung in einer leitenden Position. Ich dagegen befand mich in einer Leidenden. Viele ehemalige Klassenkameraden hatten zukunftsorientierte Berufe erlernt und sich unentwegt fortgebildet. Die Strebsamkeit griff um sich wie eine Epidemie. Und wir hatten das große Glück, in einer Zeit aufzuwachsen, in der jedem Chancen eingeräumt wurden. Dieses Phänomen hat aber eine Kehrseite: Denn wie wird der beurteilt, der es trotz alledem nicht schafft? Alle Schulkameraden, denen ich versehentlich in den letzten zwanzig Jahren über den Weg gelaufen bin, hatten es zu etwas gebracht – nur ich nicht.

Obwohl ich nach der Hauptschule mit bester Absicht zwei Lehrstellen angetreten hatte, brach ich beide nach kurzer Zeit wieder ab. Nachdem ich zweimal gescheitert war, tingelte ich ziellos in der Gegend herum und lebte mal hier und mal da. Für ein halbes Jahr flüchtete ich nach Amsterdam, wo ich nur kiffte. Dann kam meine Zeit bei der Bundeswehr. Bei diesem Deppenhaufen lernte ich nur Säufer und Sadisten kennen. Es war eine schreckliche Zeit, in der ich neben dem Kiffen auch noch dem Saufen frönte. Kaum hatte ich meinen Wehrdienst hinter mich gebracht, reiste ich nach dem Motto 'Deutschland ade' ins Ausland. Als Animateur für reicher Leute Kinder verbrachte ich einige Jahre im sonnigen Süden. Während der Saison schuftete ich für wenig Geld wie ein Blöder. Danach hatte ich nichts zu tun und überhaupt kein Geld. Zusammenfassend lässt sich sagen: ein Scheißjob. Reumütig kehrte ich nach Deutschland zurück und gab mich einer Fließbandtätigkeit hin. Bei dieser Diktatur der Monotonie wäre ich fast wahnsinnig geworden. Nur die doofe Bundeswehr war idiotischer als diese stumpfe Arbeit.

Ohne es recht zu merken, driftete ich weiter ab. Um nicht jeden Morgen aufstehen zu müssen, lieferte ich einige krumme Dinger. Den Höhepunkt stellte ein großer Einbruch dar. Anschließend verhökerte ich die geklauten Videokameras und wurde bei dieser Hehlerei erwischt. Dummerweise hatte ich in der Kneipe einem Staatsanwalt einen billigen Apparat angeboten. Statt sich zu bedanken, ließ sich dieser fleißige Beamte hinterlistig auf den Deal ein und überführte mich prompt. Wahrscheinlich erhielt er den Ordnen für den eifrigsten Freizeitpolizisten des Monats und ist inzwischen Oberstaatsanwalt. Lange Rede, kurzer Sinn: Ich bekam Bewährung.

Leider habe ich mich nicht bewährt, obwohl anfangs alles ganz gut lief. Ich lernte eine nette junge Frau kennen, die auch mich akzeptierte. Sie stammte aus einer Politikerfamilie, doch klafften ihre Meinung und die ihrer Familie auseinander. Wenngleich ihr Vater unter politischen Gesichtspunkten als Verfechter der Menschenrechte auftrat und sich für Minderheiten und Andersdenkende lautstark engagierte, duldete er den Umgang seiner Tochter mit mir nicht. Monika gab nach und mich auf.

Weiterhin befand ich mich in einer Sackgasse: kein Geld, kein Status und keine Chance. Letztendlich ließ ich mich in meiner

Stammkneipe dazu überreden, bei einer todsicheren Sache Schmiere zu stehen. Für dieses Stehen musste ich dann anschließend zwei Jahre sitzen. Als ich entlassen wurde, hatte ich weder Wohnung noch Arbeit. Arbeitslos ist auch ein Los, erklärte mir mein Kneipenwirt, ein ehemaliger Sozialpädagoge. Ab und zu nahm ich Gelegenheitsjobs an, möchte aber auch offen sagen, dass ich bisweilen Gelegenheiten ausließ.

Und nun diese Einladung zum Klassentreffen. Nein, was soll ich dort? Was könnte ich erzählen? – Andererseits kroch die Neugierde in mir hoch. Vor allem ein Name zog mich magisch an und weckte meine Phantasie. Ich muss es zugeben: Der Gedanke, Frau Strehl, meine ehemalige Lehrerin, wieder zu sehen, reizte mich und ließ mich nicht mehr los.

Wie war das damals? Ich war zehn Jahre alt und besuchte die vierte Klasse. Frau Strehl kam seinerzeit als frisch gebackene Lehrerin von der Pädagogischen Hochschule an unsere Schule. Sie hatte zwar schon die Lehramtsprüfung hinter sich gebracht, aber noch keine eigene Klasse geführt. Wir Jungens waren alle schrecklich in diese 28-jährige Frau verliebt. Sie sorgte für Gesprächsstoff, Aufregung und Erregung. Im Gegensatz zum restlichen Lehrkörper nahm sie uns Schüler tatsächlich ernst. Sie behandelte uns wie Erwachsene, diskutierte mit uns und wog unsere Argumente sorgfältig ab. Als einzige von all den Paukern trug sie Jeans. Falls einer von uns sie am Nachmittag sprechen wollte, opferte sie bereitwillig ihre Zeit. Bis dahin kannten wir nur Lehrer, die wohlweislich mit dem Tennisschläger zum Unterricht kamen, um danach sogleich auf den Sportplatz zu eilen. Frau Strehl war anders und vermittelte uns ein neues Bild. Wir saßen oft bei ihr im Garten und tranken Brause. Unser altes Feindbild von Paukern bröckelte bei dieser einfühlsamen Frau.

Wir alle – die Jungens besonders – liebten sie. Sie trug anfangs einen langen, dicken Zopf. Es war die größte Sensation an der Schule, als sie nach den Osterferien mit einem Bubikopf antanzte. Einige meiner Klassenkameraden weinten der verlorenen Haarpracht nach. Auch ich war enttäuscht, denn in meinen Träumen hatte ich ihr oft den Zopf entflochten und mich in dieser Mähne gesonnt. Nun strahlte uns ein schlanker, weißer Hals entgegen, womit wir nichts anfangen konnten. Interessanterweise ließen sich im Lauf der nächsten vier Wochen sieben Mädchen aus unserer Klasse ihre Haare genauso schneiden – sozusagen eine haarige Seuche.

An einem Nachmittag war ich mit drei Klassenkameraden bei Frau Strehl eingeladen. Natürlich trauerten wir um ihren Zopf. Sie lächelte und führte uns in ihr Arbeitszimmer. Dort hing das Prachtstück tatsächlich an der Wand. Mein Herz pochte. Bevor wir uns von ihr verabschiedeten, verschwand ich schnell auf die Toilette. Auf leisen Sohlen schlich ich mich in ihr Arbeitszimmer und klaute den Zopf. Ich schnaufte wie eine alte Dampflokomotive, als ich ihre Haare unter meinem T-Shirt versteckte. Die Beute kitzelte auf meiner Haut und erregte mich in einer Weise, die ich bis dahin noch nicht gekannt hatte. Mit feuchter Hose und vibrierender Stimme verabschiedete ich mich vom Bubikopf. In dieser Nacht schlief ich mit dem Zopf auf dem Kopfkissen. Er roch nach Heu, und meine kindliche Phantasie erklomm einen bis dahin unerreichten Gipfel der Lust.

Wenn ich damals zehn und sie 28 war, dann müsste sie heute 53 Jahre alt sein. Mein Wunsch, sie zu sehen, steigerte sich. Ich erlebte eine Ambivalenz, denn ich wollte mich nicht mit den anderen treffen. Mein Leben war bis jetzt beschissen verlaufen und den großen Zampano zu spielen, lag mir nicht. Aber ich wollte unbedingt Frau Strehl wieder begegnen. Wie sah sie wohl heute aus? Damals war sie groß, verfügte über einen üppigen Busen und tolle Kurven. Trägt sie immer noch diesen Bubikopf?

Unentschlossen warf ich die Einladung erneut auf den Küchentisch und beschloss erst mal, die Kneipe aufzusuchen. Zuvor bastelte ich mir einen Dreiblattjoint, den ich genüsslich inhalierte. Angetörnt marschierte ich in meine Stammkneipe und trank – wie sooft – zuviel. Das Klassentreffen war schnell vergessen, denn das Marihuana zeigte seine Wirkung und der Alkohol verstärkte den Rausch. Ohne Antrieb stierte ich zum Tresen und schaute der Bedienung zu, wie sie Pilsgläser ins Wasser tauchte. Anschließend verlor ich beim Würfelspiel einige Schnäpse. Als das Lokal schloss, torkelte ich nach Hause und legte mich ungewaschen und angezogen auf das verhaute Sofa. Ich schlief sofort ein.

In der Nacht hatte ich den Traum, den ich unzählige Male in meiner Kindheit geträumt hatte. Obwohl ich diese nächtliche

Phantasie seit einem Vierteljahrhundert nicht mehr erlebt hatte, hatte sie nichts an Intensität eingebüßt. – Ich sitze in diesem Traum alleine im Klassenzimmer und Frau Strehl liegt auf dem Pult. Sie neckt mich: „Na Kleiner, halt die Ohren steif?" Aufgeregt schleppe ich einen Stuhl herbei, stelle ihn neben das Pult und besteige den Berg der Lust. Frau Strehl strampelt mit ihren Beinen, kichert und stöhnt. – Als ich aufwachte, klebte meine Hose. Auch heute noch, nach so vielen Jahren, schäme ich mich für diesen Traum aus meiner Kindheit. Schlaff und erschöpft stand ich auf und trank drei Gläser Wasser. Immer, wenn ich zuviel gesoffen hatte, bekam ich einen Riesendurst. Komisch, denn ich hatte ja schon eine Menge Flüssigkeit intus. Auf jeden Fall schüttete ich das Wasser in mich rein und kurbelte mir noch ein kleines Rohr, das ich mit Genuss inhalierte. Dann schlief ich wieder ein.

Am Morgen stand ich auf und beschloss unter der Dusche, zum Klassentreffen zu gehen. Sollten die anderen doch sagen, was sie wollten. Nachdem ich mich zu diesem Entschluss durchgerungen hatte, ging es mir deutlich besser. Ich rasierte mich und suchte in meinem Chaos nach frischen, sauberen Klamotten.

Wenngleich ich sonst häufig zu spät komme, war ich bei diesem Treffen überpünktlich. Als ich in die Kneipe kam und unsicher fragte, ob hier heute das Klassentreffen stattfinde, deutete ein gestresster Kellner mit dem Kinn auf das Nebenzimmer. Ich trat ein. Außer mir gab es noch vier Menschen, die es nicht erwarten konnten: Peter, Maria, Michael und Julia.

Peter hatte sich stark verändert. Obwohl er sein lichtes Haar geschickt über den Schädel verteilt hatte, schimmerte bedrohlich die Kopfhaut durch. In der Schule galt Peter eher als unsportlich. Heute verdiente er sein Geld als Erlebnispädagoge. Braungebrannt, durchtrainiert und figurbetont zeigte er sein Siegerlächeln. Die armen Kinder, dachte ich in diesem Moment.

Dann betrachtete ich Maria. Sie wippte während der Schulzeit mit einem langen Zopf und war spindeldürr. Heute rühmte sie sich, Mutter dreier Kinder zu sein. Ständig zeigte sie jedem, der sie sehen wollte oder nicht, die Fotos der lieben Kleinen. Wahrscheinlich war dies das Einzige, was sie in ihrem langweiligen Leben produziert hatte. Der lange Zopf pendelte zwar immer noch ergraut im Nacken, aber Maria hatte kräftig zugelegt – sie war fett geworden.

Eine Überraschung war für mich Michael. Ich konnte mich noch gut daran erinnern, wie zurückhaltend er sich in der Schule gegeben hatte, was ich übrigens sehr an ihm geschätzt habe. Nun quasselte er unentwegt. Ich stellte mir unwillkürlich die Frage, ob er wohl damals oder heute unsicherer war.

Nur Julia wirkte wie in der guten alten Zeit. Sie war stets burschikos und spielte lieber mit uns Jungens Fußball. Julia trug ihre Haare noch genauso kurz und hatte – wie könnte es anders sein – eine Hose an. Sie rauchte viel und bestellte sich Bier. Auf mich wirkte sie im Gegensatz zu manch anderem kongruent.

Ich hielt mich zurück und nickte allen freundlich zu. Dies war leichter, als ich vermutet hatte. Es fragte zwar jeder, was ich so treiben würde, aber im Endeffekt war dies nur eine höfliche Floskel. Ernsthaft interessierte sich niemand für den anderen. Alle wollten ihre eigene Geschichte zum Besten geben. Jeder monologisierte. Meine kurz gebundenen Antworten stießen niemanden auf. Ständig grinsten neue Gesichter zur Tür herein und zogen die Aufmerksamkeit an sich. Alle wollten ihr Leben preisgeben, weshalb ich ohne großes Aufsehen einfach zuhören konnte. Schließlich wartete ich nur auf Frau Strehl und spielte unter Vorspiegelung falscher Neugierde den Beteiligten.

Endlich war es soweit. Sie betrat zögerlich das Nebenzimmer und begrüßte alle förmlich. Sie war nicht so groß wie in meiner Erinnerung. Klar, damals war ich selbst noch ein Wicht. Heute überragte ich sie um einen Kopf. Auch ihr Busen – seinerzeit eine Wucht – konnte ohne jugendliche Begeisterung nur als durchschnittlich interpretiert werden. Um die Hüften schien sie etwas runder geworden zu sein. Immer noch favorisierte sie diesen Bubikopf, der inzwischen ergraut war. Von meinem Traumbild aus der Kindheit einmal abgesehen, war Frau Strehl eine attraktive Frau – trotz ihrer 53 Jahre.

Was mich überraschte: Sie kannte uns alle noch beim Namen. Von Senilität demnach keine Spur. Sie setzte sich zu jedem von uns eine Weile und hörte aufmerksam zu. Strenggenommen tat sie dasselbe wie ich – sie ließ die anderen reden. So verging die feucht, fröhliche Zeit wie im Flug. Allmählich löste sich die Runde auf. Zuerst erklärten die Frauen, dass sie zu ihren Lieben nach Hause müssten. Nach einiger Zeit wurden auch die Ehegatten ungeduldig und sogar die Junggesellen zeigten Ermüdungserscheinungen. Zu guter Letzt hockten Frau Strehl und ich zu vorgerückter Stunde allein im Nebenzimmer.

„Was machen wir mit dem angebrochenen Abend?" fragte ich scherzhaft.

Sie zuckte mit der Achsel. „Machen Sie einen Vorschlag."

„Haben Sie die Schlüssel zur Schule dabei?" erkundigte ich mich.

Sie griff in ihre Sakkotasche und bejahte. „Möchten Sie ihr altes Klassenzimmer sehen?"

„Erraten. Ich hätte wirklich Lust, mich nochmals in die erste Bank zu setzen", erwiderte ich offenherzig.

„Auf geht's", forderte mich meine ehemalige Lehrerin auf, um meine Nostalgie zu befriedigen.

Da wir beide einiges getrunken hatten, leisteten wir uns ein Taxi. Schon beim ersten Schritt in das Gebäude vernahm meine Nase diesen alten, vertrauten Geruch. Frau Strehl ging voraus und schloss das Klassenzimmer unter erschwerten Bedingungen auf.

„So viel Alkohol vertrage ich einfach nicht", kommentierte sie ihren Kampf mit dem Schlüsselloch.

Ich sah mich derweil um und konnte mich an fast alles erinnern. Das Waschbecken, der Schwamm, die alte Landkarte und das Pult, an dem Frau Strehl nun lehnte.

„Mir wird ganz schwindlig", hauchte sie, griff sich an die Stirn und legte sich aufs Pult.

Ich eilte zu ihr und fühlte ihren Puls.

„Was denken Sie", wollte sie wissen, als sie sich ein wenig erholt hatte.

„Sie wissen gar nicht, wie oft sie in meinen Gedanken so vor mir auf dem Pult lagen", löste der Alkohol meine Zunge.

„Und was taten Sie in Ihrer Phantasie?" bohrte sie kokett nach.

„Ich holte eine Stuhl und erklomm den Berg der Lust", blieb ich bei der Wahrheit. Dann schmunzelte ich. „Heute würde ich das sogar ohne Stuhl schaffen."

Während Katja, meine ehemalige, heiß umschwärmte Lehrerin hingebungsvoll auf dem harten Holz lag und ihre Unschuld verlor, vollzog sich bei mir etwas Seltsames. Durch diesen körperlichen Akt verschob sich mein Blickwinkel – die Träumerei verdünnisierte sich wie Gas. Die jahrelang idealisierte Lehrerin wurde in diesem Moment vom Sockel gestoßen. So weit war die Sache für mich nachvollziehbar. Aber gleichzeitig passierte etwas Wunderschönes und Unbegreifliches: Ich verliebte mich augenblicklich in die Frau aus Fleisch und Blut. Freilich lag vor mir nicht die Superfrau mit den prallen Schenkeln und den überdimensionalen Brüsten, sondern ein Mensch, der nach Schweiß roch und vor Lust und Angst stöhnte. Aber ich begehrte sie. Während die Traumwelt wie die Titanic unterging, erlebte ich eine neue Form der Verzauberung. Außerdem spürte ich, dass es Katja ähnlich erging.

Anschließend lagen wir ruhig aufeinander und hörten nur den Atem des anderen.

„So, jetzt hast du dir aber was aufgehalst", unterbrach sie das Schweigen.

„Willst du mir gütigst verraten, was?"

„Du watest durch den Styx und der führt unwillkürlich in die Unterwelt", philosophierte sie.

„Da bin ich schon lange", antwortete ich ehrlich und erzählte ihr ungeschminkt meinen bisherigen Lebensweg.

Katja hörte nur zu und meinte nach einiger Zeit, ob wir nicht aufstehen könnten, denn sie könne sich auf dieser unbequemen Unterlage kaum noch bewegen. „Weißt du, ich befinde mich auf der Vorstufe zum Greisentum", scherzte sie. „Möchtest du heute Nacht bei mir schlafen?" ergriff sie unerwartet die Initiative.

„Wenn du vor dem Schwerverbrecher keine Angst hast. Ich verspreche dir auch, dass ich nichts stehle", gab ich mich humorvoll.

„Du hast mich doch schon als Kind beklaut."

„Ich?"

„Wer hätte wohl sonst meinen Zopf mitgenommen?" schmunzelte sie.

„Den hab ich immer noch", offenbarte ich stolz mein wohl gehütetes Geheimnis.

Katja führte mich in dieser besagten Nacht in ihr Knusperhäuschen, das ich nie mehr verließ. Ohne viele Worte zog ich in ihre Wohnung, in der die Regale mit Büchern überfüllt waren. Ihren Lebensstil lernte ich im nächsten Vierteljahrhundert schätzen. Ich holte mir manche Inspiration aus diesem Regal. Überhaupt brach nun die schönste Phase meines Lebens an und sie dauerte bis zu Katjas Tod.

Als sie mit 63 Jahren – wir lebten immerhin schon 10 Jahre zusammen – ihre Lehrtätigkeit aufgab und in die Pension verabschiedet wurde, beschlossen wir zu heiraten.

„Jetzt geht es", lachte sie, „denn jetzt bin ich kein Fräulein mehr."

Sie erklärte mir, dass früher die Lehrerinnen als Fräulein angesprochen wurden und folglich aus dem Schuldienst ausschieden, wenn sie heirateten und somit Frau wurden. Zum Abschied aus dem Schuldienst und zur Hochzeit wünschte sie sich das alte Pult aus der Schule. Der Rektor willigte diesem eigenartigen Ansinnen trotz Unverständnis zu.

Wir feierten unsere Hochzeit übrigens im Kreise der alten Klasse – quasi eine Neuauflage des Klassentreffens. Alle kamen mit Kind und Kegel. Nur Peter fehlte. Er war von einem Segeltörn nicht mehr zurückgekehrt. Drei Tage lang hatten diverse Rettungsdienste im Wasser und aus der Luft vergeblich nach ihm gesucht.

Ja, Katja und ich verlebten eine schöne Zeit. Spätes Glück, nannte sie diesen Zustand. Ich lernte viel von ihr und bemühte mich, sie nicht zu enttäuschen. Katja hatte stets Angst, ich könnte eine jüngere Frau kennenlernen und mich verlieben. Aber ich habe in all den Jahren nie nach einer anderen geschielt. Vielleicht lag hierin mein Beitrag, mein intellektuelles Defizit ihr gegenüber durch Treue und Hingabe auszugleichen. Denn Katja war mir geistig zweifelsohne überlegen, was jedoch nie zu Problemen führte. Sie lehrte mich, ohne mich zu belehren.

Ihr Lieblingsthema war die Freiheit. Hier entwickelte sie ungeahnte Emotionen und ging regelrecht auf die Palme. Sie glaubte, dass es egal wäre, ob einer oder ob alle regierten. Sie glaubte nicht an die Bekenntnisse der Politiker, denn spätestens, wenn der Pöbel schreit, wenn der Mob brüllt, rollen die Köpfe. Ihrer Ansicht nach ist es ebenso gefährlich, wenn Politiker und Richter abhängig sind von dem Zeitgeist, als wenn einer alleine die Fäden in der Hand hält. Für sie waren diese Politiker nur Marionetten, die keine Ideale, sondern nur Machtanhäufung anstreben. Wenn ich ihr widersprach, eiferte sie sich und nannte unsere Zeit Demokratur. Sie hasste diese medienwirksamen Machtmenschen. Ihrer Meinung nach bestimmten schon längst die Bosse der Industrie das Geschehen. Medien bezeichnete sie als Quotenhuren, die beflissentlich nach Skandalen suchten, nicht nach Schicksalen. In Diskussionen mit mir belegte ihre These mit tausend Beispielen. Eine ihrer Geschichten beeindruckte mich besonders:

Johann August Suter reiste 1838 unter erschwerten Bedingungen in ein elendes Fischerdorf namens San Francisco. Der Name dieses unbedeutenden Ortes stammte von einer Mission der Franziskaner. Suter besiedelte sogleich das Tal um den Sacramento. Dank seines großen Fleißes und der Ausdauer blühte seine Farm. Dann passierte etwas Unvorhergesehenes. Auf seinem Grund und Boden wurde Gold gefunden. Über Nacht schwärmten unzählige Menschen herbei. Seine Arbeiter ließen alles stehen und liegen – das Vieh verreckte elend. Der Rush, dieser oft beschriebene Goldrausch, führte eine zügellose, brutale Horte, die nur das Faustrecht kannte, auf sein rechtmäßiges Land. Kurz und gut: Suter verlor alles. Erst Jahre später, 1850 konnte der Zustand der Gesetzlosigkeit staatlicherseits gebändigt werden. Suter verklagte daraufhin das neu entstandene San Francisco, denn laut Unterlagen wurde die ganze Stadt auf seinem Grundstück gebaut. Niemand scherte sich darum, dass dies sein Besitz, seine ehemalige Farm war. Genaugenommen handelte es sich um Schwarzbauten, die illegal errichtet wurden. 1855 kam es dann zum Prozess, den Suter schließlich gewann. Daraufhin stürmte der Mob der Straße den Justizpalast und brannte ihn nieder. Dasselbe geschah mit Suters Haus. Sein ältester Sohn erschoss sich, bevor er den Banditen in die Hände fiel. Der Zweite wurde ermordet und der Dritte ertrank auf der Flucht vor diesem wütenden Pöbel. Erneut war Suter, seiner ganzen Familie beraubt, bettelarm. Er kämpfte noch zwanzig Jahre lang um sein Recht. Aber die Vereinigten Staaten von Amerika ließen ihn warten, bis er unverrichteter Ding starb. Noch heute steht die Stadt San Francisco auf fremdem Land.

Katja konnte dergleichen Geschichten, die unwahrscheinlich anmuteten, lange und ausführlich erzählen. Sie hatte sich ihr Leben lang mit den Begriffen Freiheit und Gerechtigkeit beschäftigt und schlussfolgerte verbittert, dass alles nur aufgeblasene Seifenblasen wären. Ihre Litanei an Beispielen, die konkretisierten, dass Recht, Politik und Menschlichkeit versagten, wurde ständig länger. Vor allem fiel ihr auf, dass im Nachhinein oft Dinge bekannt wurden, die zuvor wohlweislich verschwiegen worden waren. „Ich sage dir", pflegte sie sich zu empören, „ob Kennedy oder Strauß – alles Verbrecher."

Katja animierte mich nach ausgiebiger Diskussion, im stolzen Alter von 55 Jahren, einen Brief an den hiesigen Verteidigungsminister zu schicken. Wir adressierten ihn an den Kriegsminister, denn diese Wortkosmetik wollten wir durchbrechen. Wäre jeder dieser Herren nämlich konsequent nur Verteidigungsminister, dann gäbe es bekanntlich keinen Krieg und keine Soldaten in einem fremden Land. Irgendwer lügt demnach. In diesem Schreiben verweigerte ich den Kriegsdienst. Natürlich erhielt ich niemals eine Antwort.

Nun schlenderte ich nach Hause. Einige meiner Klassenkameraden wollten mir beistehen, aber sie respektierten meinen Wunsch, in der Trauer allein sein zu wollen. Ja, Katja und ich verlebten eine harmonische, schöne Zeit. 25 wunderbare Jahre. Noch vor zwei Monaten – also mit 78 Jahren – erklomm sie wackelig das alte Pult und schloss wie damals im Klassenzimmer die Augen. Sie gestand mir, dass sie sich damals vorgestellt hatte, sie liege wie ein saftiges Steak auf einem heißen Stein und brutzle dahin. Bei dieser Vorstellung vergass sie Raum und Zeit und explodierte innerlich. Katja hatte so gesehen mit 53 Jahren ihren ersten Orgasmus und forderte ständig eine Wiederholung dieses Erlebnisses ein – bis ins hohe Alter. Wir hatten beim Sex viel Spaß. Neulich erst meinte sie, mit 80 gönne sie sich endlich eine weichere Unterlage als das harte Pult, denn schließlich werde sie allmählich älter.

Als ich das leere Haus betrat, liefen mir die Tränen herunter. Unwillkürlich dachte ich an Goethe, der mit 74 das Glück der großen Liebe erfahren durfte. Dann erinnerte ich mich an einen Satz, den Katja vor kurzem zu mir im Bett gesagt hatte. Sie hatte sich fest an mich geklammert und mir ins Ohr geflüstert: „Das Alter bringt uns zwei wesentliche Dinge: echte Gefühle und falsche Zähne."

Ich wischte meine Tränen aus dem Gesicht und goß Kaffee auf.

Der Schinken

Ich heiße Ingrid Hämm, bin 28 Jahre alt und führte bis vor kurzem ein unauffälliges Leben als Verkäuferin in einem Delikatessenladen für italienische Spezialitäten.

Regelmäßig kaufte der Architekt Robert Schwarz in unserem Geschäft Rotwein, Käse und natürlich Schinken. Mein Chef betonte stets, Herr Schwarz wäre nicht nur reich, sondern sogar einflussreich. Als Stadtratsmitglied verfügte er über die notwendigen Verbindungen, weshalb der Herr auf ausdrücklichen Wunsch des Ladenbesitzers hofiert wurde. Dies ärgerte mich, denn erstens sollten alle Kunden ordentlich bedient werden und zweitens wurde Robert Schwarz grundsätzlich umschwärmt. Er befand sich in der 'Pfeffer-Salz-Phase': Anfang 40, gute Figur und im schwarzen Haar zeigten sich bereits deutlich die ersten weißen Haare. Zum Anbeißen.

Eines Tages – ich verbrachte meine Mittagspause immer im gegenüberliegenden Café – gesellte sich unerwartet Robert Schwarz an meinen Tisch. Da ich in meiner Freizeit keine Rücksicht auf Kunden nehmen wollte, beschloss ich, kommentarlos zu gehen. Dann bemerkte ich, wie neidisch die weibliche Konkurrenz zu uns herüber schielte, und blieb demonstrativ sitzen. Zu meiner Überraschung war der Mann nicht nur einflussreich und gutaussehend, nein, er legte auch Charme und Witz an den Tag. Nur eine Sequenz fand ich irgendwie danebem:

„Wissen Sie, Frau Hämm," er betonte meinen Namen mit einem Schmunzeln, „jedesmal wenn ich zu Hause den Schinken esse, dann denke ich an Sie."

Ich wollte hierauf nicht tiefer einsteigen. Eine Frau mit 1,85 m, kräftigen Oberschenkeln und ausladenden Hüften wird nicht gerne mit einem Schinken verglichen, obwohl ich an dieser Stelle gestehen muss: Ich hätte mich gerne von ihm auffressen lassen.

Die nächsten zwei Monate trafen wir uns regelmäßig im Café. Meine Kolleginnen tuschelten, kicherten und fragten süffisant, ob mich Roberto Negro schon vernascht hätte. Der Chef runzelte die Stirn und stellte klar, dass Herr Schwarz glücklich verheiratet und Vater dreier Kinder sei. Ich stand da wie ein begossener Pudel, denn die Verdächtigungen und Vorwürfe waren aus der Luft gegriffen. Zugegeben, ich hätte nicht nein gesagt, wenn er gefragt hätte, aber der Mann verhielt sich zu meinem Leidwesen äußerst korrekt. Robert – wir duzten uns inzwischen – unternahm keinerlei Annäherungsversuche. Viele Erklärungen schwirrten mir durch den Kopf. Er kann als Prominenter kein Risiko eingehen und nicht über seinen Schatten springen. Er nimmt seine Ehe ernst. Er braucht eben etwas länger. Und zum Schluss: Ich gefalle ihm überhaupt nicht. Ich bin zu groß und zu dick.

An meinem Geburtstag lud er mich erstmals zum Abendessen ein. Ich war aufgeregt wie bei meinem ersten Rendezvous. Das Herz hämmerte. Und dann die quälende Frage: Was soll eine einfache Verkäuferin, die 6 cm größer ist als ihr Begleiter, anziehen? Ich entschied mich natürlich für ganz flache Schuhe, eine schwarze Jeans und einen grauen Pullover. So wirkte ich unauffällig.

Da Robert an diesem Abend wieder keine Anstalten machte, mich zu verführen, ergriff ich die Initiative. „Weißt du, was ich mir zum Geburtstag wünsche?"

„Wenn es in meiner Macht steht, erfülle ich dir den Wunsch", entgegnete er und rollte seine Spaghetti über die Gabel.

„Ich möchte wissen, was du dir wünscht. Ich möchte, dass du mir vertraust und mir einen geheimen Wunsch nennst, den nur ich dir erfüllen kann."

Robert trank einen Schluck Rotwein, kratzte sich am Ohr, räusperte sich und sagte im Flüsterton: „Ich möchte, dass du dich wie eine Nutte kleidest. Kurzen, engen Lederrock, hohe Schuhe, Langhaarperücke und so weiter. Bist du jetzt schockiert?"

Ich stammelte, um Zeit zu gewinnen: „Ich habe solche Klamotten überhaupt nicht und wie würde ich denn in so einem Rock aussehen."

„Du würdest wie ein saftiger Schinken aussehen. Aber vergiss es", erwiderte er und schlürfte genüsslich seinen Espresso.

Ich saß in der Falle und argumentierte hilflos. „Erstens besitze ich solche Sachen nicht und zweitens kennt dich hier jeder. Nein, selbst wenn ich wollte, ginge es nicht."

Er konterte: „Zu erstens: Ich würde dir selbstverständlich alles kaufen. Zu zweitens: Du könntest mit dem Zug in eine andere Stadt fahren, dich erst dort am Bahnhof umziehen und ich würde dich zur vereinbarten Zeit direkt vor dem Bahnhof abholen. – Wo ist das Problem?"

Ich schwieg etwa 30 Sekunden, was in diesem Augenblick der Ewigkeit glich. Dann fasste ich all meinen Mut zusammen und antwortete mit zittriger Stimme: „Ich mache es."

Robert strahlte, als träfen Weihnachten und Ostern zusammen. Bereits zwei Tage später überreichte er mir einen schönen schwarzen Lederkoffer mit der Bemerkung: „Koffer und Inhalt gehören dir."

Robert beichtete mir, dass er es genieße, wenn eine extravagante Frau neben ihm flaniere. Auch die lüsternen Blicke der anderen Männer wie die Entrüstung der Damen sorgten bei ihm für Kribbeln. Natürlich könne er dies nie mit einer Professionellen tun. Nein, der Reiz liege eben darin, dass nur er diese Frau haben könnte – nichts Käufliches.

Ich stöhnte: „Also gut, morgen Abend treffen wir uns wie besprochen. Dann bekommst du deinen saftigen Schinken. Dir ist schon klar, dass ich das nur für dich tue?"

Zu Hause öffnete ich den Koffer und probierte die Sachen. Nicht einmal meine Mutter hätte mich in dieser Aufmachung erkannt, was mich wiederum beruhigte. In den Schuhen maß ich über 1,90 m. Der knappe Lederrock betonte meine Kurven, und die Strumpfhose schimmerte knusprig braun an meinem Bein. Ich wusste nicht, wie ich mich bewegen sollte.

Am nächsten Abend verließ ich das Geschäft früher, schnappte mir den Koffer und fuhr mit dem Zug in die Stadt. Auf der Bahnhofstoilette vollzog sich die Verwandlung. Kurz vor unserem Termin verließ ich die Toilette, sperrte den Koffer in ein Schließfach und stolzierte Richtung Ausgang. Ein Rentner ließ die Kinnlade hängen. Eine Frau schüttelte den Kopf und ein Typ mit Goldkettchen und Lederjacke meinte, auf welcher Wiese ich bis jetzt gegrast hätte, da er mich noch nie gesehen hätte. Ich marschierte stur weiter. Am Haupteingang des Bahnhofes wartete ich. Robert müsste jeden Moment kommen, dann hätte ich wenigstens einen Beschützer bei diesem Spießruten laufen. Ich hätte nackt kaum mehr Aufmerksamkeit erzeugt.

In diesem Augenblick hielt ein Polizeiwagen. „Ausweiskontrolle."

Ich hatte meine Kleidung im Schließfach verstaut und konnte mich nicht ausweisen, erklärte den beiden aber freundlich, dass mein Freund gleich käme.

„Gut, dann warten wir auf den Herrn."

Wärme und Kälte strömten durch meinen Körper. Unruhig lugte ich nach Roberts Jaguar. Endlich bog er um die Ecke. Flankiert von zwei Polizisten winkte ich ihm unbeholfen zu. Er verlangsamte, überlegte kurz, setzte den Blinker und beschleunigte auf Nimmerwiedersehen. Ich hatte an diesem Abend noch eine Menge Ärger am Hals.

Am nächsten Tag rief er an und entschuldigte sich. Ich müsse doch verstehen, dass er in seiner Position sich keine Blöße geben könne. Tränen hatte ich schon am Abend vergossen, aber ich hatte auch gründlich nachgedacht. Deshalb schlug ich ihm vor, ein Hotelzimmer zu mieten. Robert erklärte immer wieder, dass er für alles aufkommen würde und wie verständnisvoll ich wäre.

Das Treffen fand wie geplant statt. Als kleine Überraschung hatte ich einen befreundeten Journalisten informiert und dieser schoss heimlich Bilder. Bei der Auswahl der Fotos achteten wir darauf, dass ich nicht erkannt werden konnte. Kurz und gut: Robert saß in der Patsche. Der Journalist schickte Abzüge an den Parteivorsitzenden, der im Interesse der Partei sofortige Konsequenzen forderte. Der Journalist, der auf einen Skandal verzichtete, wurde anderweitig entlohnt. Um sich erkenntlich zu zeigen, stellte er mich dem Parteivorsitzenden vor, der mir nach einem längeren Gespräch vertraulich erzählte, dass im Stadtrat ein Stuhl frei geworden wäre.

Er versicherte mir: „Eine junge Frau, quasi aus dem Volke, wäre durchaus in meinem Sinne."

Der Vorsitzende, ebenfalls ein 'Pfeffer-Salz-Typ', lud mich übers Wochenende in sein Häuschen in die Toskana ein. Hier wollten wir die Angelegenheit bei einer Flasche Rotwein, Käse und Schinken ausführlich besprechen.

Ich habe bereits gepackt. Den schwarzen Lederkoffer von Robert nehme ich vorsichtshalber auch mit.

Einfältige Vielfalt

Ich fragte die Frau, ob noch ein Platz frei wäre. Die Antwort erhielt ich von einem älteren Herrn, indem er beiläufig nickte. Schnell verstaute ich meine kleine Reisetasche und legte die Mappe mit den Skripten für die Lesung auf meine Oberschenkel. Pünktlich um 10.35 Uhr setzte sich der Zug in Bewegung. Das Schild „Nürnberg" wurde von einem einfahrenden Zug verdeckt.

Wenngleich ich mich auf meine Lesung in Tübingen gründlich vorbereitet hatte, wollte ich noch einige Stellen aus dem Prosatext und zwei neue Gedichte während der Fahrt durcharbeiten. Lesungen in unbekannten Städten reizten, aber sie verunsicherten mich auch. Diese Ambivalenz kroch ständig in mir hoch. Klar, im Frankenland war ich einigermaßen bekannt und konnte dank unermüdlicher Auftritte auf eine kleine Stammhörerschaft und einen strapazierfähigen Freundeskreis zählen. Außerhalb dieses Wirkungskreises musste ich mit dem Unvorhersehbaren rechnen. Natürlich gebe ich auch bei geringer Besucherzahl stets mein Bestes, aber die Angst, dass nur drei Zuhörerinnen (meist kommen Frauen) anwesend sind und eine oder zwei einfach aufstehen und den Raum verlassen, verfolgt mich wie ein Alptraum.

Plötzlich strömte ein süßer Duft an meine Nase. Der ältere Mann – ich schätzte ihn zwischen 65 und 70 Jahre – hatte sich eine Pfeife angezündet. Sofort suchten meine Augen das Nichtraucherschild. Ich musste zu meiner Überraschung feststellen, dass ich mich in ein Raucherabteil einquartiert hatte. Das war mir schon lange nicht mehr passiert. Bis vor ein paar Jahren gehörte ich selbst zu den Kettenrauchern, hatte aber zu meinem vierzigsten Geburtstag beschlossen, aufzuhören. Es war mir zu meiner eigenen Überraschung ohne größeren Energieaufwand gelungen. Seitdem plagten mich Gewichtsprobleme. Aber lieber fett und gesund als dünn und lungenkrank, redete ich mir unentwegt ein.

In diesem Moment legte die junge Frau, Ende zwanzig, ihr Wirtschaftsmagazin beiseite und zündete sich mit einem goldenen Feuerzeug eine sehr schmale, lange Zigarette an. Erst in diesem Augenblick nahm sie mich wahr und musterte mich sogleich.

„Sind Sie nicht dieser Schriftsteller aus Nürnberg? Ihr Name ist mir leider entfallen."

Ich wurde drei Zentimeter größer, schließlich werde ich nicht oft erkannt. „Ja, das stimmt", gab ich mich unbeeindruckt. Mein Herz hüpfte vor Freude. Ich hätte sie umarmen können. Und bevor das Gespräch versickerte, erklärte ich: „Ich reise nach Tübingen – zu einer Lesung."

Sie inhalierte tief. „Schade, ich fahre zu einem Kongreß nach Stuttgart, sonst hätte ich vielleicht Ihre Lesung besucht."

„Was schreiben Sie denn? Lyrik oder Prosa", erkundigte sich der Mann mit leichtem Wiener Akzent.

„Hauptsächlich Romane, aber zwischendurch entwischt mir ein Gedicht", griff ich zu meiner Standardantwort, die in aller Regel als humorvoll eingestuft wurde.

„Hm, ich denke, es ist nicht leicht, mehrere Gebiete abzudecken Ich kenne nur wenige Literaten, die vielfältig sind. Die meisten sind", hier stoppte er.

Die Frau ergänzte provozierend: „Einfältig?"

Der Alte runzelte die Stirn: „Ja, irgendwie schon. Ich würde aber eher zu dem Begriff 'eindimensional' tendieren, wobei ich das nicht negativ sehe. Ich finde es sehr gut, wenn Menschen ihre Grenzen erkennen und sich in ihren Möglichkeiten bewegen. Vielfalt birgt die Gefahr des Sich-Verzettelns."

Ich suchte verzweifelt nach Argumenten, um mich in die Diskussion einzubringen, spürte aber noch den psychologischen Schlag des Einfältigen in der Magengrube.

„Wir leben aber in einer offenen Gesellschaft", meinte die Frau. „Gerade die Vielfalt, diese Pluralität, erscheint mir sehr wichtig.

Ich stimmte ihr zu und suchte verzweifelt nach einem klugen Satz.

„Die offene Gesellschaft und ihre Feinde", begann der Alte zögerlich. „Ja, in diesem Kontext – übrigens ein Buch von Karl Popper – gebe ich Ihnen Recht. Auch ich liebe den bunten Strauß an Menschen und Möglichkeiten. Politisch betrachtet wäre oder ist die Einfalt eine geschlossene Gesellschaft."

„In der ein Diktator die Meinungsbildung ausübt", ergänzte ich ganz schnell, um nicht völlig ins Abseits zu geraten.

Beide sahen mich an, als hätte ich das Duett wie einem Störenfried unterbrochen. Sofort beschloss ich, etwas Zurückhaltung zu üben.

„Dürfen wir gesellschaftliche Belange auf das Individuum übertragen?" fragte der Pfeifenraucher.

„Der Mensch ist immer ein Teil seiner Gesellschaft", konstatierte die Attraktive und schlug die Beine übereinander.

„Das ist mir zu einfach. Sie betrachten den Menschen als gesellschaftliches Wesen."

„Ist er das nicht? Kann der Mensch ohne Sozialkontakte leben? Warum unterhalten wir uns? Weil wir Menschen sind, die sich gerne austauschen und von einander lernen wollen?"

Der Mann stopfte seine Pfeife nach und schmunzelte: „Gut argumentiert. Aber zu Ihrer letzten Frage: Menschen wollen nicht von einander lernen, sonst sähe die Welt anders aus. Nein, sie wollen sich darstellen und monologisieren. Die Meinung des anderen dient nur dazu, die eigene zu bekräftigen. Aber das ist gar nicht das Thema."

„Was ist denn das Thema?" Sie grinste schelmisch.

„Sie betrachten den Menschen als ein Abziehbild der Gesellschaft. Wenn Sie die Pluralität so begrüßen, dann sollte sich diese doch im Einzelnen widerspiegeln? Tut sie aber nicht. Jeder von uns ist sehr begrenzt und – sagen wir es nochmals – einfältig. Übrigens sehe ich hierin keine Schwierigkeit, solange wir den anderen akzeptieren und tolerieren. Aber sogar die Gesellschaft neigt dazu, ihr einfältiges Muster einem jeden überzustülpen."

„Das müssen Sie aber mit einem Beispiel belegen", forderte sie ihn auf.

„Klar, nehmen sie die sogenannten Fremd- oder Gastarbeiter. Wir wollen ihre Andersartigkeit nicht annehmen, sondern wünschen mit Nachdruck, dass sie sich in unser System einfügen. Beim Türken essen, das geht in Ordnung, aber er soll gefälligst Deutsch sprechen. Am liebsten wäre den Bayern der Farbige in der Lederhose, wenn er dann noch jodelt und Bier trinkt, ist er – wie man zu sagen pflegt – ein ganzer Kerl. Sie sehen, sogar Systeme streben nach Einfalt."

„Na ja, ich darf doch wohl erwarten, dass sich Fremde in die bestehende Kultur einfügen. Schließlich stolziere ich auch nicht im Minirock in einen Dom."

„Die Frage ist, ob wir die Vielfalt wünschen oder sie uns nur auf die Fahne schreiben. Außerdem hinkt ihr Beispiel, denn es bezieht sich auf den Tourismus. Würden Sie sich in den Islam einfügen?

Nein, Sie würden nicht einmal auf Mallorca mit den Einwohnern verkehren, sondern lediglich Land und Meer genießen. Das Ferienhaus im Ausland dient nicht der Integration. Dieses Symbol der Macht wird lediglich als Burg der Erholung genützt."

„Haus hin und her, Sie können doch nicht ernsthaft unsere Kultur mit dem frauenfeindlichen System des Islam aufwiegen."

„Ich sage nicht, dass diese oder jene Kultur besser ist. Ich will nur klarstellen, dass wir trotz Globalisierung keine Vielfalt anstreben. Wir wollen unsere Wertvorstellungen den anderen aufdrängen. Wir wissen anscheinend, was richtig ist."

„Aber Sie erwarten doch nicht, dass wir uns in unserem Land alles gefallen lassen?"

„Ich will Ihnen doch nur den Etikettenschwindel verdeutlichen. Dieses Pluralitätsgeheische. Nebenbei bemerkt zeigen die Fremden, die zu uns kommen, auch selten Toleranz. Auch sie wollen ihr System fortsetzen."

„Nun, wir sind alle einfältig und die Vielfalt drückt sich nur in dem Nebeneinander, nicht in dem Miteinander aus", resümierte sie.

„Ich hätte es nicht schöner sagen können", zeigte sich der Alte friedlich.

Ich räusperte mich. Der Rauch kratzte in der Kehle.

„Wie sehen Sie das?" wandte sich die Frau mir zu.

Ich ergriff die Möglichkeit und formte das Duett zum Trio. „Ich denke, wenn wir uns der eigenen Begrenztheit und der der anderen bewusst sind, sie hinnehmen, ja sogar über uns schmunzeln, dann legen wir einen Nährboden für Toleranz. Es geht nicht darum, gleich gemacht zu werden, sondern die Unterschiede stehen zu lassen. Der Japaner muss nicht jodeln, darf aber, wenn er will."

Beide lachten herzlich bei meinem letzten Satz.

„Als Schriftsteller entziehen Sie sich ja einigen gesellschaftlichen Konventionen. Wenn ich nur daran denke, was manche Menschen in Büros aushalten müssen", philosophierte der Alte.

„Wieso, wenn ich Geld verdienen will, muss ich mich eben anpassen", ereiferte sich die junge Frau.

Schon wieder hatte ich den Einsatz für ein Solo verpasst, was mich ärgerte.

„Was heißt hier Geld verdienen wollen, wir müssen doch alle unsere Existenz absichern, mit Freude hat dies wenig zu tun. Oder wollen Sie mir erzählen, es macht Ihnen Spaß, in einem Kostüm herumzulaufen?" Er betrachtet die offensichtlich Gutsituierte von oben bis unten.

„Sie werden es nicht für möglich halten, aber ich genieße meine Position und mein Auftreten. Ich habe studiert und arbeite sehr hart. Und wenn Sie es genau wissen wollen: Ich will auch noch die nächste Stufe erklimmen und wenn ich Tag und Nacht dafür arbeiten muss."

„Und dann?"

„Was, und dann?" erboste sie sich. Auf ihrem makellosen Hals bildeten sich rote Flecken.

„Ich will Sie nicht beleidigen. Wenn das Ihr Weg ist, dann gehen Sie ihn. Aber was um alles in der Welt reizt Sie am Aufstieg?"

Sie zog eine Schnute. „Geld ist zweitrangig. Es ist der Entscheidungsspielraum, ja, wenn Sie so wollen, die Erweiterung der Optionen."

„Die Vielfalt", scherzte er.

„Klar, ich kann mir vieles leisten. Ich habe mehr zu bestimmen. Ich bin wichtig."

Der Alte schüttelte den Kopf. „Sie könnten sich vieles leisten, haben aber überhaupt keine Zeit, dies zu genießen. Und je höher sie steigen, desto weniger entscheiden Sie. Die Zwänge nehmen zu, nicht ab. Schauen Sie sich doch die Politiker an, wie sie nach Mehrheiten schielen. Da wird Kreide gefressen, da werden alte Werte über Bord geworfen und da wird das getan, was der Pöbel fordert. Und sagen Sie mir nicht, dies wäre in der Wirtschaft anders. Je höher sie aufsteigen, desto abhängiger sind Sie von Verkaufszahlen, Aktienkursen und sonstigem lebenswichtigen Schwachsinn. Sogar im Journalismus, dem Symbol der Meinungsfreiheit, müssen die Auflagen stimmen. Und bekanntlich gibt es Menschen, die ganze Medienlandschaften beherrschen. Aber ich kann Sie in diesem Punkt beruhigen: Selbst diese Giganten sind nicht frei."

„Aber es spricht doch nichts dagegen, strebsam zu sein und sich Ziele zu stecken", erwiderte sie kleinlaut.

„Natürlich nicht. Nur sollten Sie den Preis, den Sie hierfür zahlen, kennen. Dies ist doch kein Vorwurf. Wir wissen doch längst,

dass es keinen objektiven Sinn im Leben gibt, wir uns aber einen subjektiven schaffen müssen, da wir sonst uferlos dahintreiben."
Bei seinem letzten Satz sah er mich an.

Ich kam mir vor wie in der Schule und wusste nicht, was ich sagen sollte.

„Wieso sind Sie Schriftsteller geworden?" bohrte die junge Frau nach.

Diese Frage hatte ich schon oft gehört, wollte aber keine übliche Floskel ablassen. „Um auf das eben Gesagte einzusteigen", entgegnete ich. „Für mich liegt der subjektive Sinn des Lebens unter anderem im Schreiben. Hier kann ich reflektieren, Dinge überdenken, ich kann in Rollen schlüpfen und gleichzeitig die Regie über meine Figuren übernehmen. Dies gelingt nicht immer, denn mitunter verselbständigen sich Protagonisten und ich hechle ihnen hinterher. So betrachtet muss sich der einfältige Schriftsteller auf eine konstruierte Vielfalt einlassen."

„Dienen Ihnen Bekannte und Freunde als Vorlage für Figuren?"

„Manchmal. Anfangs entwickelt sich ein verschwommenes Bild der Figur. Mit der Zeit nimmt es Konturen an. Ich wähle also aus, selektiere, und schaffe eine Figur mit bestimmten Vorlieben und Eigenschaften. Nur dann wirkt sie auf Leser kongruent."

„Ja, Sie begrenzen sich auf einen Handlungsstrang und die Personen sind in diesen Rahmen eingebunden. Sonst wäre die Geschichte nicht logisch, hätte keinen Plot und würde die Leserschaft langweilen. Sie schränken sich ein und in dieser Einschränkung ziehen Sie virtuos alle Register." Der Alte blickte erneut zur Frau, so als solle sie die Oberstimme im Konzert übernehmen.

Ich wusste nicht, ob ich antworten sollte, wagte dann aber doch einen Vorstoß: „Zu Ende gedacht liegt in der Begrenzung die Erweiterung."

Beide sahen mich verblüfft an, weshalb ich ergänzte: „Ich beziehe diese Aussage auf das Individuum. Gesellschaftlich betrachtet freue ich mich über die Mannigfaltigkeit, die zweifelsohne Optionen schafft. Das sehe ich wie Sie". Ich wandte mich bei dieser Aussage ebenfalls der Frau zu. „Wo kämen wir hin, wenn heute noch jeder Bauernjunge Bauer werden müsste und jede Lehrertochter per se Akademikerin wäre. Nein, wir benötigen diese Chancen."

„Die auch Risiken bergen", übernahm der Alte das Wort und somit die erste Geige. „Natürlich kann heute jeder alles werden, zumindest gaukeln sie uns das vor. Sie kennen ja die Philosophie 'Vom Tellerwäscher zum Millionär'. Ich will nicht falsch verstanden werden, denn auch ich begrüße die Wahlfreiheit, gebe aber zu bedenken, dass hierin die Orientierungslosigkeit lauert. Viele Menschen sind überfordert mit dieser Pluralität. Und Statistiken belegen, dass diese hoch gepriesene Freiheit nicht für alle zutrifft und selten ausgeschöpft wird. Weiterhin werden sich die Kinder an den Mustern der Eltern orientieren und der Sohn des Anwalts wird wieder Anwalt werden. Außerdem fordert jede Entscheidung eine Unterscheidung. Dies wird nicht in allen Gesellschaftsschichten gleich offeriert. Ich behaupte sogar, dass sich inzwischen das Verhältnis zwischen Chance und Risiko zu Gunsten der Gefahr verlagert hat."

„Gibt es ein besseres System?" stichelte die Frau.

Ein kurzes, aber gutes Solo, kommentierte ich für mich.

„Der Trick ist alt", lächelte der Mann. „Ich entziehe mich der Kritik über Schwachstellen, indem ich aufs Absolute hinweise. Natürlich kenne auch ich kein besseres System, aber sollten wir uns deswegen zurücklehnen? Nein, wir müssen optimieren und die Schwachstellen benennen. Sonst entstehen bei vielen Leuten Bedürfnisse, die nicht befriedigt werden können. Ich behaupte sogar, dass dies bei der Kriminalität eine Rolle spielt."

„Dann wäre es sinnvoll", resümierte ich, „wenn wir auf unsere Begrenztheit hinweisen, wenn wir Menschen erklären, dass die Vielfalt zwar vorhanden ist, jedoch nicht als Selbstbedienungsladen gesehen werden kann."

Er runzelte die Stirn. „Ja, wobei es mir nicht so sehr um Vernunft und Aufklärung geht. Ich würde eher im Gefühlsbereich ansetzen. Kinder sollten von Klein auf ihre Stärken und Schwächen erforschen. Sie sollten lernen, gezielt auszuwählen. Schließlich geht es um Zufriedenheit und die erreicht ein Mensch, indem er seine Neigungen und Interessen auslebt. Das wiederum heißt: Unterscheiden, entscheiden und letztendlich sich begrenzen."

„Ich gebe Ihnen Recht", stimmte die Frau zu. „Aber wir leben in einer globalisierten, pluralistischen Konsumgesellschaft, in der Bedürfnisse künstlich erzeugt werden. Es geht nicht um Glück oder Zufriedenheit, sondern um Wirtschaftswachstum."

Der Alte lächelte. „Ja, ich weiß, uns wird eine Vielfalt angeboten, die wir einfältig annehmen. Hierbei wird Qualität mit Quantität aufgewogen. Oder meinen Sie, durch die Fülle der Programme wäre das Niveau im Fernsehen gestiegen?" Dann sah er mich an: „Oder sind Sie überzeugt, dass durch den Umstand, dass es zwischenzeitlich mehr Schreiber als Leser gibt, die Bücher gehaltvoller geworden sind? Ich denke, dass Menschen, die an die Vielfalt glauben, einfältig sind."

In diesem Augenblick erreichten wir Stuttgart – Bad Cannstatt auf Gleis 6. Ich hatte dreizehn Minuten Zeit und schlenderte gedankenversunken und ohne Eile zu Gleis 4. Auf dieser kurzen Strecke schwirrte mir das Adagio aus Bruckners achter Symphonie durch den Kopf. Ja, auch dieser Künstler könnte als beengte, einseitige Persönlichkeit umschrieben werden, stieg jedoch in seiner engstirnigen Besessenheit auf zu den Höhen des Musenberges Parnaß.

Pünktlich um 13.26 Uhr fuhr der Zug Richtung Tübingen weiter. Ich hatte noch eine knappe Stunde Fahrzeit vor mir, suchte ein Nichtraucherabteil und konzentrierte mich auf meine Skripten.

Der Nadelverkäufer

„Guten Tag, Herr Griebe", säuselt die Attraktive im Vorzimmer. Als Vertreter für Laser, Medizin wie Industrie, war er mit seinen 34 Jahren schon viel herum gekommen. Diese Tätigkeit hatte ihm bei seinen Freunden den Spitznamen „Nadelverkäufer" eingebracht.

In diesem Augenblick öffnet sich die mit Leder überzogene Tür. Die Augen des Direktors und Griebes treffen sich. Beide erstarren.

„Entschuldigung", stammelt Griebe und verlässt sichtlich erblasst das Büro auf Nimmerwiedersehen.

Die Beweggründe für dieses ungewöhnliche Verhalten sollen kurz geschildert werden:

Griebe fuhr vor zehn Tagen mit einem nagelneuen silbrigen Z3 ans Mittelmeer. Eine Woche ausspannen, einfach die Seele baumeln lassen – soweit seine Absicht. Die Villa lag idyllisch in einem Pinienwäldchen nahe am Meer. Eilfertig schlüpfte er in die Badehose und genoss die kühle Frische. Ein Wahnsinn, unvergleichlich, kommentierte er das Glücksgefühl, das sich sogleich einstellte. Alleine dieser eine Augenblick rechtfertigt die Strapazen, überlegte er.

Im Anschluss erkundete er kurz die Gegend und steuerte ein Restaurant an. Er wollte Menschen – vor allem Frauen – sehen. Mitunter schlich sich das Alleinsein in sein Gemüt. Vorauseilend suchte er ständig die Nähe von Menschen. Auch die Tatsache, dass er alle paar Jahre den Wohnort wechselte, hing mit seiner Vorliebe, Frauen zu erobern, sich selbst aber nicht binden zu wollen, zusammen. Er favorisierte die Verführung. Hierbei versprach er keiner Frau den Himmel, sondern betonte immerfort seine Lust am Abenteuer. Nein, Griebe legte nicht das Verhalten eines romantischen Schwärmers an den Tag, der im Überschwang die Seele beschwor. Sein Grundsatz: Eroberung ohne Zerstörung.

Er bestellte eine Flasche Valpolicella und Muscheln in Tomatensauce. Leicht beschwipst meinte er zu sich selbst, dass die Muscheln schwimmen sollten. Deshalb bat er die Frau im gelben T-Shirt, sie möge ihm noch einen halben Liter bringen. Augenblicklich wurde er angefaucht, was ihm denn einfalle. Erst jetzt erkannte er, dass er sich von der Farbe des Shirts hatte täuschen lassen, denn es handelte sich ebenfalls um eine Touristin. Da aber alle Bedienungen in diesem Lokal gelbe T-Shirts trugen, hatte ihm der Liter Wein einen Streich gespielt. Während die Alte schimpfte, schüttelte er nur vergnügt den Kopf und lachte über diesen kleinen Lapsus.

Hierüber kam die Gekränkte erst richtig ihn Fahrt: „Sie Lümmel, ich bin doch nicht hier, um Sie zu bedienen. Eine Unverschämtheit."

Griebe kullerten zwei Tränen herunter, so lustig fand er die Szene. Und um die Sache nicht vorzeitig zu beenden, meinte er: „Sie können sich auch gerne einstweilen nebenan anstellen und mir ein Joghurteis holen – bitte zwei Kugeln in einer Waffel."

„Sie spinnen doch! Sie sind von allen guten Geistern verlassen", motzte die Gelbe.

Griebe stand auf und flüsterte ihr ins Ohr: „Gelb steht Ihnen hervorragend."

Endlich schaltete sich ihr Partner ein. „Komm, lass uns gehen. Du siehst doch, der Herr ist betrunken."

„Besoffen, aber noch nicht abgesoffen", feixte Griebe und ließ sich wieder nieder. Als sich die Gelbe schon fünf Meter entfernt hatte, rief er ihr nach: „Falls Sie zufällig zum Metzger kommen, bringen Sie mir 100 Gramm prosciutto mit."

Am nächsten Morgen schlenderte Griebe zum Strand und mietete sich einen Sonnenschirm mit Stuhl und Liege in der ersten Reihe – wo sonst? Links neben ihm tobte eine italienische Familie. Die Kinder schaufelten im Sand, der Vater rauchte und die Mutter lief aufgeregt mit dem Handy auf und ab. Zu seiner rechten Seite kampierte ein älteres Paar – beide so um die 60 mit einem etwa 18-Jährigen Mädchen. Als Griebe nickte, drehte ihm die Alte demonstrativ den Rücken zu. Das Mädchen trug einen schwarzen Bikini. Sehr unvorteilhaft, bemerkte er. Der weiße Babyspeck rollte sich auf ihrem Bauch. Kurz gesagt: die Attraktion hielt sich in Grenzen. Aber Griebe war in all den Jahren, was das andere Geschlecht anging, nie wählerisch. Allein die Aussicht eine Frau erobern zu können, reizte und beflügelte ihn.

Der Alte zog nun sein Hemd aus. Griebe stellte fest, dass dieser Mann nicht nur an den Beinen und auf der Brust behaart war. Nein, sogar auf dem Rücken kräuselten sich die Haare. Sofort assoziierte er einen Affen. Da er als Kind gerne Wilhelm Busch gelesen hatte, nannte er ihn heimlich Fipps, nach dem Selbigen.

Logischerweise taufte er die Frau Jette und die Göre Elise – zwei weitere Buschfiguren.

Nun verschwendete Griebe keinen weiteren Gedanken mehr an dieses Dreigestirn. Seine Augen schweiften zum Wasser, in das gerade eine langhaarige Blondine stieg. Anfangs durchquerte sie Sand und Wasser mutig – bis zu den Knien. Dann streckte sie sich bei jeder kleinen Welle und schritt vorsichtig in Richtung Tiefe. Endlich passierte es: Eine größere Welle erwischte ihr Höschen. Sie spreizte die Finger und stand nun bis zum Nabel im Wasser. Hurtig spritzte sie sich Salzwasser auf den Busen und tauchte kopfüber ein. Hierbei tauchten kurz ihr Po und ihre Beine an der Oberfläche auf. Diese elegante Bewegung erinnerte Griebe an einen Delphin. Etwa eine halbe Stunde planschte sie vor seinen Augen. Dann stieg die Frau graziös aus dem Wasser. Ihr Haar klebte am Kopf und Griebe konnte ihre etwas zu großen Ohren hervor spitzen sehen.

Schnell erhob er sich und begab sich zur Dusche. Fast zeitgleich traf er mit der Blonden dort ein. Nach kurzem Augenkontakt fragte er sie, ob sie Lust hätte, mit ihm einen Eiscafe zu trinken. „Ich bin mit meinem Freund hier", fiepte der Delphin.

„Hm", brummte Griebe und legte sich wieder auf seinen Liegestuhl.

Kurz darauf sah er, wie Fipps und Jette Hand in Hand ins Meer rannten. Ohne zu zögern, eben zwei echte Deutsche, kommentierte Griebe.

Kaum befanden sie sich außer Sichtweite, drehte sich Elise ihm zu und wollte wissen, ob er aus Deutschland komme.

„Nein, aus Tokio", verblüffte er die Kleine.

Elise strahlte ihn an. „Wohnen Sie in der Nähe?"

„Das Haus liegt in der ersten Querstraße links. Wenn Sie mich besuchen wollen, dann achten Sie einfach auf den silbrigen Z3", gab er ihr Futter für die Phantasie.

Sie kicherte verlegen und wollte gerade etwas erwidern, als Fipps und Jette anrückten. Elise drehte sich auf die andere Seite. Das Gespräch war beendet.

Nach der Mittagsstunde begab er sich erneut an den Strand. Während er seinen Schirm aufspannte, entstand Blickkontakt zu Fipps. Griebe bemühte sich um lockere Konversation. „Ist Ihre Enkeltochter gerade im Wasser?"

Bevor der erstaunte Fipps antworten konnte, legte Jette los: „Mein Herr, Erika ist unsere Tochter. Sie sollten sich wohl besser um Ihre Angelegenheiten kümmern." Wutschäumend wandte sich Jette ab.

Kurze Zeit später störte Griebe ein unangenehmer Geruch – eine Belästigung. Wo kommt diese Gestank her, fragte er sich, bevor er feststellte, dass Fipps eine Zigarre paffte und dank ungünstiger Windverhältnisse der Rauch genau zu ihm zog. Früher als geplant packte er seine Sachen zusammen und suchte sich ein schönes Lokal zum Schlemmen.

Um nicht unnötig seine Nerven zu strapazieren, begab er sich am nächsten Morgen nochmals zur Kasse am Strand. Er bat die Frau, ihm einen anderen Platz zuzuteilen. Klar, er hatte für eine Woche im Voraus gebucht und bezahlt, aber gegen einen kleinen Aufpreis müsste es doch möglich sein, zwanzig Meter weiter – links oder rechts – einen anderen Sonnenschirm mit Stuhl und Liege zu ergattern. Er wollte einen stressfreien Urlaub verleben. Die Kassiererin willigte schließlich ein. Rechts neben ihm lag nun ein Pärchen aus Niederbayern. Er hielt ein Weißbier in der Hand und sie las einen Groschenroman. Der Platz links neben ihm blieb den ganzen Vormittag frei, was er mit Genugtuung registrierte.

Vergnügt hielt er Ausschau nach dem Delphin. Der Vormittag verlief ohne besondere Ereignisse. Erst am Nachmittag, nach der Siesta, erlebte er eine Überraschung, denn unter dem anderen Schirm erspähte er Erika. Sie hat sich von den Alten losgeeist und will mich aufsuchen, schlussfolgerte Griebe selbstbewusst. Aber nein, sie gackerte vor Freude und berichtete, dass der Behaarte ebenfalls auf die Idee gekommen sei, den Platz zu wechseln. Armer Fipps, witzelte Griebe und spürte Schadenfreude.

Na gut, dachte Griebe, ich habe die Situation nicht heraufbeschworen, aber die Kleine läuft mir ja unwiderruflich in die Arme. Längst hatte er begriffen, dass alle schönen Mädchen in Begleitung am Strand promenierten. Seiner Philosophie folgend lächelte er Erika an und dachte: der einen fehlt der Wein, dem anderen der Becher.

Mit hochrotem Kopf konstatierte Jette ihren neuen und alten Nachbarn.

Griebe schaute indes unbekümmert ins Meer und verglich Elise alias Erika bösartig mit einer Seifenblase, in der sich zweifelsohne nicht viel befindet, die aber bei entsprechendem Licht leuchtet und glänzt. Er würde sie umschwärmen, denn zu einer gelungenen Urlaubsentspannung gehörte seiner Meinung nach das Prickeln. Seine ewige Neugierde, diese Gier nach Neuem, nach Abenteuern und Erfahrungen spornte ihn an. Wenn ich die Kleine becirce, überlegte er, dann verwandelt sich Italien in Kythera, jener heiligen Insel der Göttin Aphrodite.

An diesem Nachmittag ließ er sich auf keinen Plausch mit den Nachbarn ein. Als Fipps und Jette jedoch Hand in Hand verschwanden, erklärte er Erika, dass er sie um 23.00 Uhr in seiner Villa erwarte. Schließlich sei sie erwachsen und könne doch noch abends ausgehen. Das Mädchen nickte eifrig mit dem Kopf, der sogleich erglühte.

Dann packte er zusammen, bevor er erneut mit den Alten konfrontiert wurde. Er ging Essen, kaufte zwei Flaschen Prosecco und saß ab 21.00 Uhr auf seiner Terrasse mit Blick zum Gartentürchen.

Endlich betrat Erika zögerlich den Garten. Sie trug eine kurze weiße Hose und ein Shirt, das erahnen ließ, dass sie darunter nichts an hatte. Griebe ging ihr entgegen und küsste sie auf die Wange.

„Ich kann höchstens eine Stunde bleiben", zitterte ihre Stimme.

Er nahm ihre Hand und führte sie ins Wohnzimmer. Sogleich bot er ihr ein Glas Prosecco an, das sie in einem Zug austrank. Dann schaltete er den CD-Player an. Seine Devise: alles eine Frage der Technik und der Vorbereitung. Nun ertönte 'Gel' du magst mi' von Ludwig Hirsch. Er tanzte mit ihr und machte sich mit ihrem Körper vertraut. Gegen Ende des Liedes führte er sie im Tanzschritt in sein Schlafzimmer.

Erika strahlte, als sie sich anzog. „Kann ich morgen wieder kommen?"

„Klar, du musst nur wissen, dass wir beide uns im Urlaub vergnügen. Es geht hier nicht um die Ewigkeit. Also keine Trauer und keine Szene, wenn der Urlaub sich zu Ende neigt. Unter diesen Bedingungen ist alles in Ordnung."

Sie nickte gehorsam und verschwand in der Dunkelheit.

Die nächsten beiden Tage und Abende verliefen ähnlich. An den Rhythmus könnte ich mich gewöhnen, witzelte Griebe. Nur die Bedienung im Restaurant nervte ihn. Diese Italienerin mit den langen schwarzen gewellten Haaren stolzierte an ihm vorbei, als wäre er Luft. Kein Lächeln, kein Augenkontakt. Sogar das überhöhte

Trinkgeld steckte sie unbeeindruckt ein. Er fragte sich, worauf sich dieses Mädchen etwas einbildete. Hierbei ging es ihm noch gar nicht um Sex. Er zeigte stets Verständnis, wenn eine Frau stopp sagte. Aber dieser künstliche Wassergraben, der jede Kommunikation und zwischenmenschliche Begegnung unmöglich macht, erschien ihm übertrieben. Für ihn waren solche Frauen nicht konsequent, sondern arrogant.

Am folgenden Abend kam Erika später. Sie war aufgebracht und nervös, da es zuvor mit den Eltern Ärger gegeben hatte. Ihre Mutter wollte genau wissen, wo sie sich herumtreibe. Obwohl Erika 19 Jahre alt war, schienen die Alten sie auf Schritt und Tritt zu kontrollieren. Außerdem berichtete sie, dass ihre Mutter immer noch über Griebe empört sei.

„Komisch, dass jemand auf Grund eines kleinen Missgeschickes am Strand so heftig reagiert."

„Das stimmt nicht ganz. Schon am ersten Abend hast du Mama verarscht", erwiderte Erika und öffnete mit eingezogenem Bauch den Knopf ihrer Jeans.

„Wie bitte?"

„Weißt du nicht mehr, wie du Sie zur Kellnerin degradiert hast", antwortete Erika.

„Das war deine Mutter. Scheiße. Ich hatte einen Liter Wein intus und mich von der gelben Farbe verleiten lassen. Und als sie so aufbrauste, legte ich noch ein Stück Holz ins Feuer. Zugegeben, dass mit dem Eis war überzogen. Aber wieso die Hektik?"

„Meine Mutter arbeitete früher in der Tat in einer zwielichtigen Kneipe. Dort lernte sie Papa kennen. Sie wird nicht gerne an die Zeit erinnert. Übrigens habe ich das erst durch die Szene mit dir erfahren, denn sie diskutierten die ganze Nacht lautstark." Dann zog sie die Hose aus. „Gell, ich bin zu dick?"

Er grinste, da er das regelmäßig von Frauen hörte. Sogar die Dünnsten rückten irgendwann mit dieser Befürchtung heraus. Hierfür hatte er eine humorvolle Standardantwort parat: „Dann bist du bei mir völlig richtig. Das Wort Griebe bedeutet soviel wie ausgelassener Speck. Einer meiner Vorfahren verdiente seine Brötchen zweifelsohne als Fetthändler. Und jetzt werde ich mal prüfen." Er griff Erika zwischen die Schenkel und sie kicherte.

„Sie werden gar nichts prüfen", hörte Griebe eine Stimme wie aus einem anderen Film.

„Papa!", schrie Erika und versteckte ihre Blöße unter der Decke.

„Moment mal", sammelte sich Griebe und sah Fipps in die Augen. Schließlich war es nicht das erste Mal, dass er in flagranti erwischt wurde. Er schnaufte zuerst einmal tief durch, wie er es beim Managertraining gelernt hatte. „Ihre Tochter ist volljährig und Sie schleichen sich in mein Haus. Das ist Hausfriedensbruch, wenn nicht gar Einbruch. Ihre Sorge in aller Ehre, aber diese Indiskretion ist impertinent."

„Sie sind ein mieses kleines Arschloch", entgegnete Fipps. „Wenn Sie glauben mit ihrem Cabriolet könnten sie jungen Mädchen den Kopf verdrehen, dann sollten Sie hierbei meine Tochter aussparen. Für einen Typen wie Sie ist sie zu schade."

„Klar, sonst landet sie da, wo die Mutter herkommt", konterte Griebe frech.

In diesem Augenblick holte der Alte aus und knallte ihm eine, dass die Finger auf Griebes linker Backe zu sehen waren. Es brannte wie Nadelstiche. Dann umklammerte er den Oberarm seiner Tochter mit festem Griff. „Du kommst jetzt mit."

Griebe ging duschen, zog sich chic an und fuhr ausnahmsweise mit dem Wagen in das Lokal, wo er schon die letzten beiden Abend gespeist hatte.

„Guten Abend", begrüßte ihn die Bedienung überschwenglich. Dieselbe Frau, die ihn die letzten Tage kaum wahrgenommen hatte, überschlug sich vor Freude. Die Welt ist ungerecht, dachte Griebe, kaum fährst du mit offenem Wagen vor, erhöht sich dein Marktwert. Die Zuneigung steigt mit dem Geldbeutel und dem Einfluss. Aber das war ihm längst bekannt. Er spielte mit und das mit Erfolg.

In dieser und in der nächsten Nacht fuhr er mit der Italienerin im offenen Wagen spazieren. Und wenngleich er sich stets redlich bemühte, bei Frauen auf seine Art ehrlich zu bleiben, versprach er dieser Bedienung, die ihn so unterschiedlich bedient hatte, Himmel und Sterne. Auf ihre Frage, wie lange er noch bliebe, erwiderte er am Tag seiner Abreise: „Noch mindestens zwei Wochen – vielleicht für immer." Sie sollte sich Hoffnungen machen, vom reichen Deutschen träumen und durchaus glauben, sie wäre unwiderstehlich. Als er abreiste, verabschiedete er sich nicht. Er hatte sich sogar für Mitternacht mit ihr verabredet. Jetzt könnte sie ihre Nase hoch in den Wind halten und mit den Nüstern beben, wenn ihr allmählich klar würde, dass sie ihm auf den Leim gegangen war.

An seinem ersten Arbeitstag hatte er in Erwartung eines lukrativen Geschäftes das Zimmer des Direktors betreten. Erst als er diesem gegenüberstand, blieb ihm die Luft weg. Ironie des Schicksals: Dieser wichtige Mann war niemand anders als Fipps.

Das Streichkonzert

Vor zehn Jahren verlor ich – ein erfolgreicher 38-jähriger Ingenieur – meine Arbeit, da ich mich geweigert hatte, für längere Zeit ins Ausland zu gehen. Dieses eine Nein hatte gravierende Auswirkungen auf mein weiteres Leben. Zuerst genoss ich die Verschnaufpause. So ein erholsames Intermezzo kam mir durchaus gelegen. Jedoch erkannte ich bald: Aus der Warte der Arbeitslosigkeit heraus lässt sich nicht stichhaltig argumentieren. Mein Marktwert, mein Bankkonto und mein Lebensstandard verringerten sich Monat um Monat. Kurz und gut: Nirgends bekam ich eine Chance.

Schweren Herzens trat ich den Weg zum Sozialamt an. Ich, ein Sozialhilfeempfänger! Die Demütigung war unbeschreiblich.

Die Arbeitslosigkeit beeinflusste mein Leben stärker als ich dies für möglich gehalten hatte. Meine Ordnung und Struktur ließen zu wünschen übrig. Allmählich verlor ich sogar die Orientierung für die Zeit. „Welcher Tag ist heute?" war einer meiner häufigsten Fragen. Selbstverständlichkeiten wie Einkaufen gehen oder sauber machen wurden mir lästig. Ich entdeckte aggressive Züge an mir.

Zu meinem vierzigsten Geburtstag – vor acht Jahren – schenkte mir mein Vater eine Konzertkarte. Meine Euphorie hielt sich in Grenzen, als ich las, dass es sich um ein klassisches Konzert handelte. Ohne große Erwartungen besuchte ich diese Veranstaltung. Schließlich stand mir alle Zeit der Welt zur Verfügung. Und siehe da: Ich war begeistert. In diesen zwei Stunden konnte ich abschalten und den Alltag vergessen. Ich war verzaubert, schwebte in ungeahnten Spähren.

Um es abzukürzen: Seit dieser Zeit sparte ich mir den Eintritt für klassische Konzerte vom Mund ab. Diese wenigen Momente gaben mir Inhalt und Struktur. Ich lebte von einem Konzert zum nächsten. Leider konnte ich mir dieses Vergnügen höchstens ein, zweimal im Monat auf den billigen Plätzen leisten. Aber immerhin.

Bei meinem letzten Konzertbesuch ereignete sich etwas, das erneut mein Leben veränderte. Ich saß in der vorletzten Reihe – neben mir ein gutsituierter älterer Herr. Das Orchester spielte gerade pianissimo eine zarte Melodie, als es plötzlich krachte. Der Nachbar hatte anscheinend seine Darmwinde nicht im Griff.

Richtig! Er furzte, und zwar laut und deutlich. Augenblicklich drehten sich im Umkreis von fünf Metern alle Gesichter zu uns – genauer gesagt zu mir. Auch der Störenfried warf mir einen verächtlichen Blick zu.

Ich schämte mich und lief rot an. Am liebsten wäre ich aufgestanden und hätte gebrüllt: „Der da war es! Ich war das nicht!" Aber ich schwieg und vermied den Blickkontakt. Mir war das alles sehr peinlich. Mein angeschlagenes Selbstwertgefühl war dieser Situation nicht gewachsen. Ich konnte mich nicht mehr auf die Musik konzentrieren. Alles in mir pulsierte.

In der Konzertpause tuschelten einige Besucher. Sie starrten mich heimlich an, das spürte ich, und zog mich verlegen auf die Toilette zurück. Als ich herauskam, eilte ein Saalordner auf mich zu und erklärte mir, dass ich das restliche Konzert doch lieber im Foyer genießen sollte, um die anderen nicht zu stören. Ich schnappte nach Luft, brachte aber keinen Ton hervor. Ich war wehrlos. Seit meiner Arbeitslosigkeit fehlten mir immer häufiger die Worte. Konflikten ging ich vorsichtshalber aus dem Weg. Die Auswegslosigkeit hatte mein Verhalten grundlegend verändert.

Gehorsam setzte ich mich auf eine Steinbank im Foyer. Ich hoffte, der Alte würde nochmals losdonnern, einem Serienmörder gleich, der weiter sein Unwesen treibt. Dies hätte meine Unschuld bewiesen und mich im Nu rehabilitiert. Ich wünschte ihm Blähungen, die mich in meinem Elend jedoch selbst einholten.

Als gegen Ende des Konzert der Beifall einsetzte, schlich ich mich ins Freie. Inzwischen war ich mir gar nicht mehr sicher, wer von uns beiden gefurzt hatte.

Streichkonzerte sind in Zukunft gestrichen. Die Angst zu versagen, sitzt zu tief in meinen Knochen.

Der Vortrag

Ich kann mich nicht erinnern, wann es das letzte Mal so heiß gewesen ist. Seit einer Woche steigen die Temperaturen astronomisch, und die Luft wabert. Alle Menschen stöhnen und schwitzen. In der Nacht ist kaum an Schlaf zu denken.

Ich sitze auf der Terrasse an einem schattigen Plätzchen und trinke eine Cola light. Natürlich denke ich an meinen Vortrag, den ich heute Abend halten werde. Nicht dass ich nervös wäre, ich habe dieses Referat schon mehrmals gehalten und kenne alle Pointen in- und auswendig. Hinzu kommt, dass ich seit vielen Jahren in der Öffentlichkeit auftrete und manche Bausteine meiner Rede schon fünfzigmal zum Besten gegeben habe. Diese Routine schützt vor allzu großer Aufregung, wenngleich ich immer noch tief durch schnaufe, wenn ich einen vollen Saal betrete. Deshalb bemühe ich mich, etwas früher anzureisen. Ein sich füllender Raum beunruhigt mich weniger.

Ich schaue auf die Uhr und weiß, dass ich mich allmählich erheben muss, wenn ich nicht in Stress geraten will. Ich hasse Stress.

„Schatz, ich gehe duschen", rufe ich meiner Angetrauten zu.

Elisabeth nickt nur kurz, konzentriert sich aber gleich wieder auf ihre Lektüre. Sie liest Stefan Zweig, den sie seit Jahren verehrt. Elisabeth genießt jede freie Minute mit einem Buch in der Hand. Meine Weisheiten, die auf fremde Menschen mitunter beeindruckend wirken, hinterlassen bei ihr keine Spuren. Ihr Dialog findet ausschließlich mit Büchern statt. Obwohl sie querbeet liest und viele Informationen parat hat, lässt sie mich monologisieren. Nur ganz selten runzelt sie die Stirn oder zieht überrascht die Augenbrauen hoch. Freilich unterbricht sie mich nie. Meine Frau will nicht mit mir diskutieren und lässt sich niemals provozieren. Einige Bekannte titulieren Elisabeth als die Ruhe selbst; andere bezeichnen sie als stilles Wasser.

„So kann man das auch sehen", kommentiert sie meine theoretischen Höhenflüge und vertieft sich sogleich wieder in ihr Buch. Sie liest in der Badewanne, auf der Toilette, wenn sie auf den Zug wartet, ja sogar beim Kochen.

Ich dusche – wie immer, wenn es draußen sehr heiß ist – lauwarm. Dann spiele ich einen Moment lang mit dem Gedanken, das kalte Wasser aufzudrehen, was ja bekanntlich die Blutzirkulation anregen soll. Sogleich verwerfe ich diese Idee, weil ein Mann mit 44 eher an die Gefahren des Herzens als an einen spritzigen Kreislauf denken muss. Lauwarmes Wasser erfrischt ebenso, rede ich mir beim Einseifen ein und trällere eine vertraute Melodie aus Beethovens Fidelio.

Nach dem Brausen frottiere ich mein kurzes, ergrautes Haar ab. Noch gut erinnere ich mich, als vor zehn Jahren die ersten grauen Haare aus meinem schwarzen Schopf grinsten. Ich hätte heulen können. Lange überlegte ich, ob ich mir gleich zu Beginn des Übels die Haare färben sollte. Elisabeth war in dieser Krise keine Hilfe, sie meinte: „So kann man das auch sehen."

Ich stehe vor dem Schrank und betrachte meine Anzüge. Trotz der Hitze favorisiere ich bei Vorträgen stets Anzug mit Krawatte. Dieses Outfit unterstreicht meinen Vortrag und verleiht ihm Seriosität. Selbstverständlich nütze ich diesen Effekt.

Heute abend ist es sicher nicht mehr ganz so heiß. Und auf der Fahrt schützt mich meine klimatisierte Limousine mit dem Stern auf der Haube. Ein Auto mit Klimaanlage ist in meinem Beruf vergleichbar der schwarzen Kleidung des Schornsteinfegers. Wer, wie ich, täglich weite Strecken zurücklegt und gut angezogen erwartet wird, muss seinen Wagen als Büro betrachten. Elisabeth bevorzugt einen alten Golf. Sie weigert sich strikt, mit meinem Auto zu fahren. Dass sie dieses lange Schiff nicht selbst steuert, verstehe ich noch, dass sie aber nicht einmal mitfahren will, erzeugt bei mir Unverständnis – manchmal sogar Unmut. Aber sie diskutiert nicht, sondern stellt regelrecht fest, dass ich beruflich gerne mit diesem Schlitten herumkutschieren könne. Privat würde uns beiden ihr Golf genügen.

Ich entscheide mich schließlich für einen beigen, leichten Sommeranzug, zu dem das dunkelblaue Hemd hervorragend passt. Auch mit der Krawatte harmonieren diese beiden Töne. Ich ziehe mich an und kontrolliere mein Konterfei im Spiegel. Ja, ich bin zufrieden. Als vor fünf Jahren die grauen Haare auf meinem Kopf bedenklich zunahmen, wäre ich fast ausgeflippt. Aber ich habe schnell erkannt, dass dies kein Handikap darstellte. Ganz im Gegenteil: Ich hinterließ hierdurch einen seriösen Eindruck, der durchaus mit meinem gewünschtem Auftreten in Einklang stand. Meine Beliebtheit in der Frauenwelt stieg sogar an – für mich ein unbegreifliches Phänomen, das ich aber gerne so hinnahm. Als ich

Elisabeth einmal hierzu um ihre Meinung gebeten habe, erklärte sie lakonisch: „Manche Männer wirken im Alter interessanter, andere nicht."

Ich schnappe mir meine Aktentasche mit den Unterlagen und verabschiede mich mit einem kurzen „Tschüss" von Elisabeth. Im Auto höre ich Georg Friedrich Händel. Auf dem Beifahrersitz liegt griffbereit der Fahrplan. Eine Angewohnheit, die ich als Vielreisender nicht vermissen möchte. Im Rückspiegel überprüfe ich kurz meine Frisur und fahre los. Die Straßen sind frei. Niemand würde bei diesen Temperaturen freiwillig Auto fahren. Die Klimaanlage verhindert, dass ich transpiriere. Vergnügt pfeife ich zu Händel. Obgleich ich mindestens eine Stunde Fahrzeit einrechnen muss, bin ich – wie immer – viel zu früh am Ort des Geschehens. Aber lieber warte ich, als dass ich hektisch durch die Gegend sause. Auch dies verstehe ich als Prophylaxe gegen Stress und Herzversagen. Seit meinem 40-zigsten Geburtstag ein Thema, das mich häufig beschäftigt. Bekräftigt wurde meine Angst durch die Tatsache, dass in den letzten drei Jahren zwei Bekannte von mir – beide jünger! – an Herzinfarkt gestorben sind. Da gibt es nichts zu spaßen.

Mein heutiger Vortrag findet in einer Mehrzweckhalle statt. Ich kann mit dieser Turnhallenatmosphäre nicht viel anfangen. Der einzige Vorteil liegt darin, dass solche Säle jeder kennt und ich mich nicht ewig durchfragen muss. Ich kippe beim Öffnen der Wagentür fast aus den Schuhen. Während der Fahrt habe ich diese unausstehliche Hitze völlig verdrängt.

Sofort beginne ich zu schwitzen, weshalb ich gleich zur Halle eile. Innen ist die Luft zwar mies, aber dafür ist es nicht ganz so heiß. Gut isoliert, schätze ich und stelle mich mit kräftigem Händedruck dem nervösen Veranstalter vor. Diese Zeremonie erlebe ich überall. Ein kurzer small talk, und dann zeigt mir der freundliche Herr meinen Platz. Wir überprüfen das Mikrophon. Ich finde Sprechproben zwar unangenehm, aber ebenso unverzichtbar. Meistens zähle ich, während ein Techniker die optimale Akustik auspeilt. Anschließend ziehe ich mich zurück und konzentriere mich auf den Vortrag. Früher habe ich vor und vor allem nach Vorträgen gerne eine Zigarette geraucht. Aber mit vierzig habe ich mich dazu durchgerungen, gesünder zu leben und gab das Laster auf. Ich lebe solide.

Bis vor ein, zwei Jahren hatte ich immer Bedenken, im Publikum könnte eine Person sitzen, die mich bereits öfter gehört hat. Wie jedem Redner war mir bewusst, dass sich meine Gags ständig wiederholen und ich immer an derselben Stelle die gleichen Floskeln einfließen lasse. Sogar meine Pausen waren einstudiert. Aber diese Angst des Überführtwerdens ist endgültig überwunden. Was kann ich dafür, wenn sich jemand mehrmals meine Vorträge anhört. Schließlich besteht keine Hörpflicht und auch die größten Denker erfinden nicht täglich das Rad neu.

Von der Redezeit abgesehen, gibt es zwei Phasen, die sich erheblich voneinander unterscheiden. Vor dem Vortrag verhalten sich die Menschen einem Redner gegenüber anders als nach dem Ereignis. Anfangs kennt mich nur der Veranstalter und stellt mich einigen Leuten vor. Diese Zuhörer geben sich freundlich, aber reserviert. Auch entdecke ich ab und zu Leute, die kurz auf mich deuten – vielleicht rätseln sie, ob ich der Referent bin.

Nach meinem Auftritt ändert sich vieles. Durch die Rede stehe ich im Mittelpunkt, weshalb anschließend Personen auf mich zukommen, die vom Glanz abschöpfen wollen. Je besser der Vortrag und um so frenetischer der Beifall, desto stärker biedern sich Leute an. Andere wiederum werfen mir einen scheuen Blick zu. Manche sind so aufdringlich, dass sie mich sogar auf der Toilette anquatschen. Ich vermute, dass die Distanz verloren geht, weil sie glauben, sie würden einen kennen. Wenn mein Vortrag ihrem Geschmack entspricht, sehen sie in mir den Gleichgesinnten und wanzen sich an. Genau kann ich das Phänomen nicht erklären, muss aber an dieser Stelle gestehen: Ich genieße die Aufmerksamkeit und das Bad in der Menge.

Allmählich füllt sich der Saal. Trotz der Hitze dieser Tage scheinen die Menschen an diesem Ort meinen Beitrag hören zu wollen. Dies freut mich, denn niemand spricht gerne vor leeren Stühlen. Der Veranstalter hat die Werbetrommel kräftig gerührt und seine Mitglieder aktiviert. Schließlich kostet dieser Abend ja auch eine Menge Geld – denn ohne Gage arbeite ich nicht. Nein, ich lebe von dieser Tätigkeit und lasse mich auf Menschen, die um mein Honorar feilschen wollen, überhaupt nicht ein. Qualität kostet ihren Preis, das weiß ich, und das nütze ich aus. Der Organisator stellt mir eine Dame vor, die mich vor zehn Jahren schon mal gehört hat und immer noch von meiner spontanen Art schwärmt.

Die Rentnerin war angeblich für meine Einladung mitverantwortlich. Ich lächle, während sie pausenlos erzählt. Offen gesagt: Ich höre ihr überhaupt nicht zu. Ich achte lediglich darauf, dass mir keine Pointen oder Fragen entgehen, ansonsten verhalte ich mich passiv. In Gedanken stehe ich schon am Rednerpult.

Wie bei jeder Veranstaltung blickt der Verantwortliche ungeduldig und unsicher auf seine Uhr. „Warten wir noch ein paar Minuten?" schließt er mich in sein Denken ein.

„Wie Sie meinen", erwidere ich unbeeindruckt. Früher führte es bei mir zu Irritationen, wenn einige Nachzügler sich nach leeren Plätzen drängten, während ich mich vorne abstrampelte. Aber im Lauf der Jahre siegte die Gewöhnung. Ich kann mich auf meine Routine verlassen. Mitunter unterbreche ich und lächle großzügig, bis alle sitzen.

Endlich marschiert der Vorsitzende mit seinem Spickzettel nach vorne. Er hat ihn inzwischen so oft gelesen, dass er ihn nur aus Nervosität in der Hand hält, nach vorne. Er klammert sich an diesem Stück Papier quasi fest. Die Menschen, die sich jahrein, jahraus abmühen, um in ihrer Gemeinschaft etwas Geltung zu erhaschen, verhaspeln sich meistens bei ihren Ansprachen, wenngleich diese nur aus vier oder fünf Sätzen bestehen. Ich eile zu ihm, reiche ihm die Hand und applaudiere. Erfreut und aufgeregt stolziert er auf seinen Platz.

Jetzt beginnt meine Show. Ich lege mein Skript auf das Pult und ziehe aus dem Sakko meine Lesebrille. Ein Ritual, das meine Seriosität nochmals unterstreicht.

Beim Aufsetzen werfe ich einen ersten Blick ins Publikum und beginne: „Meine sehr geehrten Damen und Herren: *Der Mensch erblickt das Licht der Welt – / Doch oft hat sich herausgestellt / Nach manchem trüb verbrachten Jahr, / Dass dies der einzige Lichtblick war.*"

Natürlich lande ich einen Lacher. Meine Augen forschen nach den Reaktionen in den Gesichtern. In aller Regel erfasse ich bei diesem Einstieg fünf bis sechs Menschen aus den ersten Reihen. Heute bleibt mein Blick jedoch bei der dritten Person kleben. In der ersten Reihe sitzt eine Frau, deren Herkunft nicht europäisch ist. Ihre dunkle Haut und ihr krauses, kurzgeschnittenes Haar lassen auf eine Afrikanerin schließen. Aber ich muss mich auf meinen Vortrag konzentrieren.

Nach einigen Sätzen, die Leute hängen an meinen Lippen, komme ich zum nächsten Abschnitt. Ich fahre fort: „Darf ich sie darauf hinweisen, verehrte Hörer und Hörerinnen: *Ein Mensch vergesse eines nicht: / Auch Unwägbares hat Gewicht!*

Wieder kann ich eine kurze Pause einlegen und mein Blick wandert zum fremden Kontinent. Die Frau trägt einen Minirock und hat ihre nackten Beine übereinander geklappt wie ein halb geöffnetes Taschenmesser. Sofort riskiere ich einen ersten Blickkontakt. Mehr Zeit bleibt nicht. Ich eile im Vortrag fort. Es folgt eine längere Passage, denn am Anfang darf ich meine Zuhörer noch fordern, später muss ich ihre gute Laune fördern. Ein Redner, der auf den Höhepunkt zustrebt und hierfür 40 Minuten benötigt, kann einpacken. Besser anfangs die Thesen und Ideen einführen und dann ausplätschern lassen, ist meine langjährige Erfahrung.

Endlich ist das Wichtigste gesagt und ich schließe diesen Gedanken: „Bedenken Sie bitte, meine Damen und Herren: *Ein Mensch wünscht sich ganz unaussprechlich, / Dass Glück und Glas sei unzerbrechlich, / Die Wissenschaft vollbringt das leicht: / Beim Glas hat sie's schon fast erreicht."*

Selbstverständlich sollte ich jetzt auf die andere Seite des Saals gucken. Aber ich möchte nochmals die Exotin unter die Lupe nehmen – etwas Vergnügen steht auch mir zu. Sie schmunzelt und wechselt die Beinstellung. Hierbei erhasche ich einen Blick auf ihr weißes Höschen. Das einzig weiße auf dieser knackigen Haut, kommt mir in den Sinn. Damit meine Pause nicht zu lange erscheint, füge ich einige Floskeln ein. „Zu betonen wäre noch", spule ich mechanisch mein Programm ab.

Wieder nähert sich mein Vortrag einem kleinen Höhepunkt. Vor vielen Jahren hat mir meine Tante Trudi ein Büchlein von Eugen Roth geschenkt. Desinteressiert stellte ich es ungelesen ins Regal. Aber irgendwann – aus Langeweile – zog ich es heraus und fand darin herrliche Verse, die ich geschickt in meine Reden einbauen konnte. Ich setze mit erhobener Stimme fort: „Wenn wir die Sache näher betrachten, dann sollten wir aber auch berücksichtigen: *Ein Mensch meint, gläubig wie ein Kind, / Dass alle Menschen Menschen sind."*

Während die Zuhörer meinen geflügelten Worten lauschen, riskiere ich erneut einen Blick zur Schokolade in der ersten Reihe. Sie flirtet mit mir – ohne Zweifel. Ich werde noch verrückt, wenn ich mich nicht zusammennehme, aber ihr Verhalten ist eindeutig: Die Kurzgeschorene macht mich an!

Eilfertig widme ich mich meinem Text. „Unter Beachtung des eben Gesagten – wenn wir bei der Wahrheit bleiben – wäre noch anzufügen", dresche ich leeres Stroh. Nun fasele ich von Diesem und Jenem, labere in ruhigem Rhythmus dahin. Aber die nächste Pointe, die ich mir bei Eugen Roth auslieh, folgt auf den Fuß: *„Den guten Vorsatz, sich zu bessern, / Muss mancher manchmal arg verwässern. / Die so erzielte Wasserkraft / Treibt dann den Alltag fabelhaft."*

Natürlich suchen meine Augen magnetisiert diese braunen Beine. Die Haare der Frau sind kürzer als meine, obwohl dies fast nicht möglich ist. Wie fühlt sich so krauses Haar an? Vielleicht wie Schamhaar? Ich spüre eine Erregung, was ich im Augenblick überhaupt nicht gebrauchen kann. Danach gerne – aber jetzt bitte nicht!

Ich kürze den nächsten Abschnitt auf das Wesentliche. Wenn ich gut drauf bin, dann baue ich zur Erläuterung einige Beispiele ein. Aber heute möchte ich zum Ende kommen. Meine Lust auf das Dozieren hält sich in Grenzen. Liegt es an der Hitze oder an der ersten Reihe?

Wenngleich mir einige Zuhörer vielleicht nicht folgen können, da ihnen einige Punkte in meiner Argumentationskette fehlen, beschleunige ich ohne Rücksicht auf Verluste meine Ausführungen und beende den vorletzten Abschnitt: *„Wenn sie als Kind zu heiß uns baden, / So merkt man später wohl den Schaden. / doch kann man auch mit kalten Duschen / Uns unsre Jugend arg verpfuschen."*

Ein schneller Blick verrät mir, dass die braune Perle gerade ihre Beine durchstreckt. Was für ein Anblick! Ich muss aufpassen, dass ich keinen Stuss rede. Deshalb lese ich den letzten Teil mehr oder weniger vor. „Ich möchte dies hier nicht vertiefen. Natürlich könnten wir auf diesen Punkt ausführlich eingehen, aber der Worte sind genug gewechselt. Deshalb erlauben Sie mir, um diesen Vortrag abzurunden, zusammenfassend und humoristisch angehaucht zu sagen: *Es sei der Mensch (in seinem Wahn) / Zu allem fähig, nimmt man an. / Doch was viel tiefer an uns frißt: / Dass er zu gar nichts fähig ist."*

Der Applaus ist überwältigend. Ich verbeuge mich. Der Vorsitzende stürmt auf mich zu und schüttelt meine Hand etwas zu lang. Hinter ihm lauert seine Gefolgschaft. Feierlich wollen sie mich zum Essen einladen. Normalerweise gehe ich gerne nach einem Vortrag mit meinen Bewunderern in ein Lokal. Ich genieße es, zu Dingen gefragt zu werden, von denen ich keine Ahnung habe. Aber heute schweift mein Blick zu der Frau im Minirock. Wo ist sie? Hat sie ihren Platz mir nichts dir nichts verlassen und ist ohne einen Augenaufschlag gegangen? Ich suche sie in der Masse, die sich erschöpft aus dem Saal drängt. Fast enttäuscht wende ich mich wieder meinem Fanclub zu, als ich sie endlich durch das Fenster vor dem Eingang entdecke. Sie steht unter der hellen Straßenleuchte, raucht eine Zigarette und winkt mir hemmungslos zu.

„Einen Moment bitte, ich möchte kurz eine Bekannte begrüßen", entschuldige ich mich bei der Traube um mich herum. Schnell eile ich ins Freie und peile wie ein Raubfisch den appetitlichen Köder an. Mein Hemd ist klatschnass – zum Auswinden. Mein Slip, der heute morgen noch wie angegossen saß, klebt zwischen den Backen und ist auch vorne zu eng. Ich gehe schnurstracks auf die außergewöhnliche Frau zu. Törichterweise weiß ich immer noch nicht, was ich zu ihr sagen könnte. Glücklicherweise nimmt sie mir diese Entscheidung ab.

„Wenn es Ihnen gelingt, die Meute abzuschütteln, können wir zusammen etwas unternehmen", empfängt sie mich mit sanfter, tiefer Stimme.

Ich nicke nur und meine: „Geben sie mir fünf Minuten, dann bin ich bei Ihnen." Aufgescheucht wie eine Schar Hühner hopse ich nochmals in den Saal. Erstens muss ich meine Unterlagen holen und zweitens will ich die anderen freundlich, aber unmissverständlich abwimmeln. Beides gelingt mir in vier Minuten, kein Problem. Ich bin heute in Bestform.

In den letzten zehn Jahren hatte ich nur drei Abenteuer in diese Richtung – schließlich bin ich kein Rockstar, auf den die Groupies warten. Nein, in allen drei Fällen handelte es sich um Alleinerziehende, die sich stets mehrere Vorträge von mir anhörten und mich unbedingt kennenlernen wollten. Zuerst saßen sie bescheiden in der Gruppe. Als sich alle verabschiedet hatten, sprachen wir noch eine Weile alleine. Dann zeigten sie mir ihre

Wohnung. Mit einem kurzen Blick ins Kinderzimmer wurde mir ihr ganzer Stolz vorgeführt. Anschließend wurde ich wie ein Präsident verwöhnt und bewirtet. Ich traf diese Frauen dann fünf- bis zehnmal. Aber sie wollten mehr als dieses Abenteuer. Sie suchten einen Vater für ihre Kinder, einen Lebensgefährten und einen Partner, der mit ihnen durch Dick und Dünn geht. Immer wenn sie ihr Lasso warfen und zum 'Habemus Papam' ansetzten, duckte ich mich und brach die Verbindung abrupt ab. Eine war so aufdringlich, dass sie Elisabeth anrief und sich über mich beschwerte. Die Entrüstete wollte mich entmannen, was meine Angetraute kichernd registrierte. So hatte ich seinerzeit mit meiner Frau tagsüber Stress und nächtens quälten mich Kastrationsängste.

Als gebranntes Kind meide ich das Feuer. Drei Erlebnisse in diese Richtung genügen mir – schließlich bin ich lernfähig. Auch heute bin ich fest entschlossen, wenn diese Braune mich in ihre Wohnung zerren will, um mir als Überraschung ihr süßes Kind vorzuführen, dann ergreife ich die Flucht. Alleinerziehende auf der Suche nach einem Übervater für ihren Nachwuchs sind furchtbar. Sie verwöhnen dich wie einen König, wollen dich aber versklaven.

„Gehen wir in einen Biergarten?" frage ich die Hübsche.

„Da hab ich eine bessere Idee", antwortet sie und mustert mich von oben bis unten.

Wieder so eine Mutter auf Väterfang, denke ich und plane vorsorglich den Rückzug.

„Ich wäre mit dir lieber an einen ruhigen Weiher gefahren. Schwimmen im Mondschein", säuselt sie mit erotischer Stimme.

„Hast du Kinder?" erkundige ich mich noch vorsichtshalber.

„Nein, Gott bewahr. Und ich will auch keines von dir. Außerdem ist es mir egal, ob du verheiratet bist oder nicht. Ich möchte mit dir nackt im Weiher planschen, ist das so schwer zu begreifen. Oder bist du ein Rassist?"

„So ein Quatsch, ich bin kein Rassist. Außerdem behaupte ich, dass sogar dieser verwegene Menschenschlag bei dir schwach werden würde. Ich kenne genügend Typen, die wenig übrig haben für Fremdes, aber wenn es um den Sex geht, dann düsen sie nach Thailand. Solche Idioten kennst du sicher auch."

Sie lacht. „Ja, die Schwarze vernaschen, aber Ausländer rausschreien. Solche Deppen kenne ich. Entschuldige, ich wollte dich nicht in diese Ecke stellen, aber dein Zögern nervte mich, vor allem weil deine Signale im Saal für mich eindeutig waren. Du hast mich von oben bis unten gemustert und als lecker empfunden. Oder täusche ich mich?"

„Nein, du täuschst dich nicht. Du hast mich ganz schön aus dem Konzept gebracht. Also gut, fahre ich oder fährst du?" kläre ich die Lage und spüre schon das Prickeln der Vorfreude bezüglich der besonderen Abkühlung.

„Wir nehmen dein Auto", erwidert sie und drückt mit ihren sagenhaften Beinen die Zigarette aus.

Sie lotst mich quer durch die Stadt bis wir etwas außerhalb an einem abgelegenen, ruhigen Fleck angelangt sind. Wir ziehen uns aus. Sie springt sofort kopfüber ins Wasser. Langsam schreite ich hinter ihr her. Der Vollmond strahlt mich an und verrät meine Erregung. Dunkle Menschen sind in solchen Momenten besser getarnt. Ich frische mich ab, denn schon viele stramme Männer in meinem Alter wagten den Sprung ins kalte Wasser und tauchten nie mehr auf. Ich schwimme mit unregelmäßigen Arm- und Beinbewegungen auf sie zu und taste mich mit den Beinen nach unten. Ja, ich kann hier noch stehen. Dann greife ich mit der Hand auf ihren nassen Lockenkopf. Ein geiles Gefühl, für das ich kaum Worte finde. Sie lacht, und ich erblicke ihre weißen Zähne.

Natürlich möchte ich gleich in sie eindringen. Aber sie stößt mich sanft zurück. „Warte noch ein bißchen. Too fast for me."

„Gut, dann schwimme ich eine Runde", sage ich und bin schon unterwegs. Hoffentlich verwechselt kein Hecht mein Glied mit einem Wurm, kommt mir in den Sinn.

Als ich nach einer Weile wieder auf sie zu paddle, sehe ich Scheinwerfer. Noch ein zweites Liebespaar, folgere ich. Die werden gleich umdrehen, wenn sie meinen Benz sehen. Aber das Auto kommt langsam auf uns zu. Es ist ein weißer Golf, so einer, wie ihn Elisabeth fährt. Der Wagen parkt direkt neben meinem und die Silhouette der Frau ähnelt tatsächlich meiner Elisabeth.

„Seid ihr schon fertig", ruft die Frau uns zu und meine Erregung fällt zusammen wie ein Kartenhaus. Diese Stimme. Keine Frage. Es ist Elisabeth. Aber wie kommt sie hier her? Sie hat mich noch nie zu einem Vortrag begleitet. Außerdem ist uns mit Sicherheit kein Wagen gefolgt – das hätte ich bemerkt. Sie muss also gewusst haben, mit wem ich wann wohin fahre.

„Kommst du?" fragt Elisabeth ohne Groll in der Stimme.

Ich stehe nicht nur körperlich bis zum Hals im Wasser. Auf keinen Fall werde ich mir die Blöße geben und nun aus dem Wasser steigen. Ich warte – notfalls bis meine Haut runzlig wird.

Während ich noch die Lage peile, krault die Exotin mit ruhigen, kräftigen Zügen meiner Gattin entgegen. Sie trocknet sich ab, schlüpft in das Kleid und steigt in Elisabeths Wagen. Bevor sie abbrausen, kurbelt meine liebenswerte Frau noch das Fenster herunter und ruft mir zu: „Der Letzte schaltet das Licht aus!"

Ich höre beide kichern. Mich fröstelt, trotz der Hitze. Hastig schwimme ich ans Ufer und ziehe meine verschwitzten Klamotten an. Dann fahre ich nach Hause. Das Bücherregal ist leer gefegt. Ansonsten ist alles wie zuvor. Drei Tage später erhalte ich von Elisabeths Anwalt einen Brief: Ihr würden noch drei Bücher fehlen: Calvino, Irving und Kundera.

Derzeit sage ich alle Vorträge ab. Ich lebe seit zwei Wochen alleine und zurückgezogen.

Am Abend schnappe ich mir mal wieder das Büchlein von Tante Trudi – diesen Eugen Roth. Ich schlage es willkürlich auf und lese: *Ein Mensch, von einem Weib betrogen, / Ergeht sich wüst in Monologen, / die all in dem Vorsatz enden, / Sich an kein Weib mehr zu verschwenden. / Doch morgen schon – was gilt die Wette? – / Übt wieder dieser Mensch Duette.*

Die Illusion

Wenngleich es mir unter normalen Umständen nicht an Selbstvertrauen mangelt, überfällt mich jeden zweiten Sonntag ein mulmiges Gefühl. Ich schnaufe tief durch, bevor ich diese Kneipe betrete. Klar, als einzige Frau in dieser Männerwelt werde ich begafft wie eine Außerirdische. Selbstredend gehören blöde Sprüche zur Tagesordnung. Natürlich ist mir bewusst, dass das Balzverhalten mancher Herren noch andere Ursachen hat.

Jedesmal, wenn ich pünktlich um 11.00 Uhr das Gasthaus in hohen Stiefeln, der Seidenstrumpfhose, dem extrem kurzen Rock, dem engen Oberteil und der blonden Langhaarperücke betrete, geht ein Raunen durch die Stube. Am Stammtisch grölen die Gäste: „Was kostet die Stunde?" Schnell steuere ich einen freien Tisch an. Falls ich dann – wie beim Spießruten laufen – durch die Kneipe zur Toilette gehe, pocht mein Herz ins Gehirn. Ich werde wie vom Fleischbeschauer gemustert. Hierzu folgen bösartige Kommentare. Beleidigungen, an denen sich all diese Männer erfreuen und aufgeilen, verstärken meine Angst. Aber ich gebe mich unbeeindruckt, vermeide den Blickkontakt und spreche mit niemanden außer dem Wirt, bei dem ich routinemäßig eine Cola und das Tagesmenü bestelle.

Ich spüre, wie sie alle gieren. Einem Typen mit Glatze fällt jedesmal zufällig der Autoschlüssel herunter, um beim Aufheben einen Blick auf meine Beine zu erhaschen. Der Koch kommt aus der Küche und wetzt grinsend ein Messer. Er fährt sich genüsslich mit der Zunge über die Lippen – als wäre ich sein Sonntagsbraten. Dies ärgert mich besonders, denn auf Kosten eines Lachers tritt er gnadenlos meine Würde mit Füßen.

Sicher fragen Sie sich, warum ich alle vierzehn Tage dieses Wirtshaus aufsuche und mich selbst kasteie? Die Antwort hierfür liegt zehn Jahre zurück. Ich war damals 26 Jahre alt.

Mein Freund wurde seinerzeit des zweifachen Mordes angeklagt. Ich, eine 26-jährige Soziologiestudentin, stand ohne Wenn und Aber zu ihm. Noch in der Untersuchungshaft heirateten wir unter den Blitzlichtern der Presse. Überschriften wie „Die Schöne und das Biest" begleiteten uns und schmeichelten mir. Die Zeitschriften stürzten sich auf den Fall und ich genoss diesen Trubel. Als links angehauchte Studentin bediente ich die Reporter mit Theorien zur Devianz und bemerkte nicht, dass ich selbst nur ein gefundenes Fressen für die nimmersatte Beute darbot. Wir füllten lediglich das gähnende Sommerloch. Bereits während der Verhandlung ließ das Interesse an meinem Mann und somit auch an mir merklich nach. Letztendlich wurde er schuldig gesprochen, obwohl er mir hoch und heilig versichert hatte, er hätte mit der Geschichte überhaupt nichts zu tun. Ich war enttäuscht, aber verheiratet. Seit seiner Inhaftierung besuchte ich ihn regelmäßig. Die weite Strecke fuhr ich stets mit der Bahn und die einzige Wirtschaft weit und breit habe ich schon beschrieben. Um das Warten bis zur Besuchszeit zu überbrücken, suchte ich dieses Lokal auf. Mein Motto: Bellende Hunde beißen nicht. Ich konnte und wollte nicht nachgeben und diesen Idioten das Feld räumen, selbst wenn ich einen hohen Preis dafür zahlen musste. Das war und bin ich meinem Selbstbild schuldig, schließlich schrieb ich meine Diplomarbeit über die Courage der Frauen.

Sicher werden sich die Leser weiter fragen, weshalb ich diesen Mann nach all den Jahren immer noch regelmäßig besuche und dann in dieser zweifelhaften Aufmachung?

Die erste Frage ist schnell beantwortet: Er braucht mich und ich fühle mich verpflichtet. Ich nehme die Formel „Bis dass der Tod euch scheidet" ernst. Die Argumente einer befreundeten Rechtsanwältin, ich könnte die Ehe anfechten und sogar annullieren lassen, verwarf ich. Nein, der Verdacht stand damals im Raum und ich habe „Ja" zu diesem Menschen gesagt. Dazu stehe ich. Hinzu kommt, dass mich Männer langweilen. Meine Neigungen haben sich verschoben. Da schützt Trauschein und Ring. Ja, ich spiele gerne die Knastbraut, was nebenbei bemerkt in linken Kreisen hervorragend ankommt.

Die zweite Frage, weshalb ich wie eine Hure herum stolziere, lässt sich ebenfalls erklären. Bereits kurz nach seiner Inhaftierung entschied ich, mich und mein Leben grundlegend zu ändern. Kaum war der Gedanke gereift, trennte ich mich von meiner blonden Mähne. Ich wollte nicht mehr die attraktive, aufreizende Blondine verkörpern – nicht mehr als Blickfang der Männer durch die Gegend laufen. Ich ließ mir die kurzen Haare außerdem braun färben. Ich nenne die Farbe „Straßenköderbraun". Für manche Menschen nur schwer nachvollziehbar: Ich genieße die Unscheinbarkeit.

Mein Ehemann fing übrigens zu heulen an, als ich mit neuem Outfit antanzte. Er seufzte: „Das einzige, was mich im Knast aufrecht erhält, ist die Vorstellung von dir und dass ich dich alle vierzehn Tage so sehe, wie ich es mir in meinen Träumen vorstelle."

Er nahm mich nicht als reale Person wahr, sondern bastelte sich sein Bild – eine Illusion. Mir war klar, dass er sich seine kleine Wirklichkeit konstruierte, aber das tun wir doch schließlich alle. Um die Sache nicht unnötig in die Länge zu ziehen: Ich kaufte mir diese Perücke und offerierte ihm weiterhin sein Traumbild. Da ich jedes Jahr etwa ein Kilo zulegt habe, ist mein vierzehntägiger Auftritt an Lächerlichkeit kaum zu überbieten. Aber er sieht mich anders. Für ihn bin ich eine attraktive Blondine mit tollen Beinen.. Hierfür nehme ich Schmach und Beschämung in Kauf.

Nur ein Gedanke quält mich: Irgendwann wird er entlassen.

Der Mann ohne Verbindlichkeiten

Kurz vor meinem 40. Geburtstag überschlugen sich die Ereignisse. Zuerst erklärte mir meine langjährige Lebensgefährtin in ihrer schonungslosen, offenen Art: „In Zukunft kannst du deine Hemden selber bügeln."

Dies hätte ich noch verkraftet. Aber was sich anfangs wie ein Intermezzo anhörte, endete mit einem Paukenschlag. Sie verweigerte nicht nur ihre häuslichen Pflichten, sondern ebenso ihre emotionale Unterstützung. Wutschäumend warf sie das unschuldige Geschirr mit Wucht auf den Boden, nannte mich einen verdammten Macho, packte ihre sieben Sachen und dampfte mit aufgeblähten Nasenlöchern ab. Aus vertrauter Quelle erfuhr ich später, dass sie seit einem halben Jahr ein Verhältnis mit einem Bankkaufmann pflegte, der jetzt täglich mit frisch gebügelten Hemden in seine Bank stolziert. So weit, so gut.

Ich hatte mich von diesem Schock, der offen gesagt meine Eitelkeit zutiefst verletzt hatte, noch nicht erholt, da lud mich mein Chef in sein Büro. Weil ich nicht mit einer Lohnerhöhung rechnen konnte, ahnte ich folgerichtig Böses. Diese Vorahnung wurde von ihm postwendend bestätigt, denn er faselte von Verschlankung und Rationalisierung. Zu guter Letzt brachte er es auf den Punkt: Ich wurde entlassen.

In meiner Zerstreutheit raste ich mit meinem Wagen – ich liebte mein Auto! – unachtsam in einen Graben. Als mir der Mechaniker in der Werkstatt unverblümt und brutal entgegenschleuderte, dass dieses Wunderwerk der Technik in die Kategorie Totalschaden einzuordnen wäre, war ich den Tränen nahe. Einen Beinbruch hätte ich verkraftet – aber der Wagen! Meine Gefährtin vergnügte sich mit so einem Kontoheini, mein Chef optimierte seinen Betrieb auf meine Kosten und der Kfz-ler sprach von Schrott, ein Wort, das sich in meiner momentanen Lage nicht nur auf das Auto bezog.

Ich hatte Zeit – niemand wartete auf mich – und spazierte gemächlich von der Werkstatt nach Hause. Bereits beim Aufsperren der Tür hörte ich das Telefon läuten. Ich beeilte mich und hoffte, dass entweder meine Gefährtin oder vielleicht mein Chef Reue an den Tag legen würden. Auch ein Anruf aus der Werkstatt, es wäre doch nicht so schlimm, hätte meine Stimmung erhellt. Ich stürmte an den Apparat und vernahm das Klicken auf der anderen Seite. Frustriert schlürfte ich zum Kühlschrank und genehmigte mir ein kühles Blondes. Alles hat seine Vorteile, sinnierte ich: Erstens nervte mich meine apostolische Freundin nicht mehr, wenn ich mir ein Bier gönnte. Zweitens fiel der böse Blick des erzürnten Chefs weg, wenn ich mittags mal ein Bier zwitscherte und drittens durfte ich ohne fahrbaren Untersatz saufen, soviel ich wollte.

In dieser Sekunde klingelte erneut das Telefon, und ich bewies Reaktionsvermögen, denn beim zweiten Schellen hatte ich den Hörer in der Hand. Am anderen Ende nuschelte ein Rechtsanwalt. Er möchte mir sein aufrichtiges Beileid aussprechen und die Angelegenheit in Bälde mit mir regeln. Erst allmählich begriff ich, dass meine Mutter, die seit Jahren an Krebs gelitten hatte, verstorben war. Da ich nie erfahren hatte, wer mein Vater gewesen ist und auch keine Geschwister hatte, stand mir meine Mutter zweifelsohne nahe. Obwohl ich nicht zu der Sorte Menschen gehörte, die permanent ihre Liebe kundtun, traf mich die Nachricht dennoch hart. Klar, ich wusste seit Jahren, dass dieser Tag kommen würde, aber zu wissen, dass etwas eintreten wird und das Ereignis selbst, sind immer noch zwei unterschiedliche Dinge.

Überrascht war ich, als mir der Anwalt einige Tage später offenbarte, dass mir meine Mutter nicht nur eine Eigentumswohnung, sondern sogar ein kleines Vermögen hinterlassen hatte. Wir hatten all die Jahre nie über finanzielle Angelegenheiten gesprochen. Ich ging davon aus, dass sie zur Miete wohnte und mit ihrem Geld so einigermaßen über die Runden kam. Aber sie hatte ihr Leben lang gespart. Wofür?

Da ich als Arbeitsloser nicht dem täglichen Trott nachkommen musste, blieb viel Zeit zum Nachdenken. Mein erster Gedanke ging in Richtung Selbständigkeit. Ich könnte mir mit dem Startkapital eine kleine Firma aufbauen oder – ein uralter Traum von mir – eine Kneipe eröffnen. Ich spielte im Kopf sämtliche Varianten eines Unternehmens durch. Ich sah mich schon in einem dicken Wagen sitzen und bei roter Ampel – um keine Zeit zu verlieren – mit einem Geschäftspartner telefonieren.

Je länger ich jedoch überlegte, desto stärker zweifelte ich. In meinem bisherigen Leben hingen die Trauben immer zu hoch. All meine Versuche, etwas auf die Beine zu stellen, hatten sich im Endeffekt als Schnapsideen herausgestellt, wobei ich denselben nicht grundsätzlich ablehnte. Warum sollte ich meine ganze Existenz aufs Spiel setzen und auf Sand bauen? Wäre es nicht einfacher, das zu verbrauchen, was ich besitze? Wie lange kann ein Mensch mit einer bestimmten Summe leben?

Ich begann zu rechnen. Ich überprüfte meine Ausgaben, fragte mich, was tatsächlich nötig wäre, und bilanzierte. Langer Rede, kurzer Sinn: In diesem Land, in dem der Mensch zwar einerseits gegen alles und jeden versichert und abgesichert ist, sind die Nebenkosten zu hoch, so dass sich auch eine beachtliche Summe schnell verkleinert, wenn man nicht zur Mehrung beiträgt. Für Ämterbetrug war ich ungeeignet. Ich wollte niemanden übervorteilen, sondern ruhig dahinleben. Nach Abwägung von Für und Wider konstatierte ich: Meine Rechnung geht nicht auf.

Natürlich kreisten in dieser Zeit meine schmerzlichen Erinnerungen um die gemeinsame Vergangenheit mit meiner Gefährtin. Vor allem die Urlaube im Süden blieben bei mir in verklärter Form haften. Ich trauerte dieser Zeit nach. Die Sonnenuntergänge am Strand, das gute Essen und die hektikfreie Zeit verwoben sich bei mir stets zu einem idyllischen Bild. Ja, damals im Urlaub hatte ich davon geträumt, für immer in dieser Atmosphäre, in diesem Ambiente der Leichtigkeit, zu leben. Ich könnte immer am Strand leben, hatte ich philosophisch angehaucht zu ihr gesagt. Dann kniff ich die Augen zusammen und ließ mir die Sonne lustvoll auf den Bauch scheinen.

Mit einem Mal kombinierte ich die Vorkommnisse: Ich hatte keine Arbeit, keine Beziehung – aber Geld! Warum sollte ich nicht diesen Traum verwirklichen? Was hielt mich zurück? In einem armen Land irgendwo im Süden könnte ich bis an mein Lebensende in einem kleinen, billigen Hotel wohnen, was nebenbei bemerkt die häusliche Last reduzieren würde. Ich müsste nicht kochen oder putzen, nein, ich könnte nachdenken. Ich werde Schriftsteller, schoss es mir wie eine Erleuchtung durch den Kopf. Im Gegensatz zu den armen Schweinen, die von dieser brotlosen Kunst leben müssen, kann ich getrost auf die Entdeckung meines Genies warten – schließlich lebe ich am Strand! Dieser Gedanke beflügelte mich. Zum ersten Mal seit zwei Monaten entwickelte ich Aktivität. Ich hatte ein Ziel. Gedanklich lag ich bereits am Strand und träufelte einem braunen Mädchen Sand in den Nabel. Ja, das wäre die Lösung. Weg von der Kälte – hinein ins Leben.

Wer keine Verpflichtung hat, der muss sich nicht verpflichtet fühlen, formulierte ich meine zukünftige Lebensauffassung. Was ich bis jetzt als Verlust, Schmerz und Trauer empfunden hatte, entpuppte sich zu Ende gedacht als Freiheit. Die Angst eines Einsamen, der ohne Beziehungen in den Tag hineinlebte, mündete im Bild des Dauervergnügens. Das Eldorado winkte. Vor Jahren las ich ein Buch über einen Mann ohne Eigenschaften. Mein erstes Buch werde ich in Anlehnung daran mit dem Titel versehen: Der Mann ohne Verbindlichkeiten. Vor meinem geistigen Auge erschien das fertige Buch, ein Bestseller – ohne Frage. Wieder einmal würde sich das Matthäus-Prinzip bewahrheiten: Wer hat, dem wird gegeben.

Mein Entschluss reifte und ohne Eile informierte ich mich über ferne Länder. Vor allem interessierte ich mich für das Wetter und den Lebensstandard. Parallel hierzu konsultierte ich den Anwalt, den ich durch Mutters Tod kennengelernt hatte. Dieser Advokat zeigte sich sehr entgegenkommend. In meinen heimlichen Wünschen tauchte er als mein verschollener Vater auf, der mir nun, da meine Mutter nicht mehr unter uns weilte, tatkräftig unter die Arme griff. In meiner Phantasie war dieser Rechtsanwalt von meiner Mutter beauftragt worden, mir, ihrem gemeinsamen Sohn, zu helfen. Ich glaubte sogar eine Ähnlichkeit unserer Augen und der Nasenpartie zu erkennen.

Auf jeden Fall gelang es mir mit rechtlichem Beistand, die Dinge zu meinen Gunsten abzuwickeln. Die Eigentumswohnung in zentraler Lage brachte mich eindeutig auf die Gewinnerstraße. Der Anwalt, ich hatte ihn gewinnbeteiligt, verhandelte hart. Wie ein Vater stand er mir zur Seite und trieb meinen Erlös in schwindelerregende Höhen. Sogar beim Mobiliar schacherte er und ließ nicht locker. Alles lief wie geschmiert. Noch nie in meinem Leben hatten sich Ideen und Wünsche so gut ergänzt.

Am Abend vor meinem Abflug ins neue Leben – ich wohnte bereits in einem Hotel – traf ich mich mit meinem ehemaligen Schulfreund Erich. Wir tranken zusammen einige Biere und ließen die guten, alten Zeiten nostalgisch hochleben. Er versicherte mir, dass er mich in ein paar Jahren – wenn seine Kinder aus dem Gröbsten raus und das Haus abgezahlt wäre – besuchen würde. Er meinte: „Du bist ein Schlaumeier! Ich bewundere und beneide dich!"

Er massierte meine Seele, denn trotz der Zielstrebigkeit, mit der ich die Sache angetrieben hatte, keimte in mir ein Funken Unsicherheit. Ich beruhigte mich mit der Laienpsychologie, dass dies bei so einem großen Schritt ganz normal wäre. Schließlich verabschiedeten wir uns herzlich voneinander.

Am nächsten Morgen ließ ich mich mit einem Taxi zum Flughafen chauffieren. Die sechzehn Stunden Flugreise störten mich nicht, denn ich hatte zuvor für meinen neu gewählten Beruf Vorbereitungen getroffen. Die erworbenen Bücher und Zeitschriften wollte ich nun in aller Ruhe lesen.

Endlich in der Luft widmete ich mich einem Artikel, der mich im ersten Moment nicht sonderlich ansprach. Der Autor behauptete nämlich, dass gläubige Menschen länger leben würden. Er berief sich auf Untersuchungen, die angeblich belegten, dass religiöse, kirchlich gebundene Menschen weniger zu Suizid oder Drogenkonsum neigten. Anscheinend schöpften solche Leute Trost und Kraft aus dem Glauben, was auch zu einer höheren Lebenserwartung und zu weniger Kreislaufbeschwerden führte. Unwillkürlich dachte ich an meine Mutter, die, so lange sie konnte, täglich in die Kirche latschte. – Sie starb mit 64 Jahren.

Weiter wurde in diesem Artikel behauptet, dass die Gemeinschaft, dieses soziale Netzwerk, Kontakte, Unterstützung und Zuwendung ermögliche. Ich überlegte, wie mein zukünftiges Netzwerk wohl aussehen möge.

Außerdem versicherte der Autor, dass Gebete Stressfaktoren vermindern könnten und es nachgewiesen wäre, dass die Wiederholung von Sätzen messbar eine Entspannung brächte. Ich erinnerte mich an meine Mutter, die in kritischen Augenblicken stets einen Rosenkranz betete. Mich versetzte diese Gebetsmonotonie immerfort in Wut. Dieses Gebenedeit erinnerte mich eher an eine Gehirnwäsche, ein unreflektiertes Geplapper. Ich legte die Zeitschrift beiseite und schlummerte ein wenig. Die Aussicht, den Rest meines Lebens zeitlos zu sein, beunruhigte mich keineswegs.

Ich erwachte durch ein Geklapper. Die Stewardess servierte gerade das Essen. Ich genehmigte mir zur Feier des Tages ein Bier. Danach nahm ich meine vorherige Tätigkeit wieder auf, das heißt, ich schlief noch eine Runde.

Gut ausgeruht schnappte ich mir später eine andere Zeitschrift und fand darin einen Beitrag zum Thema Placebo. Die Definition gefiel mir: Der Patient fühlt sich subjektiv besser, wenngleich sich dies objektiv nicht belegen lässt. Interessant war für mich, dass die Geschichte der Medizin strenggenommen auf Placebos aufbaute. Abgesehen von einigen Kräutern, deren Wirkung nicht so recht bekannt war, setzten die großen Herren auf Aderlass, Abführ- oder Brechmittel. Die Wahrscheinlichkeit, eine lebensbedrohliche Lage zu überleben, war noch vor 100 Jahren größer, wenn man keinen Arzt konsultierte.

Ein Beispiel sprach mich besonders an: Henry Beecher, ein amerikanischer Anästhesiologe, verabreichte verwundeten Soldaten an der Front Morphin. Als ihm die Arznei ausging, spritzte der gute Mann eine schwache Kochsalzlösung und siehe da: auch dies linderte die Schmerzen. Weiter erfuhr ich, dass Placebos bei fast allen Krankheiten – eine Ausnahme ist die Epilepsie – wirkten. Eine entscheidende Rolle hierbei spielt das Vertrauen und die Zuversicht.

Dieser letzte Gedanken führte mich wieder zu dem Artikel über die Religion. Auch in Glaubensfragen gab es keine Beweise. Unter diesem Aspekt könnte man die Religion als ein Placebo umschreiben, denn subjektiv betrachtet ging es diesen gläubigen Menschen ja laut Untersuchung besser. Der Gedanke erfreute mich, denn bis jetzt hatte ich die Religion noch nie unter diesem Blickwinkel gesehen. Meine Mutter hätte mich für diesen Einfall der Blasphemie bezichtigt und mich als Ketzer beschimpft. Aber schon früher war mir aufgefallen, dass Leute, die behaupteten, die Wahrheit gepachtet zu haben, andere Wahrheiten nicht zulassen können. Vielleicht basiert jede Wahrheit auf einem Placebo, schoss es mir durch den Kopf.

Der Flug verging im Flug, könnte man scherzhaft resümieren. Nach der Landung besorgte ich mir ein Zimmer in der Stadt, denn bereits zuvor hatte ich geplant, zunächst einmal die nächstbeste Absteige aufzusuchen, um dann ohne Hast eine längere Bleibe zu wählen. Meine Vorstellung war klar: Ich suchte ein billiges Zimmer mit Blick zum Meer. Bett, Tisch, Stuhl und Waschgelegenheit genügten. In der Nähe sollten sich einige Geschäfte und Lokale befinden. Schon am dritten Tag wurde ich fündig und zog freudestrahlend ein.

Die ersten Wochen in meiner neuen Welt verliefen wie im Urlaub. Jeden Tag entdeckte ich Neues. Ich lernte den Strand und die Gewohnheiten der Menschen kennen. Mit der Zeit wusste ich, wo es leckeren Fisch oder Muscheln gab. In einer Bar trank ich ab und zu ein deutsches Bier, das ungefähr soviel kostete wie mein Zimmer pro Tag. Aber ich hatte mein Geld gut angelegt und konnte in diesem anspruchslosen Land quasi von den Zinsen leben. Der Dreck auf der Straße und die Armut in den Gesichtern der Menschen störten mich nicht. Ich lebte mein Leben. Für mein Buch 'Der Mann ohne Verbindlichkeiten' hatte ich bis jetzt noch keine Zeile verfasst, aber warum Eile – ich hatte schließlich alle Zeit der Welt. Ich war unabhängig.

Nach diesen ersten Wochen schlich sich Unzufriedenheit ein. Das ewig schöne Wetter nervte mich. Die Bettler, die unverschämt die Hand aufhielten, hätte ich am liebsten in die Gosse gestoßen. Mein Aufenthalt und die Lust am Strand zu liegen, verringerten sich zusehends. Das faule Herumlungern ging mir allmählich auf den Wecker. Meinen Frust spülte ich mit Rotwein hinunter. Zufällig las ich bei Kirchhoff: „Der Anblick großer Mengen unbekleideter Menschen ließ mich an Kriegswirren und Gewaltverhältnisse denken, weniger an Freiheit." – Das frische Obst, das mich bis dato erquickte, schmeckte mit einemmal schal. Der Fisch roch verdorben, und der Barbier, bei dem ich mir jede Woche die Haare schneiden und den Bart rasieren ließ, arbeitete nicht sorgfältig. Sogar am Schuhputzer gab es inzwischen einiges auszusetzen. Nicht einmal das Lesen – eine Sache, auf die ich mich seit Jahren gefreut hatte – machte Spaß. Die meisten Bücher legte ich nach der Hälfte lustlos beiseite.

So vergammelte ich die nächsten Wochen struktur- und orientierungslos. Auch meine Hygiene, auf die ich bislang größten Wert gelegt hatte, ließ allmählich zu wünschen übrig. Unrasiert und ohne jeden Anspruch auf vorteilhaftes Aussehen flanierte ich rotweingetränkt durch die Straßen. Wenn mich in dieser Zeit jemand dumm angesprochen hätte, ich hätte ihm die Fresse poliert.

Bevor ich endgültig absackte, war mir das Schicksal hold. In meinem Hotel, in dem ich hauste, fing ein neues Zimmermädchen zu arbeiten an. Ihr langes, schwarzes Haar baumelte bis zu den Hüften und erinnerte an einen unergründlichen Wasserfall. Ihr ungeschminkter Mund strahlte voll und kirschrot. Ich nannte sie deshalb heimlich Piemont. Jeden Tag nach dem Mittagessen kam sie auf mein Zimmer und räumte geflissentlich auf. Da ich mich vor ihr genierte und zugegebenermaßen auch Eindruck schinden wollte, kümmerte ich mich nun wieder selbst intensiver um meine Bude und meinen Körper.

Piemont sprach kein Wort. Sie klopfte leise, machte einen Knicks und begann mit ihrer Arbeit. In der ersten Woche verließ ich vorauseilend das Zimmer. Dann wurde ich neugierig und legte mich erwartungsvoll aufs Bett. Ich sah ihr beim Arbeiten zu. Unbeeindruckt wischte sie mit der Regelmäßigkeit einer Maschine im Zimmer herum. Nachdem ich sie einigemal beobachtet hatte, wusste ich, dass sie zuletzt das Waschbecken in Angriff nahm, sich anschließend mir zuwandte und sich wortlos mit einem Knicks verabschiedete. So umrahmte sie mit der Zeremonie des Knickses ihre Tätigkeit. Diese Geste stellte den Höhepunkt in meinem Tagesablauf dar.

An den Wochenenden hatte Piemont frei, was meine Stimmung negativ beeinflusste. Ich sehnte den Montag herbei. Zudem organisierte ich meinen Tagesrhythmus komplett auf dieses Ereignis hin. Ob ich an den Strand, zum Einkaufen oder zum Friseur ging, stets wurde ich ungeduldig, wenn die Mittagsstunde nahte. Dann lag ich auf meiner Pritsche, fieberte ihrem Kommen entgegen und sog jede ihrer flinken Bewegungen auf. Mein Wunsch, wenigstens einmal ihr wunderschönes Haar zu berühren, wuchs von Tag zu Tag. Zu gerne hätte ich meine Nase in dieser Mähne vergraben. Sogar ihr schwarzes Kleid und die ergraute, ehemals weiße Schürze sprachen mich an. Das Kleid, ein sehr altmodischer Schnitt, reichte ihr bis zu den Knien. Jedesmal, wenn sie sich bückte, sah ich ihre Kniekehlen, was mich augenblicklich erregte. Nach objektiven Kriterien war Piemont keine Schönheit und ihre Kleidung, diese Uniformierung war eher schäbig. Nichtsdestotrotz wirkte dies alles auf mich anregend. Piemont projizierte einen Placeboeffekt, denn subjektiv betrachtet hüpfte mein Herz, wenn sie meine Behausung betrat.

Nachdem ich nun schon längere Zeit in dem Hotel wohnte, entwickelte sich zwischen dem Besitzer und mir eine gewisse Vertrautheit. Glücklicherweise sprach der Mann ein paar Takte Englisch. Ich beherrschte, obwohl ich nun schon längere Zeit in diesem Land verweilte und hier aller Wahrscheinlichkeit nach meinen Lebensabend verbringen wollte, kein Wort der Landessprache. Ich fühlte mich sprachlos.

Der Hotelbesitzer witterte ein Geschäft, denn es entging ihm nicht, wie mein geiler, sehnsüchtiger Blick Piemont verfolgte. Meine Lüsternheit konnte ich anscheinend nicht mehr verbergen. So schlug er mir ein Geschäft vor. Gegen einen geringen Aufpreis könnte Piemont auch am Wochenende zu mir ins Zimmer kommen. Sie würde dann zwar nicht putzen, aber mir würde sicher etwas einfallen, was ich mit ihr machen könnte. Ich war begeistert.

Zum ersten Mal seit meiner Ankunft in dieser Stadt wartete ich auf einen bestimmten Tag. Am Samstag vormittag duschte ich ausgiebig, kaufte Rotwein und überzog mein Bett frisch. Zur Mittagsstunde klopfte es und Piemont trat schmunzelnd ein, vollzog die Zeremonie des Knickses und öffnete vor meinen Augen ihre Bluse. Ich hätte ihr gerne zugesehen, schloss aber spontan die Augen. Dann hörte ich, wie sich ein Reißverschluss öffnete. Vor Aufregung rollte ich meine Zehen ein. Kurze Zeit später ertastete ich ihren warmen Körper neben mir. Sie beugte sich über mich und atmete ruhig. Ihre Haare kitzelten in meinem Gesicht. Genaugenommen war ich nun unter ihren Fittichen. Mit verschlossenen Augen vergrub ich meine Nase in ihren Haaren, drehte sie behutsam zur Seite und legte mich schließlich auf sie. Regungslos wie eine Puppe erduldete Piemont alles. Wir sprachen kein Wort. Dann verließ sie gemächlich mein Bett. Als das Wasser plätscherte, fragte ich mich, ob sie sich oder das Becken reinigte. Dann hörte ich den Reißverschluss, der bei mir eine Signalwirkung hervorrief. Ich öffnete meine Augen. Piemont machte einen Knicks und verschwand.

Seit drei Jahren wiederholt sich dieser Vorgang. Die Woche hindurch säubert sie meine Bude und am Wochenende meine Seele. Mit meinem Buch habe ich immer noch nicht begonnen. Inzwischen lebe ich nur noch für die Stunden mit dieser Frau. Ich weiß nicht einmal, wie ihre Stimme klingt, aber ich stelle sie mir tief vor.

Manchmal liege ich regungslos auf der Pritsche und höre die Kinder am Strand toben. Ab und zu quietschen Bremsen. Aber ich stehe nicht auf und schaue niemals aus dem Fenster. Mein Blick klebt an der Decke und ich beobachte den Ventilator, der seit langem an der gleichen Stelle brummt.

Neulich erhielt ich eine Weihnachtskarte von Erich. Sofort assoziierte ich eine nebelverhangene Landschaft und einen Himmel in tristen Farben. In meinen Erinnerungen schneite es. Nie hätte ich geglaubt, dass ich dies mal vermissen würde. Die Karte war an den Schlaumeier gerichtet. Ich frage mich, wie sich der Unterschied zwischen klug und schlau erläutern lässt. Bei diesem Gedanken ergeht es mir ähnlich wie dem Ventilator, der immer an der selben Stelle dumpf surrt.

War und ist mein Handeln klug? schwirrt mir durch den Kopf – dann denke ich unwillkürlich an meine Mutter, an meine ehemalige Lebensgefährtin, an den Chef, an Erich und nicht zuletzt an mein Auto.

Es ist heiß. Zum Glück kommt Piemont in einer halben Stunde.

Die Therapie

Janet hatte es nicht leicht. Obgleich sie überdurchschnittlich gut aussah, wie alle behaupteten, und ordentliche schulische Leistungen nachwies, konnte sie hieraus lange Zeit kein Kapital schlagen.

Schon mit dreizehn Jahren wurde sie in der Umkleidekabine beim Sportunterricht von den anderen Mädchen gemieden, als hätte sie gefurzt. Janet war freundlich und hilfsbereit, wurde aber von ihren Mitschülerinnen stets wie eine Leprakranke behandelt. Dies hatte im Lauf der Zeit zur Folge, dass sich Ursache und Wirkung vermengten und sie zu guter Letzt tatsächlich der Einsamkeit frönte.

Dabei wurde sie anfangs sogar bewundert. Während die anderen Mädchen im Alter von zwölf Jahren nur über kleine Äpfel oder andeutungsweise über einen Busen verfügten, zeichneten sich bei Janet wohlgeformte Brüste ab. Alle Mädchen gierten damals heimlich auf ihren Busen. Sie wurde mit argwöhnischem Unterton interviewt. Was sie denn esse? Ob sie Gymnastik treibe? Janet schüttelte nur unverständlich den Kopf, denn das Phänomen war unerklärlich. Auch die Einbeziehung der Erbfaktoren brachte keine Antwort. Weder ihre Mutter noch ihre Tante hoben sich auf diesem Gebiet vom Durchschnitt ab.

Diese anfängliche Bewunderung und Neugierde kippte in dem Moment, als Janet zum Blickfang des anderen Geschlechts hochstilisiert wurde. Einige Mädchen beklagten sogar, dass die Lehrer Janet bevorzugen würden. Janet empfand dies anders: Die Jungen sahen ihr nicht ins Gesicht, sondern schielten unentwegt auf ihre Brust. Die Lehrer hingegen passten sich der allgemeinen Hysterie der Klassengemeinschaft an und piesackten Janet, denn hierdurch konnten sie demonstrieren, dass sie keine Unterschiede machten.

Letztendlich wurde Janet von den anderen Mädchen geschnitten. Keine wollte diese vollbusige Konkurrenz zur Freundin. Sie wurde selten zu Feten eingeladen. Und wenn bei den ersten Begegnungen zwischen Jungen und Mädchen einer es wagte, nach ihr zu fragen, wurde er von den anderen Mädchen sofort als Lustmolch beschimpft. Janet war kein Thema. Sie war Tabu.

Mit 15 Jahren war ihr Busen so auffällig groß, dass er für sie eine körperliche und seelische Belastung darstellte. Ohne Büstenhalter wagte sie sich nicht mehr auf die Straße. Sie schämte sich. Ging sie in die Eisdiele, weilten die Augen aller Männer auf ihrem Handikap. In dieser Zeit gewöhnte sie sich zunächst an, die Arme vor der Brust zu verschränken, um die Fleischeslust zu verbergen. Gezeichnet und stigmatisiert fühlte sie sich wie eine Aussätzige. Wenn ihr zufällig ein Junge in der Schule entgegenkam, griff sie automatisch mit beiden Handflächen auf ihren Busen, so als hätte sie Angst, er könnte ihr etwas wegschauen. Manche Mädchen, die inzwischen selbst über ansehnliche Brüste verfügten, äfften sie nach. Unter den fünfzehnjährigen Gören kursierte ein besonderer Spaß: Beide Hände auf den Busen zu legen und die Erschrockene zu spielen.

Obwohl Janet dies schweren Herzens wahrnahm, war sie nicht in der Lage, ihr Verhalten zu ändern. In Panik, falls sie unvorhergesehen überrascht wurde, folgte diese ungewollte Geste automatisch, was wiederum manche ihrer lieben Mitmenschen regelrecht zu Scherzen animierte. Janet wurde unentwegt aufgezogen. Sie diente als Zielscheibe jedweder Gehässigkeit.

Natürlich ärgerte sie sich, weil sie ihre Reaktion nicht kontrollieren konnte. Hinzu kam: In letzter Zeit japste sie in höchsten Tönen – ein weiterer Ausdruck von Wut und Hilflosigkeit. Auch diese Geräuschkulisse wurde von den Schülern und Schülerinnen postwendend ins Programm aufgenommen und übergebührend nachgeahmt.

Solche Begebenheiten verstärkten ihre Furcht. Inzwischen traute sie sich nicht einmal mehr ins Schwimmbad. Alle Augen bündelten die sich zwanzig Zentimeter unter ihrem Kopf und zogen sie in die Tiefe. Die gierigen Blicke brannten auf ihrer Haut. Verspannt und verkrampft suchte sie das Weite.

Mit 16 Jahren hatte sie sich allmählich Muster, sogenannte Überlebensstrategien, zugelegt. Sie vermied inzwischen jede Öffentlichkeit und trug nur noch weite Oberteile. Sie saß stundenlang zu Hause, sah gerne fern und hielt strenge Diät, um das Fettgewebe nicht zum Wachsen anzuregen. Die Folge davon: Der Busen der spindeldürren Janet kam hierdurch noch besser zur Geltung. Es war ein Fluch: Kein Gramm Fett am Hintern, an den Hüften oder an den Beinen. Es schien so, als konzentriere der Körper all seine Energie auf die beiden Brüste.

Janet suchte nun auf Wunsch der Eltern einen Arzt auf, der ihr versicherte, dass eine Verkleinerung der Brüste erst in ein paar

Jahren möglich wäre. Außerdem riet er ihr energisch von diesem Vorhaben ab. Er untersuchte Janet gründlich. Sie wusste in diesem Augenblick nicht, was der Mann trieb. Er knetete an ihr herum und murmelte erklärend, vorsorglich nach Knoten zu sehen. Janet stand stocksteif da, denn zum ersten Mal fummelte eine andere Person – dazu noch ein Mann – an ihrem Busen herum.

Vom Untersuchungsergebnis enttäuscht fiel sie in eine Depression und magerte stark, ja lebensbedrohlich, ab. Ein Psychologe erklärte ihren Eltern, dass sich Janet auflösen möchte. Er bot gegen ein immenses Honorar seine fachliche Hilfe an. Die besorgten Eltern willigten ein. Janet ließ sich ohne einen Funken Hoffnung auf das Experiment ein.

Bereits bei der ersten Sitzung hinterließ der Psychologe bei ihr einen positiven Eindruck. Sie konnte mit ihm reden, ohne dass er sie unterbrach. Außerdem hielt er Augenkontakt. Nur ab und zu glitten seine Augen etwas tiefer. In aller Regel sah er Janet jedoch ins Gesicht und hörte ihr kopfnickend zu. Nach fünf weiteren Sitzungen genoss sie diese Treffen und freute sich darauf. Der aufgeschlossene, gut aussehende Mann, Anfang 40, faszinierte sie. Zum ersten Mal fühlte sie sich bei einem Menschen außerhalb der Familie geborgen. Sie konnte ihm ihre Ängste und Träume erzählen. Frank, so hieß der bärtige Seelendoktor, moralisierte oder verdammte nichts. Er lauschte aufmerksam, wenn sie sprach, und fragte nur nach, ob er sie auch richtig verstanden habe. Kurz und gut: Janet verliebte sich in den attraktiven Mann.

Sie aß wieder regelmäßig und zog sich zu den Sitzungen extra vorteilhaft an. Auch achtete sie genau darauf, wie Frank auf ihr Aussehen reagierte. Mitunter fragte sie ihn sogar, ob ihn dieses oder jenes besser an ihr gefalle. Sie himmelte ihn an und sagte ihm dies freimütig in der elften Sitzung.

Frank räusperte sich und erklärte ihr die Theorie der Übertragung und die Gefahren der Gegenübertragung. Sie hing an seinen Lippen wie manch Gläubiger am Evangelium. Als er dann vorschlug, sie könnten gemeinsam ein Hallenbad aufsuchen, zitterte sie wie Espenlaub. Behutsam sprach er mit ihr über ihre Ängste und sie gestand ihm, dass sie nicht einmal einen Badeanzug, geschweige denn einen Bikini besitze. Frank griff sanft nach ihrer Hand: „Wenn du willst, gehen wir gleich in ein Geschäft und kaufen dir einen."

Janet schüttelte heftig den Kopf. In ihrer Phantasie stand sie barbusig in einer Umkleidekabine und irgend jemand riss den Vorhang herunter. Sie sah sich von tausend Augen durchbohrt. In diesem Moment holte sie das alte Muster ein. Sie griff sich an ihren Busen und japste.

„Schämst du dich vor mir?" fragte der Psychologe einfühlsam.

Janet überlegte und erklärte: „Nein, ich vertraue dir. Wenn du es willst, ziehe ich hier einen Badeanzug an. Aber niemals vor anderen Menschen."

Frank, geschult im schrittweisen Vorgehen, bat sie, ihren Pulli auszuziehen.

Janet hyperventilierte. Nicht einmal zu Hause vor ihrer Mutter entkleidete sie sich. Aber sie liebte diesen Mann und wollte ihm unbedingt gefallen. Andererseits war ihr klar, dass er sie abstoßend finden würde, wenn er die zwei Monster sehen würde. Sie stotterte: „Du lachst mich nicht aus und du versprichst mir, dass ich weiterhin zu dir kommen darf."

„Janet, ich bin enttäuscht von dir", erwiderte Frank mit sanfter, ruhiger Stimme. „Jetzt kennst du mich schon eine ganze Weile. Hast du den Eindruck, dass ich dich ekelhaft finde? Glaubst du, ich akzeptiere dich nur, wenn du der Norm entsprichst." Er schaute ihr in die Augen und flüsterte: „Ich verrate dir mein Geheimnis. Ich liebe große Brüste. Bist du jetzt beruhigt?"

Janet rieb ihre feuchten Hände an der Jeans ab. „Na gut, dann bringen wir es hinter uns." Sie zog ihren Pullover über den Kopf und stand im BH vor ihm. „Und was sagst du?" zitterte ihre Stimme.

„Ich finde dich schön", offenbarte sich Frank, blieb aber vorsichtshalber auf seinem Stuhl sitzen, um den Abstand zu wahren.

Hastig zog Janet wieder ihr Oberteil an. Ihr Kopf glühte.

In der darauffolgenden Sitzung beschrieb sie ihm ihre Gefühle. Außerdem lüftete sie ein Geheimnis: Sie hatte nämlich geträumt, dass sie nackt in seiner Praxis lag und er ihre Brüste streichelte.

„Hat dich die Vorstellung erregt?" erkundigte sich Frank und blickte sie verständnisvoll an.

„Erregt ist gut gesagt – ich erlebte ein Feuerwerk im Bauch", kicherte sie verlegen. Dann runzelte sie die Stirn: „Und du findest meinen Busen wirklich nicht abstoßend?"

„Nein", sagte Frank ganz leise. „Ich finde ihn anziehend und deiner Phantasie kann ich gut folgen. Aber denke daran, was ich dir von der Gegenübertragung erzählt habe."

„Ich scheiß auf deine Theorie", erzürnte sie sich. „Ich bin eine Frau und du bist ein Mann."

„Halt, Janet, ich bin Therapeut und du bist meine Klientin", bemühte er sich die Situation zurechtzurücken.

„Du versteckst dich hinter deinen Büchern", fauchte sie. „Entweder du sagst die Wahrheit und mein Busen reizt dich oder du lügst, nur um mir zu helfen. Aber auf dein Mitleid verzichte ich." Abrupt stand sie auf und verließ mit feuchten Augen die Praxis.

Die nächsten beiden Termine ließ sie unentschuldigt verstreichen. Janet litt Qualen. Aber sie blieb stur der Sitzung fern. Ihr war der Standesdünkel dieser Psychologen egal. Sie liebte diesen Mann über alles und hatte vor ihm und für ihn ihren Pullover ausgezogen. Hierbei wäre sie fast vor Angst gestorben – wusste er das nicht, der große Fachmann?

Eines Abends läutete das Telefon und Janets Mutter holte aufgeregt ihre Tochter, da der Anruf für sie war. Janet hatte noch nie einen Anruf bekommen. Sie wusste aber schon, bevor sie den Hörer in die Hand nahm, dass es nur Frank sein konnte. Wie angewurzelt stand sie da und sagte nur dreimal ganz bedächtig und feierlich: „Ja."

„Was ist los?" fragte ihre Mutter neugierig.

„Ich gehe noch aus. Macht euch keine Sorgen. Ich übernachte bei Maria."

„Wer ist Maria?" erkundigte sich die besorgte Mutter, die am Telefon eindeutig eine Männerstimme vernommen hatte.

„Peter aus meiner Klasse hat soeben angerufen. Wir gehen alle zusammen ins Kino. Dann treffen wir uns noch bei Maria und ich bleibe gleich über Nacht dort", log Janet.

Für ihre Mutter trafen trotz Zweifel in diesem Augenblick Weihnachten und Ostern zusammen. Überglücklich konstatierte sie, dass die Therapie Früchte trug. Aber dies hatte sie ja schon vor längerer Zeit festgestellt, denn Janet kleidete sich seit einigen Wochen vorteilhaft. Sie achtete auf Frisur und Aussehen und hatte sogar etwas zugenommen. Endlich geht es aufwärts, dachte die Mutter.

Janet stolzierte aus dem Haus. Die Mutter blickte ihr vom Fenster aus nach und sah, wie sie an der Straßenecke in einen BMW stieg. Mit leuchtenden Augen erinnerte sie sich an die eigene Jugend und hoffte, dass ihr 17-jähriges Mädchen nun ähnliche Erfahrungen sammeln würde.

Frank fuhr ohne großer Worte mit Janet in seine Praxis. Schon am Telefon hatte er ihr erklärt, dass er verheiratet sei und sich daran nichts ändern werde. Dies war das erste Ja am Telefon. Kaum hatte er die Tür entriegelt, fragte er: „Bist du dir sicher?"

Janet nickte nur, denn sie hatte diese Frage schon am Telefon mit dem zweiten Ja beantwortet. Dann spürte sie die weichen Knie, aber es gab kein Zurück.

Frank verbrachte mit Janet die Nacht in der Praxis und fuhr sie am Morgen in die Schule. „Wir werden uns nie mehr wieder sehen, das hast du mir versprochen", verabschiedete er sich.

Janet schluckte einen Kloß hinunter und verschwand ohne Abschied. Sie hatte auch diese Frage schon am Abend beantwortet.

Stolz setzte sie sich alleine in die erste Bank und streckte sich mit erhobenen Armen richtig durch. Als Claudia hereinkam und Janet in dieser freizügigen Posse erblickte, griff sich Claudia mit beiden Händen an den Busen und japste.

Janet grinste sie überlegen an und meinte süffisant: „Sonst bist du aber in Ordnung?"

Anno 1768

Wenn wir uns an die 68er erinnern, denken wir an Hippies und Flower-Power. Sofort fällt uns Jimi Hendrix ein, der unnachahmlich seine Gitarre quälte und die amerikanische Flagge auf der Bühne verbrannte. Das Jahr 1968 wird verwünscht oder glorifiziert. In dieser Zeit, in der alle kifften und nach Bewusstseinserweiterung lechzten, war ein Ort in dieser verdrogten Welt noch in Ordnung. Sie wissen es bereits: Nürnberg. Während sich die Jugend weltweit die Haare wachsen ließ und Grateful Dead hörte, liefen die Franken dem runden Leder hinterher und erklommen just im Jahre 1968 das Siegerpodest. Nürnberg gewann die Deutsche Fußballmeisterschaft und verabschiedete sich ein Jahr später aus der Bundesliga. Ein zweitklassiger Meister – einmalig. Die Vermutung liegt nahe, dass die Leistungsträger in dieser kritischen Phase nach Woodstock gepilgert sind. Andere Erklärungen greifen zu kurz. Wahrscheinlich torkeln diese Spitzenspieler noch heute durch das Land der begrenzten Möglichkeiten und kicken mit einem Joint im Mundwinkel für die 'Love and Peace'-Elf.

Die Leserinnen und die vereinzelten Leser werden sich fragen, was dieser Vorspann mit der Geschichte zu tun hat. Ich verrate es Ihnen: Nichts. Aber ich benötigte einen Einstieg, um die Stufen der Zeit um weitere zweihundert Jahre hinab zu schreiten.

Nun sind wir – wie angekündigt – im Jahre 1768 angelangt und wenngleich der 1. FC Nürnberg noch nicht gegründet, handelte es sich um eine Zeit des Übergangs und der Verwirrungen. In der Phantasie der Menschen gab es noch Druidenhaine, Femehöhlen und Hexenküchen. Aber – und dieses Aber ist wichtig! – die Aufklärung rückte dem Mystischen auf den Leib. Die alten Zauberer dankten ab und neue wurden aus der Taufe gehoben. So führte der damals 12-jährige Wolfgang Amadeus Mozart just in diesem Jahr sein erstes Opernwerk „Bastien und Bastiene" beim Wiener Arzt Franz Anton Mesmer auf. Natürlich weiß die belesene Frau (Männer lesen bekanntlich weniger), dass dieser Mesmer durch seinen Magnetismus Ruhm erlangte. Der Mann wurde beneidet, verjagt, zum Heiland erklärt und starb letztendlich arm und verlassen. Anders formuliert: Ein Stoff für Hollywood (in Woodstock favorisierten sie einen anderen Stoff).

Sie merken schon, liebe Leserin (lassen wir mal die männliche Form beiseite), dem Autor gelingt der Zeitsprung nicht. Es fehlt ihm – im Gegensatz zu den Franken von 1968 – an Disziplin und dem nötigen Ernst.

Auf jeden Fall hinterfragte Immanuel Kant im Jahre 1768 das überlieferte metaphysische Denken und grübelte über die Kritik der reinen Vernunft nach. Der Schwerenöter. Und wie verhielten sich unsere Nachbarn? Voltaire und Rousseau bekriegten sich. David Hume dachte über den Empirismus nach.

Wir konstatieren: Während die großen Köpfe dieser Zeit der Vernunft frönen und unverblümt zum Halali gegen den Aberglauben bliesen, pocht in den Herzen der Menschen immer noch der Teufelswahn. Und ganz so frei, wie sie sich gebärdeten, waren die großen Denker nun auch nicht. Selbst der allseits geschätzte Voltaire bekannte sich prompt, als sich sein Leben dem Ende zu neigte, zur Kirche. Warum? Er wollte ordentlich begraben sein und nicht als Ungläubiger auf dem Schindanger verscharrt werden. Ein Triumph der Kirche. Trotz alledem konnte unser armer Philosoph nicht vor Schändungen bewahrt werden. Ein Triumph der Geistlosen.

Zusammenfassend lässt sich festhalten: Die Aufklärung steckte noch in den Anfängen. Und dies verleiht meiner Geschichte Glaubwürdigkeit, selbst wenn sie dem Skeptiker bei den Haaren herbeigeholt erscheinen mag. Aber urteilen Sie selbst, liebe Leserin, ob sich in dieser Geschichte ein Körnchen Wahrheit verbirgt?

In einer nebeligen Herbstnacht marschierten die beiden 22-jährigen Frauen, Franziska und Anna, Richtung Wald. Tags zuvor kam den beiden jungen Frauen aus gutem Hause das Gerücht zu Ohren (selbige waren klein und wohl geformt), dass es in der Tat möglich wäre, dem Leibhaftigen zu begegnen. Bekanntlich formiert sich ein Gerücht zu einem Gerede, und aus dem Gerede wird schnell Gewissheit. Schließlich wurde ihnen aus zweiter Hand von einer alten Frau berichtet, die dem Teufel als Medium diene. Mit Hilfe dieser Alten wollten die mutigen Jungfrauen Kontakt zu den dunklen Mächten aufnehmen. Die beiden Unschuldigen und stark im Glauben Verhafteten beschlossen, sich dieses einmalige Erlebnis keinesfalls entgehen zu lassen.

Sie wollten die Alte – diese Information kostete ihnen ein kleines Vermögen – an der Wegscheide zum Wald treffen. Anfangs hatten Franziska und Anna noch gescherzt. Desto näher die Gabelung rückte, um so verschwiegener wurden die beiden Unberührten. Jede für sich wäre augenblicklich umgekehrt. Aber keine wollte sich vor der anderen diese Blöße eingestehen. Mitunter besiegt die Eitelkeit sogar die Angst. Der Selbstdarstellung folgend mussten sie sich dem Abenteuer stellen, wenngleich sie beide insgeheim hofften, sie wären einem Betrüger aufgesessen und könnten unverrichteter Dinge heimkehren.

„Da ist niemand", flüsterte Franziska und suchte ängstlich Annas Hand.

„Lass uns abhauen", pflichtete Anna eilfertig bei.

„Nicht so schnell, meine Damen", kreischte eine alte, verbrauchte, blecherne Stimme.

Sie zuckten zusammen. Franziska drückte verkrampft Annas Hand. Anna indes spürte keinen Schmerz. Die Angst überschattete die anderen Empfindungen. Vor ihnen stand eine zahnlose, runzlige Frau, deren trübe Augen furchtlos die beiden Neugierigen musterten.

„Ich sehe schon, die Damen haben sich überschätzt. Ich will euch zu nichts zwingen, Verehrteste, aber solche Geschichten sprechen sich herum. Zunächst wird geprahlt und dann gekniffen. Immer das selbe mit diesen jungen Dingern: frech und feige." Bei diesem Satz wendete sich die Alte enttäuscht ab.

„Einen Augenblick." Anna fand ihre Fassung wieder. Diesen Gesichtsverlust wollte sie auf keinen Fall zulassen. „Was müssen wir tun, um ihn zu treffen?"

„Ja, was müssen wir tun?" schloss sich Franziska halbherzig an.

„Oh, sollte ich mich getäuscht haben", frohlockte die Alte mit einem verstohlenen Lächeln.

„Glauben Sie vielleicht, wir machen den weiten Weg, wenn es uns nicht ernst wäre", argumentierte Franziska und erhoffte sich von ihrer Freundin Unterstützung.

„Klar ist es uns ernst. Aber es kann uns doch nichts passieren?" erkundigte sich Anna mit einem Kloß im Hals.

„Ich garantiere für euer Leib und Leben", versicherte die Zahnlose feierlich.

„Na, dann bringen wir's hinter uns", vibrierte Franziskas Stimme. „Gibt es Bedingungen?"

„Oh, wurde euch das nicht gesagt?" mimte die Alte die Staunende und zog die Augenbrauen hoch. Da die jungen Frauen zeitgleich die Köpfe schüttelten, fuhr sie fort: „Na gut, wer dem Leibhaftigen entgegentritt, muss sich völlig entkleiden. Dann ist die Sache ungefährlich. Wer sich widersetzt, verbrennt in den eigenen Kleidern."

Franziska und Anna sahen sich ungläubig an. Es war dunkel und weit und breit niemand in Sicht, der sich an ihnen hätte verlustieren können.

„Was meinst du?" zitterte Annas Stimme.

„Hilf mir beim Ausziehen", übernahm Franziska das Kommando.

Auch die Alte zeigte sich behilflich und legte die abgelegten Kleidungsstücke ordentlich zusammen. Dann fragte sie: „Tragen die Damen Schmuck?"

„Ja", riefen die Frauen gemeinsam.

„Den müsst ihr auch abnehmen. Gold und Silber brennen sich in die Haut, wenn man dem Leibhaftigen gegenübertritt."

Hurtig entledigten sich die jungen Frauen ihrer Ketten, Haarnadeln und Ringe und standen zu guter Letzt splitternackt vor der Alten.

„Und jetzt kann nichts passieren?" fragte Anna mit bebender Stimme.

„Nein, ihr müsst euch die Hände reichen, die Augen schließen und langsam bis 113 zählen. Öffnet auf keinen Fall zuvor die Augen. Das grelle Licht würde euch blenden. Ihr würdet erblinden. Zählt laut und gemeinsam. Bei 113 öffnet ihr die Augen, dann werdet ihr des Teufels Werk sehen. Euch selbst passiert natürlich nichts, aber ihr werdet aus dieser Begegnung lernen und sie niemals vergessen. Seid ihr bereit?"

Franziska klammerte sich unsicher an Anna. Gehorsam schlossen sie die Augen und zählten laut und deutlich.

Während die beiden Nackedeis bis 113 zählen, kredenzen sich Autor und Leserschaft ein Glas Rotwein und resümieren die Ereignisse. Ist so etwas möglich? Über den weiteren Verlauf der Geschichte darf spekuliert werden. Riecht es schon nach Schwefel? Was werden die beiden sehen? (Inzwischen sind sie schon bei 93 angelangt) Wird sich vor ihnen die Hölle auftun? Wir bangen und frieren mit Franziska und Anna in dieser feuchten, nebligen Nacht und gönnen uns noch einen Schluck des edlen Traubensaftes.

„110, 111, 112, 113."

Sie öffneten die Augen. Es war stockdunkel. Ihre Blicke schweiften zum Wald, zur Wiese und Richtung Stadt. Noch wagten sie nicht zu sprechen und hielten erwartungsvoll die Luft an. Aber nichts regte sich. Einzig ihre entblößten, weißen Körper leuchteten milchig. Eine Minute verging – in solch einer Situation eine Ewigkeit. Nichts geschah.

Franziska räusperte sich und flüsterte: „Wo ist die Alte?"

„Niemand ist hier, weder die Frau noch der Leibhaftige. Mir ist kalt", antwortete Anna und fügte erleichtert an: „Franziska, lass uns verschwinden."

„Wo sind unsere Kleider?" stutzte Franziska.

„Und der Schmuck?" erboste sich Anna.

Allmählich dämmerte es den beiden. Während sie mit geschlossenen Augen brav und folgsam bis 113 gezählt hatten, hatte sich die Alte mit ihrem Hab und Gut aus dem Staub gemacht. Wie hatte die Frau so trefflich formuliert? „Euch selbst passiert nichts, aber ihr werdet aus dieser Begegnung lernen und sie niemals vergessen."

Der Verlust der Kleidung und des Schmuckes schmerzte nicht zu sehr. Viel schlimmer litten die beiden Frauen unter der Demütigung und der Schmach. Schließlich mussten sie splitternackt nach Hause laufen. Alleine diese Vorstellung trieb Franziska die Zornesröte ins Gesicht. Anna hingegen schlotterte am ganzen Körper.

Wieder, liebe Leserin und Leser, befinden wir uns an einem Punkt, wo es sich lohnt, einzuhalten. Was wird geschehen? Werden die beiden Frauen unbeschadet ihre Zufluchtsstätte erreichen? Welche Gefahren lauern auf ihrem unseligen Heimweg? Wir alle wissen, damals wie heute, dass hinter jedem Strauch eine Gefahr lauert, und manch Wegelagerer verharrt – ähnlich einer Zecke – bekanntlich jahrelang im Gebüsch, bis endlich zwei nackte Jungfern seinen Weg kreuzen. Von dieser Angst durchdrungen und geprägt bangen wir vor dem großen Unbekannten. Obwohl es sehr selten vorkommt, dass ein Lauernder und zwei Nackte aufeinandertreffen, sitzt dieses Bild tief verwurzelt in unserem Hirn. Die Gefahren im näheren Umfeld – laut Statistik weit häufiger – werden verharmlost und tabuisiert. Deshalb soll diese Geschichte nicht mit dem Lüstling auf der Kutsche enden, der die beiden einfängt und am Sklavenmarkt feilbietet. Nein, unser Schluss von Anno 1768 lässt sich gut und gerne in die Neuzeit transportieren.

Beide Mädchen eilten zum Stadtrand. Vorsichtig tasteten sie sich von einer dunklen Ecke zur nächsten. Unbeschadet, wenn auch nackt, erreichten sie ihre Häuser, die (um die Geschichte zu vereinfachen) nebeneinander lagen.

Franziska betrat auf Zehenspitzen das Haus und bedeckte sich augenblicklich mit den Händen Brust und Scham, da unerwartet ihr Stiefvater vor ihr stand. Dieser freundliche Herr mit den grauen Schläfen schnaufte schwer und unregelmäßig beim Anblick dieser Schönen im Evaskostüm. Schließlich biss er sich auf die Lippen und rannte die Treppe hinauf. Franziska hörte noch, wie er grundlos ihre Mutter anbrüllte.

Anna schlich sich ebenfalls ins Haus und begegnete im Flur unverhofft dem Pastor, der noch zu später Stunde – wie so oft – ihre Mutter konsultierte.

„Verraten Sie mich nicht", flehte sie den Geistlichen an.

Dieser ehrenwerte Mann reichte ihr eine Decke. „Sie frieren ja." Sogleich folgte er Anna aufs Zimmer und rieb die Decke gegen ihre Haut, angeblich um die Durchblutung zu fördern. Anna wusste, sie müsste dieses Geheimnis mit Herrn Hochwürden ihr Leben lang hüten. Viele Jahre später starb Anna ohne Mann, ohne Kinder, ohne Glauben.

So eine Gaudi

Auf dem Weg von der Universitätsbibliothek zum Bahnhof sinnierte ich über meine Diplomarbeit. Ich beschäftigte mich mit Zeitabschnitten, in denen ein kultureller Niedergang stattfand. Charakterisiert waren solche Zeiten durch bestimmte Entartungserscheinungen in den Lebensgewohnheiten und Lebensansprüchen der Menschen. Diese Dekadenz bestimmter Gesellschaften versuchte ich historisch aufzuzeigen – kein leichtes Unterfangen.

Die Luft waberte. Die Menschen auf der Straße schwitzten, streckten ihre fetten Bäuche in die Sonne oder legten einen bedächtigen Gang an den Tag. Eis schleckende Gören kicherten. Goldkettchen versengten tollen Typen die krausen Brusthaare. Ein Afrikaner jonglierte froh gelaunt mit Keulen. Der fühlt sich, zumindest was das Klima anbelangt, wie zu Hause, dachte ich mir und verschwand gedankenversunken in die Bahnhofshalle.

Auf Gleis 4 erwartete mich bereits der Bummelzug. Ich stieg in ein voll besetztes, stickiges Abteil. Bis auf zwei Bänke waren alle besetzt. Die Hitze staute sich – schier unerträglich. Ich hockte mich in Fahrtrichtung und war dankbar, dass der Platz mir gegenüber unbesetzt blieb. Mit 1.95 Meter ist die Beinfreiheit, selbst wenn niemand vis-à-vis sitzt, beträchtlich eingeschränkt. Wahrscheinlich orientieren sich die Konstrukteure an kleinwüchsigen Asiaten, so seit Jahren meine These.

Endlich setzte sich der Zug in Bewegung. Bereits nach kurzer Zeit ermüdete mich das monotone Geratter. Zweimal zuckte ich zusammen, bevor mir die Lider endgültig zu schwer wurden. Nach einiger Zeit blinzelte ich und stellte zu meiner Überraschung fest, dass sich eine Frau zu mir gesellt hatte. Ich riss die Augen weit auf, schloss sie sogleich wieder und drückte Daumen und Zeigefinger gegen die Lider, bevor ich erneut guckte. Augenblicklich war ich hell wach, denn eine attraktive Frau hatte ihre langen Beine, an denen ein Paar Schuhe mit hohen Absätzen baumelten, übereinander geschlagen. Dies hätte ich ohne weiters verkraftet, aber sie hatte außer diesen Schuhen nichts an. Ich wusste sofort, niemand würde mir diese Geschichte abnehmen. Und was mich noch stärker irritierte: keine andere Person im Abteil nahm hieran Anstoß. Träumte ich?

Das gibt es doch nicht! dachte ich. Kein Fahrgast würdigte die Frau eines Blickes. Nochmals kniff ich die Augen zusammen, zählte bis fünf und schaute wieder auf die Nackte, die mich freundlich und ungeniert anlächelte. Irgend etwas stimmt hier nicht, analysierte ich und tat so, als spähte ich aus dem Fenster. Genau genommen betrachtete ich aber über das Spiegelbild ihren Busen. Zugegeben, ich hatte schon mal in geheimen Phantasien mit so einer verrückten Begegnung geliebäugelt. Aber hierüber zu phantasieren oder es tatsächlich zu erleben, sind zwei Paar Stiefel. Unsicher wanderte mein Blick vom Konterfei zum Original. Wahnsinn, ich drehe durch, kam mir in den Sinn. Die Hitze und der anstrengende Vormittag in der Bibliothek spielten wahrscheinlich meiner Wahrnehmung einen Streich. Irgendwelche Synapsen und Sicherungen in meinem Hirn sind durchgebrannt, schlussfolgerte ich.

Nochmals ließ ich meinen Blick Rat suchend zu den anderen Fahrgästen schweifen. Keine Reaktion. Eine döste. Einer las Zeitung. Eine war in einen dicken Roman vertieft. Einer hörte Walkman. Nichts Besonderes. Alle verhielten sich so, als wäre diese Nackedei überhaupt nicht vorhanden. Da eine Fata Morgana bekanntlich nicht antwortet, versuchte ich es mit Konversation.

Zuerst kratzte ich mich am Kopf, nickte ihr freundlich zu, räusperte mich und kommentierte die Lage: „Ganz schön heiß heute. Finden Sie nicht auch?"

Sie schmunzelte: „Ach, bei entsprechender Kleidung geht es."

Ich mimte den Unbeeindruckten und witzelte: „Wie nennt man den Stoff, den Sie tragen?"

„Haut, mein Herr, nackte Haut", flüsterte sie mir im vertrautem Ton zu.

„Ist das denn erlaubt?" entgegnete ich mit dünner Stimme.

„Jeder Mensch verfügt über Haut. Wahrscheinlich sogar jedes Lebewesen. Wieso sollte Haut nicht gestattet sein", philosophierte sie mit strahlend blauen Augen.

„Aber", stammelte ich.

„Machen Sie doch einfach mit, dann sind wir schon zu zweit", forderte sie mich unverblümt auf.

„Nein danke", entschuldigte ich mich, „so warm ist es nun auch wieder nicht." Offen gesagt stieg die Temperatur mörderisch. Vielleicht wurden meine Wallungen auch durch ihre wippende

Brust verstärkt. Ich schmorte im himmlischen Fegefeuer der greifbaren Lustbarkeit.

„Außerdem ist die Haut ja sehr empfindlich und sollte vor der Sonne geschützt werden", gab ich in sachlichem Ton zum Besten.

„Oh, da haben Sie Recht. Würde es Ihnen etwas ausmachen, mich einzucremen", säuselte die verbotene Frucht.

„Leider muss ich gleich bei der nächsten Station aussteigen", redete ich mich heraus und erhob mich sogleich.

In diesem Augenblick applaudierte das ganze Abteil. Ein junger, dynamischer Mann betrat den Waggon und gestikulierte den Beifallheischenden ruhig zu bleiben.

„Wie heißen Sie?" wandte er sich an mich. Als ich meinen Meier abgelassen hatte, erkundigte er sich süffisant: „Kennen Sie, Herr Meier, die heimliche Kamera?"

Ich tat so, als wüsste ich Bescheid. Zweifelsohne irgend so eine drittklassige Sendung auf einem viertklassigen Sender. Es war schon augenfällig, wie wichtig und bedeutend sich dieses Filmteam gebärdete. Diese Leute hielten sich für den Nabel der Welt. Ich wurde von diesem braun gebrannten Dauergrinser mit Fragen bombardiert. Wie ich mich gefühlt und ob ich keinen Verdacht geschöpft hätte. Weitere schwachsinnige Fragen prasselten auf mich ein. Stolz erzählte er in die Kamera blickend, dass das ganze Abteil aus Statisten bestand, die alle mitgespielt hätten. Nur der Herr Meier – also ich – wäre ahnungslos in die Falle getappt. Ich stand neben diesem wortgewandten Typen wie ein Hund, der sein Herrchen suchte. Letztlich versäumte ich rechtzeitig auszusteigen und musste auf eigene Kosten die Rückfahrt antreten.

An diesem Abend, die Hitze ließ allmählich nach, suchte ich einen Biergarten auf. Es gehörte seit Jahren zu meinen Vorlieben, solch laue Abende unter einem schönen Kastanienbaum mit einer guten Brotzeit zu genießen. Hier lebten bei mir, einem gebürtigen Franken, Erinnerungen an die Kindheit auf: Stadtwurst mit oder ohne Musik, Bratwürste mit Kraut, eine Brezel oder Leberkäse. Auch an diesem Abend kreisten meine Gedanken vorrangig um die Speisekarte. Schon beim Eintreten bestellte ich ein Radler und bat den Keller um die Karte.

„Wir haben heute nur Bratwurst in Sülze", entschuldigte er sich.

Auch nicht schlecht, dachte ich mir und bejahte. Bis zur leckeren Brotzeit drehte ich mir eine Zigarette und nahm einen kräftigen Schluck vom Radler. Kurze Zeit später schleppten vier junge Männer, alle mit weißem Hemd und schwarzer Jeans bekleidet, einen Trog herbei, den sie vorsichtig auf den Tisch bugsierten. Der Kellner bot mir einen Löffel an, wenngleich ich Messer und Gabel bevorzugt hätte. In dem Trog lag, ich traute meinen Sinnen kaum, eine junge Frau. Nur ihr Kopf guckte schelmisch hervor. Der restliche Körper war in Sülze gehüllt.

„Guten Appetit", säuselte sie.

Na gut, sagte ich mir, dann spiele ich eben mit. Wenn es auch unwahrscheinlich anmuten mochte, zweimal am Tag von diesen Fernsehheinis belästigt zu werden, so traf es in meinem Fall doch zu. Diesmal wollte ich mich nicht der Prüderie bezichtigen lassen. Nein, genüsslich griff ich zum Löffel und aß theatralisch die Sülze.

„Greifen Sie zu", forderte mich die Gesülzte auf.

Während ich stumm löffelte, suchte ich verzweifelt nach einem Abschlussgag. Schließlich wollte ich nicht noch einmal wie ein hilfloser Spießer gefilmt werden. Im Nachhinein wurmte es mich, dass ich die Nackte im Zug nicht eingecremt hatte.

Endlich kam mir ein Geistesblitz, den ich sofort umsetzte. Ich winkte dem Kellner und betonte mit fester Stimme: „Ich bin leider schon satt, können Sie mir den Rest bitte einpacken."

Wie zu erwarten, setzte in diesem Moment großer Beifall ein. Aus den Lautsprechern tönte ein Tusch. Eine Frau mit blauweiß karierter Bluse und kurzer roter Lederhose bewegte sich auf meinen Tisch zu. Heiter klatschte sie sich auf die nackten Oberschenkel, während sich ihre Stimme überschlug: „So eine Gaudi. Nein, so eine Gaudi." Dann warf sie ihre rote Mähne, die sich im Farbton eindeutig mit der Lederhose biss, nach hinten und meinte: „Kennen Sie die verborgene Kamera?"

Anschließend folgte die übliche Zeremonie. Ich wurde nach meinen Gefühlen und Gedanken befragt, wenngleich sich niemand ernsthaft für mich interessierte. Immer wieder klopfte sich die Lederhosenlady auf die festen Schenkel und wiederholte: „So eine Gaudi. Nein, so eine Gaudi."

Was hieran so spaßig war, blieb anscheinend nur mir verborgen. Aber vielleicht hieß die Sendung deswegen „Verborgene Kamera". Zwischenzeitlich stieg meine Bratwurst aus der Sülze und das Kamerateam packte eilig zusammen. Aufschlussreich fand ich, dass die Gaudifrau, just in dem Moment, als die Kamera abdrehte, nichts mehr lustig fand. Sie zog eine Schnute und warf mir einen argwöhnischen Blick zu. Kein privates Lächeln kam ihr über die Lippen. Schließlich drehte sie mir den Rücken zu und schimpfte gegenüber der Maskenbildnerin: „Ich hasse diesen Job. Den ganzen Tag diese Deppen. Der gerade war ja der Höhepunkt an Blödsinn."

Ich hinterließ meine Adresse und trat mit gemischten Gefühlen den Heimweg an. Von Kameras und Öffentlichkeit hatte ich vorläufig genug. Gemächlich flanierte ich an einem Schaufenster, in dem teure Anzüge feilgeboten wurden, entlang und ertappte mich bei der Vorstellung, wie ich wohl in diesem edlen Stoff aussehen würde. Dann marschierte ich heimwärts. An einer Brücke, die über eine stark befahrene Straße führt, sprach mich eine junge Frau in Slip und BH an: „Haben Sie Lust, sich mit mir von der Brücke zu stürzen?"

Anscheinend hatten es heute alle kleinen Sender auf unsere Region abgesehen. Na ja, aller guten Dinge sind drei, redete ich mir ein, reichte der Frau meine Hand und rief: „Auf geht's!"

Erst während des Fallens wurde mir blitzartig bewusst, dass diesmal kein Filmteam ein Netz gespannt hatte und ich in der Tat auf die Intrigen einer Verrückten hereingefallen war. Glück im Unglück: Wir landeten auf der Ladefläche eines Lasters. Hierbei brach ich mir beide Beine und musste für einige Zeit im Rollstuhl ausharren. Bereits am Tag nach meinem Sturz besuchte mich das lokale Fernsehteam, um das Ereignis in Wort und Bild festzuhalten.

Einige Wochen später erhielt ich einen Brief vom Zugteam. Sie würden bedauern, aber mein Auftritt mit der Nackten im Abteil sei nicht sehr ergiebig – zu konventionell. Sie würden für diese Sequenz lieber andere Menschen in ihrer Sendung vorführen, die ihrer Meinung nach realistischer reagiert hätten. Vor meinem inneren Auge wippte nochmals der Busen.

Bereits zwei Tage später flatterte ein Schreiben des Sülzeteams ins Haus. Ich wäre fantastisch gewesen und sollte unbedingt live in der Sendung auftreten. Während meiner Genesung hatte ich genügend Zeit zum Nachdenken. Ich telefonierte mit dem Intendanten und nannte ihm meine Bedingungen. Er war zu meiner Überraschung begeistert.

Obzwar meine Beine beim Gehen noch schmerzten, freute ich mich auf die Fernsehshow. Zuerst zeigten sie den Film. Ich stocherte zur allgemeinen Belustigung in der Sülze. Ausführlich und mit einigen Nahaufnahmen wurde die junge Frau bedacht, die die Bratwurst gespielt hatte. Mit Sicherheit ein großes schauspielerisches Talent. Dann nahte mein Auftritt. Von einem Tusch begleitet stieg ich eine beleuchtete Treppe hinab. Die Rote, wie gewöhnlich in Lederhose, klatschte sich begeistert auf die Schenkel und die Studiogäste brüllten mit ihr im Chor: „So eine Gaudi!"

Nun folgte das übliche Interview. Bla bla, wie ich mich fühlte und ob ich etwas bemerkt hätte. Natürlich war abgesprochen, dass ich keine Ahnung gehabt hätte. Diesen Part spielte ich hervorragend.

„Ich bin ja kein Spießer", dozierte ich. „Einen Spaß sollte man schon vertragen." Dann wandte ich mich dem roten Lockenkopf zu: „Wie ist es überhaupt mit Ihnen? Kann man mit Ihnen einen Scherz machen?"

„Natürlich, Herr Meier, was denken Sie denn", konterte sie überlegen und lächelte professionell in die Kamera.

Dann wandte ich mich an das Publikum im Studio: „Nun, meine Damen und Herren, wollen wir gemeinsam testen, ob unsere hübsche Moderatorin ebenfalls Gaudi versteht?"

„Ja", brüllten alle.

Der Frau im Folklorelook wurde es mulmig, aber sie machte noch immer gute Miene zum bösen Spiel. Selbst als zwei Helfer einen Frisierstuhl hereintrugen.

Ich hob die Hände hoch und plärrte: „So eine:"

Alle, mit Ausnahme der Moderatorin, schrien aus Leibeskräften: „Gaudi!"

„Mitmachen", befahl ich ihr mit sanfter Stimme. Und ohne sich auf die Schenkel zu klopfen, bewegte sie die Lippen mit, als wir wieder „Gaudi" heraus posaunten.

Als ich die Lederhose zum Stuhl führte, flüsterte ich ihr ins Ohr, dass sie im Fernsehen wäre und bitte lächeln sollte, schließlich hätte ich die Sache mit dem Intendanten besprochen.

Verlegen hockte sie sich auf den Stuhl als wäre dies ein elektrischer.

„Ich finde, die Haare unserer hübschen Moderatorin erinnern an ein Schaf. Geben Sie mir Recht?"

„Ja", raunte es durch den Raum.

Dann animierte ich die Masse, ganz laut „Mäh" zu blöken. Alle, außer der Rothaarigen, stimmten enthusiastisch bei. Der Saal dröhnte.

Anschließend stellte ich für die Intelligenteren im Saal eine Frage: „Und was macht man mit einem Schaf?"

Nach anfänglichem Zögern mehrten sich die Stimmen. Es entstand ein Rhythmus, dem sich allmählich alle anschlossen. „Scheren, scheren!"

„Und wer will das Schaf scheren?" heizte ich die Menge auf.

Fast alle donnerten: „Ich, ich!"

Ich wählte einen gut Situierten, Mitte 50, aus. Sportlich erklomm diese gepflegte Erscheinung die Bühne. Nochmals feuerte ich das Publikum an. „So eine."

„Gaudi!"

Nun überreichte ich dem Herr mit den grauen Schläfen feierlich den Haarschneider.

Die Moderatorin kicherte verlegen. „So, jetzt ist aber genug geschertzt, Herr Meier."

Erneut sprach ich zur Meute. „Ist es schon genug?"

„Nein!" erwiderten alle unisono.

„Na, sehen Sie", antwortete ich ihr mit einem Achselzucken, um gleich darauf wieder die Masse zu bedienen. „Wie blökt das Schaf?"

„Mäh!"

„Was macht man mit einem Schaf?"

„Scheren, scheren."

Endlich kapierte sie, dass sie sich nicht ohne Gesichtsverlust, gleichsam ungeschoren, aus dieser Situation heraus schleichen könne. Ihre Augen bewegten sich unruhig hin und her. Sie überlegte krampfhaft, ob ihre Karriere wohl zu Ende wäre, wenn sie nun fluchtartig das Studio verlassen würde. Die Adern auf ihrem Hals quollen hervor.

Welche Eitelkeit würde siegen, fragte ich mich: die persönliche oder die öffentliche?

Währenddessen hatte ihr der sympathische Herr einen Frisierumhang übergestülpt. Er fuhr sich mit der Zunge über die Lippen. Plötzlich und völlig überraschend griff er entschlossen in ihre Mähne und setzte den Scherkopf im Nacken an. Es surrte. Die Lockenpracht purzelte auf den Boden.

„So eine", grölte ich und hörte ein lautes „Gaudi".

Als der vertrauenerweckende Herr sein Werk vollbracht hatte, marschierte er unter tobenden Beifall an seinen Platz zurück. Die Leute stampften ausgelassen mit den Beinen.

Nochmals ließ ich alle „Mäh" kreischen, bevor ich mich bei der Entblößten für ihren Humor und ihre Bereitschaft, mitzumachen, bedankte. Die Gestutzte grinste schief.

Diese Geschichte liegt jetzt einige Wochen zurück. Die Sendung wurde zwischenzeitlich viermal wiederholt. Die Resonanz war enorm, was sich eindeutig an den Einschaltquoten belegen ließ. Selbstredend unterbreiteten mir verschiedene Sender lukrative Angebote. Ich könnte in Zukunft meine eigene Sendung moderieren.

Derzeit überlege ich ernsthaft, ob ich die langweilige Diplomarbeit über Dekadenz wirklich beenden soll. Schließlich steht einem aufgeschlossenem jungen Mann die ganze Welt offen.

In einer Konditorei

Vor Jahren verdiente ich meinen Lebensunterhalt mit kleinen Gaunereien. Während Größenwahnsinnige einbruchssichere Banken belagerten oder Süchtige in ihrer Not Apotheken plünderten, hatte ich mich auf kleinere Brötchen spezialisiert. Mein Spezialgebiet: Bäckereien. Natürlich konnte ich hier nicht den großen Wurf landen, aber bekanntlich lebt der Mensch vom Brot.

Ich entschied mich, bei Tage zu arbeiten. Erstens hielt ich nicht viel von der Nachtschicht und zweitens erhöhte die Einsamkeit der Nacht zwangsläufig die Aufmerksamkeit. Ich beobachtete eine zuvor ausgewählte Lokalität stets längere Zeit, denn jeder Ladenbesitzer pflegte bestimmte Gewohnheiten. Diese mussten eruiert werden – der Rest war einfach. So kam es zu folgender Geschichte:

Vier Tage lang kaufte ich meine Brötchen in dieser Bäckerei. Die Verkäuferin, eine Frau um die 60 Jahre, bewegte sich behäbig. Pünktlich um 13.00 Uhr zog sie den Vorhang des Schaufensters zu und schloss das Geschäft ab. Eine Stunde später kehrte sie zurück. Somit blieb mir genügend Zeit, hinter zugezogenen Gardinen die Kasse zu erleichtern – übrigens ein altes Modell. Ein Kinderspiel für jeden Schraubenzieherbesitzer.

Nachdem die Voraussetzungen stimmten, nahm mein Denken konkrete Formen an. Die Bäckerei befand sich in einer belebten Straße, was mir sehr entgegenkam. Selbst wenn mich jemand in der Mittagsstunde zufällig im Laden sehen würde, würde er keinen Verdacht schöpfen. Niemand wäre so blöde, am hellichten Tag eine Kasse auszurauben – soweit der Volksmund.

Nun musste ich nur noch klären, wie ich ohne großes Aufsehen in den Laden kam. Bäckereien verfügen oft über eine Zuliefermöglichkeit, einen zweiten, hinteren Eingang, über den die Leckereien geliefert werden. Ich hatte inzwischen genügend Erfahrungen gesammelt und konnte mir nichts dir nichts den Hintereingang ausfindig machen. Während die vordere Ladentür mit dem üblichen Sicherheitsschloss ausgestattet war, stellte diese zweite Tür im Flur eine kleinere Übung dar.

Ich will die Vorbereitungen an dieser Stelle nicht weiter ausbreiten, sondern unbeirrt mit meiner Geschichte fortfahren. Als die ältere Frau – wie jeden Tag – um 13.00 Uhr die Eingangstür verriegelte und gemächlich davon tappte, begab ich mich ohne Eile zum zweiten Eingang und stand kurz darauf vor der Kasse. Zügig legte ich das Werkzeug an. Ein paar Sekunden später sprang die Kasse einladend auf. Ich hatte mich nicht getäuscht: Das Geschäft florierte. Schnell packte ich die Scheine ein und wollte schon grinsend den Laden verlassen, als ich auf einem Stuhl etwas entdeckte, das mich augenblicklich faszinierte.

Dort hockte eine lebensgroße Frau aus Zuckerguss und darunter stand in verzierter Schrift: *Lassen Sie sich das Leben versüßen.*

Ich schnappte mir einen Stuhl und betrachtete das Zuckerwerk. Es sah so verblüffend echt aus, dass ich für einen Moment ins Grübeln kam. Der Oberkörper war mit Marzipan überzogen und der kurze Rock bestand aus Zartbitterschokolade. Begeistert war ich von den Beinen, die anscheinend aus einer Nougatglasur kreiert waren. Vergleichbar mancher Strumpfhose glänzten diese übereinandergeschlagenen Beine. Ich war mir nicht sicher, aber irgendwie wirkte dieses Gebäck auf mich lebendig. Zweifelsohne gestaltete sich die Werbung in den letzten Jahren immer verrückter, doch dieses knackige, knusprige Betthupferl stellte eindeutig den Höhepunkt dar.

„Du bist die geilste Praline, die schönste Schleckerei, die ich jemals sah", kommentierte ich. Dabei zuckte ich zusammen. Ich hatte das Gefühl, sie hätte sich leicht bewegt. Sofort beruhigte ich mich, denn hier war der Wunsch der Vater der Phantasie. Ich hatte aus Versehen mit meinem Fuß den Stuhl berührt. Allein die Vorstellung, dieses Konfekt, diese Naschkatze könnte lebendig sein und ich dürfte mich an ihr verlustieren und schnabulieren, erregte mich. Quasi ins Marzibein beißen. Aber Kunstwerke darf man nicht zerstören, vor allem wenn sie der Realität so nahe kommen. Ich schnaufte tief durch und schlich mit voller Geldbörse aus dem Laden.

Normalerweise suchte ich nach getaner Arbeit nie wieder die Stätte meines Wirkens auf. Prinzip oder Aberglaube? Auf jeden Fall machte ich diesmal eine Ausnahme, denn ich hatte mich – ich weiß, das klingt verrückt – in diese Frau aus Zucker verguckt. Also betrat ich am nächsten Morgen mit Unschuldsmiene den Laden. Ich kaufte ein Nusshörnchen. Meine Augen gierten verstohlen zu dieser weiblichen Süßigkeit. Ich erwog sogar, sie zu kaufen. Aber dann hätten sie mich vielleicht in die Psychiatrie eingewiesen, in der ich schon mal eine Woche zur Beobachtung eingesessen hatte – der reinste Horror.

So verließ ich schweren Herzens die Bäckerei und flanierte gedankenversunken durch die Fußgängerzone. Plötzlich ergriff mich der Arm des Gesetzes. Ein Polizist wollte meine Papiere sehen. Ich konnte auf jahrelange Routine mit diesen Gesetzeshütern zurückgreifen. Kurz gesagt: Dieser Zinnober brachte mich noch nicht aus der Ruhe. Erst als mich ein zweiter dieser grünen Jungens flankierte, wurde mir allmählich mulmig. Sie baten mich, ihnen aufs Revier zu folgen. Da ich meine Rechte kannte, wollte ich sogleich wissen, was sie mir denn vorwarfen.

„Sie werden beschuldigt, gestern in der Mittagsstunde die Kasse einer Bäckerei geplündert zu haben", erklärte der Größere mit tiefer Stimme.

„Ich", prustete ich. „Haben Sie hierfür Zeugen? Wie kommen Sie auf das schmale Brett der Unterstellung?" Ich spielte meine zwei Semester Jura voll aus, baute mich breitbeinig auf und verschränkte demonstrativ die Arme.

„Wir werden die Sache auf unserer Dienststelle klären", brachte sich der Kleinere ins Gespräch.

„Das werden wir auf jeden Fall klären und stellen Sie sich gleich auf eine Dienstaufsichtsbeschwerde ein", posaunte ich selbstsicher.

Beide nickten stoisch und nahmen mich ohne großes Aufsehen mit. Ein weiterer Polizist notierte im Anschluss in einem kleinen Büro meine Personalien. Mir war klar, dass ich zwar Angaben zur Person, aber keine Aussagen zu diesem Vorwurf machen musste. Unterdessen ratterten die Rädchen in meinem Kopf. Klar, ich war polizeilich bekannt, aber kein großer Fisch. Seit wann stürzen sich die Bullen auf Kleinvieh? fragte ich mich und ließ durch die Nasenflügel Dampf ab.

„Es wird sich alles aufklären, meine Herren", überspielte ich meine aufkeimende Angst. „Kann ich jetzt endlich gehen?"

„Nein, wir machen noch eine Gegenüberstellung", zog der Schnurrbart unerwartet einen Trumpf aus dem Ärmel. „Sie müssen sich noch etwas gedulden."

Provokativ, nach dem Motto: „abwarten und Tee trinken", bat ich um eine Tasse Tee, die mir zu meiner Überraschung gewährt wurde. Mit gespielter Lässigkeit nippte ich am Tee und harrte der folgenden Dinge.

„Kommen Sie bitte", forderte mich kurze Zeit später ein Polizist auf. Er schien noch einen weiteren Pfeil im Köcher versteckt zu haben. Ich nickte griesgrämig und folgte ihm in sein Büro. Dort saß eine junge Frau, die ich für eine Protokollantin hielt.

„Kennen Sie Frau Mohr?"

„Nicht dass ich wüsste", erwiderte ich unbeeindruckt, bemerkte aber, dass ich den Mohrenkopf attraktiv fand.

„Du bist die geilste Praline, die schönste Schleckerei, die ich jemals sah", flüsterte die Frau und schmunzelte verlegen.

Wie schon gesagt, ich ließ mich nicht leicht verwirren, aber das haute mich doch um. Hatte sie im Schrank gesessen, als ich mein Taschengeld aufgebessert hatte?

„Woher wissen Sie das?" erkundigte ich mich stammelnd und sah mir die Zeugin genauer an. Tatsächlich hatte sie eine gewisse Ähnlichkeit mit der Zuckerpuppe, mit diesem kulinarischen Wunder. Da sie jedoch eine schwarze Jeans und ein dunkles T-Shirt trug, stellte ich zunächst keine Verknüpfung her. „Dann sind Sie", stockte ich und zweifelte an meinem Verstand.

„Ja, ich bin der Zuckerguss aus der Bäckerei", antwortete sie etwas verlegen. „Und Sie werden verstehen, dass ich es der Chefin, als sie heute morgen erneut in den Laden kamen, melden musste. Sie rief sofort die Polizei und während Sie noch im Schaufenster das Nougat betrachteten, rückte bereits der über Funk informierte Streife an. Mir tut die Sache aus persönlicher Sicht leid, wenngleich Sie mir einen ganz schönen Schrecken eingejagt haben."

Ich schüttelte den Kopf und war sprachlos. Mein männlicher Instinkt hatte sich also doch nicht vom Nougat überlisten lassen, was mich wiederum freute. Wer gibt schon gerne zu, dass er Zuckerguss geil findet?

„Unterschreiben Sie ein Geständnis", überrumpelte mich der Polizist und nützte meine kurzzeitige Fassungslosigkeit aus.

Konsterniert unterschrieb ich.

Da ich schon einiges auf dem Kerbholz hatte und noch eine Reststrafe zur Bewährung ausstand, wanderte ich prompt in den Knast. Als einige Kommilitonen – in diesem Fall wohl besser Häftlinge – von meinem Malheur erfuhren, zogen sie mich mit dem alten Schlager auf: „In einer kleinen Konditorei, da saßen wir zwei."

In den langen Nächten der Einsamkeit träumte ich immer wieder von Nougat und Marzipan. Nach zwei Monaten fasste ich einen Entschluss, wofür ich meinen ganzen Mut bündelte: Ich schrieb ihr einen Brief, in dem ich mich für die Anzüglichkeit in der Bäckerei und für den Schrecken, den ich ihr eingeflößt hatte, in aller Form entschuldigte. Außerdem gestand ich ihr meine Zuneigung.

Ich hatte an diesem kleinen Brief tagelang gebastelt und fühlte mich erst besser, als der Gefängnisdirektor nach Rücksprache mit dem Psychologen den Brief unzensiert in die Post warf. Zu meiner Überraschung bekam ich kurz darauf Besuch.

Frau Mohr war von meinen Ausführungen sichtlich ergriffen. Wir unterhielten uns lange und ausgiebig. Sie erzählte mir, dass ihr großer Traum die Schauspielerei wäre und dass sie diese Rolle als Konfekt nur übernommen hätte, um zu überleben. Außerdem störte es sie nicht, ruhig dazusitzen, was für andere zweifelsohne eine Qual wäre. Nein, auch die Verkleidung mache ihr nichts aus, berichtete sie schmunzelnd. Oberteil und Rock bestünden aus festen Teilen, die sie morgens über ihren Badeanzug zog. Nur die Beine müssten eingepinselt und glasiert werden. Aber sie fand ihren Job ehrlicher als meinen.

Bereits beim ersten Treffen in der Haft sprang der Funke der Sympathie auch auf sie über. Sie besuchte mich nun alle vierzehn Tage. An meinem Geburtstag verwöhnte sie mich in einem engen, weißen T-Shirt, einem kurzen schwarzen Rock und braun glänzenden Strümpfen. „Ein Surrogat", flüsterte sie mir zu und schlug die Beine verführerisch übereinander. Ohne sich zu bewegen, verharrte sie genau in der Geste, in der ich sie zum ersten Mal als Zuckerguss wahrgenommen hatte.

Demnächst werde ich entlassen und bin fest entschlossen, mein Leben grundlegend zu ändern. Der erste Schritt in diese Richtung ist schon vollzogen, denn seit zwei Monaten verlasse ich in aller Herrgotts Früh das Café Viereck und kehre erst am Abend zurück. Ich gehe einer ordentlichen Arbeit nach. Ich lerne Konditor.